墨 子 精解

（战国）墨子◎著　墨非◎编译

中国华侨出版社

图书在版编目（CIP）数据

墨子精解 /（战国）墨子著；墨非编译. — 北京：中国华侨
出版社，2017.4

ISBN 978-7-5113-6736-5

Ⅰ.①墨… Ⅱ.①墨… ②墨… Ⅲ.①墨家 Ⅳ.①B224

中国版本图书馆 CIP 数据核字（2017）第 061992 号

● **墨子精解**

编　著	/	（战国）墨子著　墨非编译
责任编辑	/	嘉　嘉
责任校对	/	吕栋梁
装帧设计	/	环球互动
经　销	/	新华书店
开　本	/	730 毫米×1030 毫米 1/16　印张 /19　字数 /283 千字
印　刷	/	北京柯蓝博泰印务有限公司
版　次	/	2017 年 5 月第 1 版　2017 年 5 月第 1 次印刷
书　号	/	ISBN 978-7-5113-6736-5
定　价	/	39.80 元

中国华侨出版社　北京市朝阳区静安里 26 号通成达大厦 3 层　邮编：100028

法律顾问：陈鹰律师事务所　　　　编辑部：(010) 64443056　　64443979
发行部：(010) 64443051　　　　　传　真：(010) 64439708
网　址：www.oveaschin.com　　　E - mail：oveaschin@sina.com

前 言

　　墨子，名翟，是我国战国时期著名的思想家、教育家、科学家、军事家，墨家学派的创始人。他出生于诸侯兼并、战争频仍的春秋末期，年轻时曾学习儒术，当时先王之道衰微、下民淫顽不好道义，而儒者们大多还空想着恢复礼乐教化，不顾现实地宣传"有命""厚葬"等主张。墨子清晰地认识到了儒家学说的这些弊端，于是创立了自己的学说，提倡"兼爱""非攻""尚同""天志""节葬"等观点，与当时占主流地位的儒家主张进行争辩。他希望能纠正儒家学说的偏颇、弥补儒家学说的不足，采用更为现实的手段来解决当时社会中的各种问题，来消除战乱，给天下百姓带来和平安定。

　　墨子虽然相传是宋国贵族之后，但到他的时候家道已经衰微，他是以一个平民哲学家的身份登上历史舞台的。所以，墨子可以说是中国古代唯一一位平民出身的哲学家，也正因为这个原因，相比于其他诸子百家，墨家学说更为平民化，在谈论治国等问题上更加侧重底层民众的利益。他所提倡的"兼爱""非攻""尚贤""节葬"等主要观点，无不深深照顾了底层民众的利益，希望统治者爱护民众、惠利民众、提拔有贤才的下层士人，反对对普通民众的残酷役使和剥削。

　　"兼爱"和"非攻"是墨子最重要的主张，是墨家精神的核心。也许因为出身低微的缘故，墨子对那些身上虽然有缺点，但却饱受压迫的劳苦大众充满了同情、怜悯之心。所以，他的爱也是最为广博的，和杨朱的"为己"、孔孟的"爱有等差"不同，墨子提倡人们兼爱世上所有的人，无论是对富贵者还是贫贱者，无论是对亲人还是疏远的人都要献以爱护之心。爱护世人，必然要反对对世人危害最大的战争，墨子不仅到处宣传"非攻"的思想，还身体力行，为了制止战争而劳苦奔波，与公输子、楚王等妄图发动战争的人争辩、斗争，迫使他们放弃侵略战争。博爱、和平、无私、献身，这些在当今世界上也最为高尚的品行，都无不淋漓尽致地体现在了墨子的学说和行动当中。可以说，墨子的学说从来就没有过时过，今天也值得我们去好好了解、学习。

《墨子》一书，应为墨子去世以后，其门人弟子编纂而成。墨子之后墨家分为相里氏之墨、相夫氏之墨、邓陵氏之墨三个学派，这些学派的弟子根据墨子平生事迹，收集墨子的语录，而完成了《墨子》一书，所以书中很多章节，都存在着三篇主旨一致，而内容稍有差别的文章。

《墨子》一书，多有遗逸，今存版本多分为十五卷、五十三篇，涉及内容十分广泛，文字风格也不尽一致。其中，有的篇章谈论墨子的主要思想，有的篇章记述墨子的事迹，有的则讨论墨家的逻辑、辩论理论，还有的总结当时守城备敌的方法。对于这些文章，考虑到守城备敌、解释具体文字等内容和现在实际联系并不紧密，于是并未全部收录，剔除了《经》上下、《经说》上下、《备城门》以下到《杂守》等十几篇文章，而详细注释、翻译了其他阐释墨子主要思想和平生事迹的部分，这样可以使读者更容易阅读到《墨子》一书的精华。

《墨子》存留版本中历来存在很多文字缺失、衍出，语意不详，解释有纷争的地方，本书在翻译时主要参考孙诒让《墨子间诂》中的观点。但因为水平有限，所以疏误之处在所难免，还谨望读者不吝批评指正。

目 录

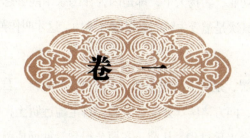

卷 一

亲士

原文 1

入国①而不存②其士，则亡国矣。见贤而不急，则缓③其君矣。非贤无急，非士无与虑国。缓贤忘士，而能以其国存者，未曾有也。

昔者文公出走而正天下，桓公去国而霸诸侯，越王勾践遇吴王之丑，而尚摄④中国之贤君。三子之能达名成功于天下也，皆于其国抑而大丑⑤也。太上无败，其次败而有以成，此之谓用民。

注 释

①入国：进入国家、执掌国家。

②存：抚恤慰问。

③缓：怠慢。

④摄：通"慑"，震慑、敬畏。

⑤大丑：（蒙受）大的耻辱。

译 文

执掌一个国家而不恤问贤士，国家就会灭亡。发现贤士而不急着任用，那么贤能的人就会怠慢自己的君主。不是贤士就不要急着接见，不是贤士就不要与其谋划国事。怠慢遗弃贤士，而能够保全国家的，还从来没有过。

从前晋文公被迫在外流亡而最终匡正了天下，齐桓公被迫离开国家而最终称霸于诸侯，越王勾践遭遇吴王的羞辱而最终能够成为威慑东南的贤君。这三位君王之所以能够建立功业、名扬天下，都是因为在国家中能够忍受奇耻大辱。最好的是不遭受失败，其次是遭受失败而最终取得成功，这才叫作善于使用士民。

经典解读

贤士为国家栋梁，是君主治理天下、安定百姓的凭恃。君主任用贤士，则政治清明，百姓和乐，四方诸侯就会前来亲服；君主疏远贤士，则朝政混乱，百姓离心，四方诸侯也会兴兵讨伐。从前，齐桓公得到管仲而成就霸业，管仲去世而亲信竖刁、易牙等奸佞而身死国乱；秦穆公得到百里奚而称霸西戎，当他去世的时候让贤者陪葬而国势衰亡；吴王阖闾得到伍子胥而称霸诸侯，其子夫差杀死伍子胥而国家被灭；燕昭王信任乐毅而击破齐国，其子惠王猜忌乐毅而军败国辱……这些都说明了贤士乃是国家栋梁，是君主得以扬名、立功的凭恃。

明智的统治者无不求贤若渴，将取得贤人视为为政的第一要务。所以，武王灭商进入殷都最先做的就是"封比干之墓，靖箕子之宫，表商容之间"；周公执政为了接见贤人，一浴三捉发，一饭三吐哺；齐桓公亲自迎接身为囚徒的管仲，授以国家大政，尊称其为仲父。

尤其是在列国纷争的时代，得到贤士，哪个国家就可以强大起来，得到贤士，哪个君主就能显扬于天下，所以君主更要亲贤任贤。孔子说："智者莫大乎知贤，贤政者莫大乎官能。"他在谈论执政之要时，就指出："古代明君一定知道所有天下贤士的名字，不仅知道他们的名字，还知道他们的实际才能，还知道他们的人数，以及所在之地，然后将天下的爵位封给他们，这便是至高的礼节，就可以不谦让而天下得到治理。"

齐桓公、晋文公、越王勾践能够成就霸业，是因为他们遭遇困厄，而能承受耻辱，但归根到底也是因为能亲贤的缘故。齐桓公贪财好色，意志又不坚定，正是因为管仲、鲍叔牙等人的规劝、辅佐，使他克服了自己的缺点；当失去管仲、鲍叔牙等人的辅佐后，齐桓公亲信小人，从而给自己带来了灾祸。晋文公在齐国之时，受到齐桓公厚待，险些因为安逸而忘掉大志，多亏狐偃等人"强迫"他离开，他才能够最终取得霸业。越王勾践败退会稽山时，曾想与吴军拼命，多亏大夫种、范蠡等人的劝谏，才使他屈身事吴，得到了卧薪尝胆、休养生息的机会。所以说，他们之所以能取得成功，根本原因还是在于亲士，在于得到贤人。

君主的败亡在于不亲近贤士，如夏桀杀关龙逄的灭亡，殷纣杀比干、囚箕子而灭亡，夫差杀伍子胥而灭亡；从来没有因为亲近贤士而灭亡的，亲近贤士的君主要么从来不遭受失败，如商汤、武王，要么遭受失败之后能最终成功，如齐桓公、晋文公、越王勾践。所以，亲贤是为君者无须质疑的要务，无论国家安定、还是动乱，无论君主是否遭受过挫折，无论他是天子、霸主，还是小国之君，都应该亲近贤士、任用贤士。

原文 2

吾闻之曰："非无安居也，我无安心也；非无足财也，我无足心也。"是故君子自难而易彼①，众人自易而难彼。君子进不败②其志，内③究其情；虽杂庸民，终无怨心，彼有自信者也。是故为其所难者，必得其所欲焉；未闻为其所欲，而免其所恶者也。

是故偪臣④伤君，谄下伤上。君必有弗弗⑤之臣，上必有詻詻⑥之下。分议者延延⑦，而支苟者⑧詻詻，焉可以长生保国。

臣下重其爵位而不言，近臣则喑⑨，远臣则吟⑩，怨结于民心。谄谀在侧，善议障塞，则国危矣。桀纣不以其无天下之士邪？杀其身而丧天下。故曰：归国宝不若献贤而进士。

注 释

①自难而易彼：自，自己，内在；自难即对自己严格要求。彼，外物，外在环境；易彼，不奢求、抱怨外在的环境。

②败：荒废。

③内：退。

④偪（bī）臣：权重之臣。

⑤弗弗：弗，通"拂"，拂逆、违背。弗弗，即能够违背君主意愿，直言

进谏。

⑥谔谔：谔谔，直言诤谏状。

⑦延延：长久地论辩。

⑧支苟："支"当作"交"（孙诒让说），"苟"当作"苟"。交苟，即相互苟责。

⑨喑（yīn）：不能言。

⑩吟：古谓嗟叹为吟。

译　文

我听说："并不是没有安居，而是我没有安乐之心；并不是钱财不足，而是我没有满足之心。"所以，君子对自己要求严格而不在乎外在环境，众人对自己要求松弛而苟求外界环境。君子前进顺利之时，不荒废自己的志向；穷困受挫时，也只是平心总结原因罢了；即便身居下位、和平庸众人杂处，也没有怨愤之心，他们自己心中有着坚定的信念。所以说，从事让自己感到艰难的事情，一定能够得到自己所想要的；从来没听说过只做自己想做的事，而能够免除自己所厌恶的后果的。

权力大的臣子会损害到君主，阿谀奉承的下属有害于主上。君主一定要有刚正敢谏之臣，君上一定要有直言争辩的臣下。分辨议事的人据理纷争，交相儆诫的人互不相让，如此才能获得长久平安、保全国家。

如果臣下只顾自己的爵位而不直言进谏，近臣缄默不语，远臣私下叹息，怨愤就会在民众心中集聚。阿谀奉承的小人围绕君主身旁，好的建议主张被障塞，那国家就危险了。桀纣不就是这样失去天下贤士的吗？最终自身被杀、丧失天下。所以说：与其赠送国宝，不如进献贤人、举荐能士。

经典解读

真正的贤士，志向远大，他们不会贪图居住、饮食的安乐，不会满足于金钱富贵。他们在学问和道德修养之上，永无止境地追求，严格地要求自己，朝厉夕惕，战战兢兢，不敢有一丝懈怠；然而对于外界环境，他们素位而行，无所挑剔，富贵不骄傲，显达不忘本，贫穷不怨愤，困窘不失落。即便才华不被人知，一生得不到赏识，与平庸之人为伍，他们也毫不在意。就如孔子所说的："人不知而不愠""不见是而不闷"。正是因为有这样的节操、心态，所以，伯夷、叔齐不愿接受富贵，而宁愿饿死在首阳山；颜子居于陋巷，一箪食、一瓢饮，人不堪其忧，而回也不改其乐；梁鸿、管宁等贤士，宁愿一生颠沛流离、固守贫贱也不阿附权贵而谋取利禄。

真正的贤士、君子有这样高洁的操守，所以他们不会为了权位、富贵而为官，一旦为官他们一定是为了弘扬大道、为了造福社稷、民众。所以，他们不会为了留恋官位而阿谀君主，不会为了保全富贵而做个好好先生。事情合理而君主不行，他们定会据理力争；事情不合理，而君主行之，他们一定会抗言直谏；他们心中只有国家、人民的利益，而从不考虑自身利益。上司只有有了这样的下属，才能避免过错；君主只有有了这样的臣子，才能保全社稷。

诤臣为国家之宝，君主之宝，可世上大多是君主不能包容诤臣。他们总是认为自己是正确的，从而失去了是非之心，阿附自己的人就认为是忠臣，反对自己的人就认为是奸佞，直言进谏的贤士往往遭到杀害，而阿谀奉承的小人却获得信任。于是，有了殷纣杀死王子比干，而亲信费仲、尤浑之事；有了吴王夫差杀死伍子胥，而亲信太宰嚭之事；有了汉桓帝宠信宦官，而罢黜、杀戮忠臣贤士之事……历史上那么多亡国之事，几乎所有的都是因为君主亲信小人，而疏远君子所导致的。所以说，贤人是国家之宝，君主重视贤人国家就能兴盛，君主疏远贤人国家就会衰弱，君主滥杀贤人国家就会灭亡。对于君主来说，没有比察访贤人、任用贤人更为迫切的事了。

原文3

今有五锥，此其铦①，铦者必先挫②；有五刀，此其错③，错者必先靡④。是以甘井近竭，招木⑤近伐，灵龟近灼，神蛇近暴⑥。是故比干之殪，其抗也；孟贲之杀，其勇也；西施之沉，其美也；吴起之裂，其事也。故彼人者，寡不死其所长，故曰：太盛难守也。故虽有贤君，不爱无功之臣；虽有慈父，不爱无益之子。是故不胜其任而处其位，非此位之人也；不胜其爵而处其禄，非此禄之主也。

良弓难张，然可以及高入深；良马难乘，然可以任重致远；良才难令，然可以致君见尊。是故江河不恶小谷之满己也，故能大；圣人者，事无辞也，物无违也，故能为天下器。是故江河之水，非一源之水也；千镒之裘，非一狐之白也。夫恶有同方取不取同⑦而已者乎？盖非兼王之道也。

是故天地不昭昭⑧，大水不潦潦，大火不燎燎，王德不尧尧者，乃千人之长也。其直如矢，其平如砥，不足以覆万物。是故谿陕者速涸，逝⑨浅者速竭，烧埆⑩者其地不育。王者淳泽，不出宫中，则不能流国矣。

注 释

①铦（xiān）：锋利、尖锐。

②挫：折断，受损。

③错：磨。

④靡：通"磨"，消磨。

⑤招木：高大、美好的树木。

⑥暴：通"曝"，暴晒。

⑦同方取不取同：此句应为传写错误，根据上下文本意应为"同方取，而不同方不取"，即和自己相同的意见就采纳，和自己不同的主张就不听。

⑧昭昭：昭，日光明亮的样子。昭昭，即明之又明，永久明亮。

⑨逝：川流。

⑩烧埆：不生五谷的贫瘠之地。

译 文

如今有五把锥子，其中一把最为尖锐，那尖锐的一定最先受损；如今有五把刀，其中一把最为锋利，那锋利的一定先折断。所以说，甘甜的水井容易枯竭，高大的树木最先被砍，灵验的龟甲先被灼烧，有神异的蛇先被暴晒。比干被杀是因为其过于抗直；孟贲被杀是因为其过于勇敢；西施沉江是因为其过于美丽；吴起车裂是因为其太有才能。世人很少是不死在他的长处之上的，所以说太兴盛了就难以保全。因此，即便君主贤明，也不爱无功劳的臣子；即便父亲慈爱，也不爱没有作为的儿子。所以，居于其位却不能胜任，就不应该枉居这个位置；享其俸禄而不能胜任，就不应该枉得这份俸禄。

好的弓难以拉开，然而可以射得更高、射得更深；好的马难以驾驭，然而可以担负重物、远行千里；贤能之人难以命令，然而可以辅佐君主、使其得到尊贵。因此江河不厌恶小的溪谷来充盈自己，所以才能广大；圣人于事无所推辞，于物无所拒绝，所以能够成为"大器"，为天下所用。江河中的水，并非来自于一个源头；价值千金的裘皮大衣，并非来自一只狐狸。哪有与自己观念相同的就采纳，与自己主张不同的就不采纳的做法呢？这并非兼容并蓄的王者之道。

天地，不会永久光明；水势，不会永久浩大；火势，不会永久旺盛；身为王者不永远高高在上的，才是能够统领千万人的真正君长。正直得像箭矢一样，平整得像磨石一般，是不足以覆育万物的。所以，狭窄的溪流容易干涸，水浅的沼泽容易枯竭，贫瘠的土地五谷不生。王者的厚泽，如果只限于宫迁之内，那么就不能遍及全国，恩及全民。

经典解读

尖锐而好用的锥子一定会先折断，锋利而好用的刀具一定会先受损，"尖锐"、"锋利"对它们自身有害，而对使用它们的人却是最有利的，所以说，往往对使用者越有利的东西，越容易受到损伤。臣子也是一样的，忠诚正直就是臣子的长处，然而越是忠直敢谏的臣子越容易遭到灾祸，如关龙逢、比干、伍子胥等人，可对国家、君主而言，这样的臣子却是最为有利的。他们不避灾祸来尽力辅佐君主，一心想着国家社稷而不计个人安危，有了他们君主才能及时知道自己的过错，国家才能安定，百姓才会得到抚育，君主也才能保全地位、得到显荣。所以，君主在被直臣触怒之时，一定要想想他们为何不顾安危来触犯自己？是听从他们的劝谏好，还是罢黜、杀死他们好？是亲近这样的人有利，还是疏远这样的人有利？能够由此三思而后行，君主也就不会滥杀大臣，使忠臣意冷、志士寒心了。

君主的爱憎赏罚，一定要合理、恰当，取幸于自己的臣子，若没有功绩，于国无益，也不可给予奖赏；触怒自己的臣子，若建立功绩，有益于国家，也一定要进行奖赏。所以，赵简子将佞臣鸾徼投入河中，国人就不敢谄媚；

唐太宗厚赏直臣魏征，群臣就敢于直谏了。所以说，君主的职责在于严明赏罚，褒善惩恶，选拔贤才，施行善政，若做不到这点，就不配为君；臣子的职责在于直谏尽忠，匡正君主过失，举荐贤才，若做不到这些，就有愧于自己所拿的俸禄。

良弓难以拉开，然而可以射远射深；良马难以驾驭，然而可以负重行远。良臣也是如此，他们不会阿附诏媚君主，不会奴颜婢膝地讨好君主，甚至常常清高孤傲，犯颜直谏，但他们却能让君主成就王霸之业，扬名天下。君主若想有所作为，一定要重视贤人，礼贤下士。是以，孟子说："将大有为之君，必有所不召之臣。"

为君者统领天下，当胸怀广阔，包容并蓄。既要包容自己所喜爱的人，也要包容自己所厌恶的人；既要包容贤士、君子，也要包容庸人、小人；既要包容和自己相同的观念，也要包容那些和自己不同的主张。魏文侯包容吴起的缺点，而得到了西河之地；汉高祖包容陈平的缺点，而用计击败了项羽……听到与自己相同的意见就欣喜，听到与自己不同的观点就发怒，那这样的人是永远也不会听到好的言论的，所以，李斯说："太山不让土壤，故能成其大；河海不择细流，故能就其深；王者不却众庶，故能明其德。"

修身

原文1

君子战虽有陈，而勇为本焉；丧虽有礼，而哀为本焉；士①虽有学，而行为本焉。是故置本不安者，无务丰末；近者不亲，无务来远；亲戚不附，无务外交；事无终始，无务多业；举物而暗，无务博闻。是故先王之治天下也，必察迩来远。

君子察迩而迩修②者也；见不修行，见毁，而反之身者也，此以怨省而行修矣。谮慝之言，无入之耳；批扞之声③，无出之口；杀伤人之孩，无存之心；虽有诋讦之民，无所依矣。故君子力事④日强，愿欲⑤日逾，设壮⑥日盛。

君子之道也，贫则见廉，富则见义，生则见爱，死则见哀，四行者不可虚假，反之身者也。藏于心者无以竭爱，动于身者无以竭恭，出于口者无以竭驯。畅之四支，接之肌肤⑦，华发隳颠⑧而犹弗舍者，其唯圣人乎！

注 释

①士：出仕为官。

②迩修：修缮身边小事，即修身。

③批扞之声：批评诋毁人的话。

④力事：勤勉地做事。

⑤愿欲：志向。

⑥设壮：疑作"饰壮"（毕元说），谓勤行之道。

⑦接之肌肤：使之与肌肤紧密连结，指时刻牢记美德，不敢须臾忘记。

⑧隳颠：谓秃顶。

译 文

君子指挥作战虽然有阵势可以依凭，但一定以自身的勇敢为根本；进行丧葬，虽然有礼节可以依循，但一定以内心的悲哀为根本；出仕为官，虽然有方法可以学习，但一定以自身的德行为根本。因此，根基不能树立牢固，就不要追求末节的繁盛；近处的人不能亲近，就不要追求远方的人来归附；亲戚都不能亲附，就不要追求在外结交；一件事情都不能善始善终，就不要贪图更多的事业；一件事物都弄不明白，就不要追求见闻广博。所以，先王治理天下，一定慎察近事而使远人归附。

君子就是慎察近事而努力修身的人；发现自己修养不足，受到别人的诋毁，就要反身自省，如此就能消除怨恨而品行日修。谗毁诽谤的话，不要去听；攻讦诋毁的话，不要去说；伤人害物的心，不要具有；这样即便有好诋毁、害人的人，也无从施展了。所以，君子的能力日益强大，志向日益高远，仪容日益端庄。

君子所应遵循的原则是：贫穷时清正廉直，富贵时广施恩义，对生者竭尽爱心，对死者竭尽哀怜。这四种品质不可存有虚假，必须是诚心具备的。

这四种品质，内藏于心，就不会失去仁爱；流露于行，就不会失去恭敬；表现于口，就不会失去温驯。使它们畅达于四肢，贴切于肌肤，即便白发秃顶之时，也不舍弃的，大概只有圣人吧！

经典解读

物有本末，事有终始，凡事必须先固其根本，然后求其枝叶。对于人生而言，一切行为的根本，都在于修身。有良好的品德修养，无论从事什么都是可以的：这样的人，为学一定能成为德才兼备的学者；为官一定能成为中正廉洁的清官；即便是务农、经商也都能成为受尊重的好人、善人。反之没有良好的品德修养，无论做什么事都不可：其为学一定推崇异端杂说，以诈谋、利欲误导世人；其为官一定阿谀谄媚、玩弄权势、祸害百姓；即便是务农、经商也会成为贪利无信的小人。所以，不管有什么样的志向、从事什么事业，首先都要加强自身的道德修养。这就是《大学》中所说的：自天子以至于庶人，一切以修身为本。

修身之道，在于能"反诸己"。凡事多从自己身上找原因，不要去外面奢求。有了过错，首先反省自己的不足；遇到挫折，首先反省自己的失误；别人怨恨自己，要反省自己为何招致怨恨；别人疏远自己，要反省自己为何被人疏远。自己反省好了，自然可以得到他人的认可，自然可以改正诸多缺点，那些困难、挫折也就可以克服了。

君子修身当知戒慎恐惧，时刻怀着战战兢兢的心态，谨防任何有损自身道德的行为。所以，那些诋毁、害人的话，虽然讲得十分生动，君子也不敢去听，以防内心被扰乱；那些激愤、非议他人的话，虽然说出来心情顺畅，君子也不敢去说，以免德行受玷污。世人多喜好谈论别人的过错，攻讦别人的缺点，殊不知言人之恶、以讦为直，自古就是君子所不齿的。你诋毁别人，别人也会诋毁你；你非议别人，别人就会怨恨你。耻辱从外而来，可其根源大多在于自身。故孟子说："言人之不善，当如后患何！"所以说，君子修身洁行，尊重别人就是尊重自己，不去诋毁、非议别人，才能避免自己不遭受诋毁、非议。

君子当以诚修身。诚，表现为表里如一，表现为始终不渝。要在内心真正追求美德，而不是做点好事来沽名钓誉——要将修身当作修身的目的，将为善当作为善的目的，将修身为善作为行己的唯一目标，而不是为了获得虚名而修身，获得利益而为善。有了功利之心，就不能真正地将身修好，所行所为也就变得虚假了。所以，君子一定要使美好的品质时刻藏于内心，畅达于四肢、肌肤之上，不可有丝毫违逆、废弃。这就如孔子所说的："君子无终食之间违仁，造次必于是，颠沛必于是。"能够永远心怀美德，终生不渝，也就可以称为贤士、圣人了。

原文 2

志不强者智不达，言不信者行不果。据财不能以分人者，不足与友；守道不笃，徧物不博，辩是非不察者①，不足与游。本不固者末必几②，雄③而不修者其后必惰④。原浊者流不清，行不信者名必耗。名不徒生，而誉不自长。功成名遂，名誉不可虚假，反之身者也。

务言而缓行，虽辩必不听；多力而伐功，虽劳必不图。慧者心辩而不繁说，多力而不伐功，此以名誉扬天下。言无务为多而务为智，无务为文而务为察。故彼智无察，在身而情⑤，反其路者也。

善无主于心者不留；行莫辩于身者不立。名不可简⑥而成也，誉不可巧⑦而立也，君子以身戴⑧行者也。思利寻⑨焉，忘名忽焉，可以为士于天下者，未尝有也。

注 释

①徧：通"辨"，辨识。辩：通"辨"。察：明察。

②几：危。

③雄：勇。

④惰：疑当作"堕"。

⑤情：应为"惰"，形近而误

⑥简：怠慢，傲惰。

⑦巧：虚浮不实，伪诈。

⑧戴：载。

⑨寻：重。

译　文

　　志向不坚定的人，智慧就不通达；言辞不守信的人，行动就不成功。富有钱财却不能与人分享的人，不值得结交；守道不坚定，辨物不广博，是非不明察的人，不值得交游。根本不牢固的，枝节必不能繁盛，刚勇而不注重品行修养的人，其后一定怠惰无功。源头混浊的水流不清，行为不信的名声受损。名声不会无故而来，美誉不会无故增长。有了功劳才能获得名声，名誉是不可以虚假的，必须反求于自身。

　　专务言辞而慢于行动，言辞虽然聪辩，一定没人听从；出力很多而自夸功劳，功劳虽大，一定难有回报。聪明的人心中明白是非而不多说，功劳很高而不自夸，因此名誉扬显于天下。言辞不在于多而在于明智，不在于有文采而在于有见识。所以，没有智慧，没有见识，自身又怠惰，就一定会违背正道。

　　善念不是从本心上生出就不要保留；行为不是在自身上审辩就不能树立。名声不可以凭苟且而成就，美誉不可以靠巧诈而获得，君子当以身载行。图谋利益之心长久地存在，而保持名节之心却短暂而很快地忘却。这样的人能够成为天下贤士的，还从未有过。

经典解读

　　君子修身一定要坚定自己的志向。修身不是一朝一夕的事，不可以蹴然而就，一定要立志坚定，持之以恒。颜渊就是一个这样的人，别人得到好的道理，只能坚持很短的世间，颜子却能长期坚守不废，所以孔子对他十分欣赏，赞扬说："回也其心三月不违仁，其余则日月至焉而已矣。"所以，鲁哀公在询问哪个弟子最为好学的时候，孔子首先推崇颜渊。也正是这种得善而不失的品质，使颜渊在学问见识上要远远超出其他同学。连以聪明著称的子贡都要说自己赶不上颜渊，颜渊能够闻一知十，而自己不过闻一知二。

　　君子一定要以诚信立身，言必信、行必果，如此事业才能成功。言而无信，就会失信于人，失信于人就没有人来帮助自己，无论干什么都孤立无援，怎么能够成功呢？而且，不守信诺，还会被人厌恶、怨恨，往往是招致祸患的根源。晋惠公背信弃义，不履行对秦国的承诺，而失信于天下诸侯，导致韩原之战，兵败被俘，受到天下人的耻笑；齐襄公不履行对连称、管至父的承诺而遭到弑杀，连性命都丢失了，又何谈名节、荣誉。名誉不仅仅在于诚信，但没有诚信的人一定不会得到美誉。君子要想通过修身而获得美名，不可不严守诚信之德。

修身不可不善择朋友。古人云："近朱者赤，近墨者黑。"交往什么样的朋友，能在很大程度上影响你自身成为什么样的人。朋友正直廉洁，朋友宽厚仁和，朋友博学多闻，你和他们交往，一定会很受益；反之若朋友便辟巧佞，朋友贪财慕利，朋友鄙陋粗俗，你和他们交往一定会受其拖累。君子修身一定要以同样重视品德修养，坚定原则、节操的人一起交往，切不可让那些不重修为的人败坏、玷污了自己的品行。所以孔子说："无友不如己者。"

君子立志修行，当知行合一、表里如一。书本上学习的道理，就要立刻去践行；口中提倡的道理，就要切实做到；端正自己的内心，怎么想就怎么做，不可怀着虚伪而欺世盗名。世人是不可以欺骗的，《大学》中说："人之视己，如见肺肝然。"怀着虚伪的态度修身，最终只会自取羞辱，贻笑大方。况且，修身本来就是为了自身，即使别人可以欺骗，自己的良心呢？难道也能欺骗？虚伪的修身又有什么益处呢？即便获得点虚名虚誉，也抵不过内心所受到的煎熬，智者断然是不会如此修身的。所以，君子修身当以心为本、以身载行，不可有丝毫苟且取巧之心。

所染

　　子墨子言①见染丝者而叹，曰：染于苍则苍，染于黄则黄，所入者变，其色亦变，五入必②，而已则为五色矣。故染不可不慎也！

　　非独染丝然也，国亦有染。舜染于许由、伯阳，禹染于皋陶、伯益，汤染于伊尹、仲虺，武王染于太公、周公。此四王者所染当，故王天下，立为天子，功名蔽天地。举天下之仁义显人，必称此四王者。夏桀染于干辛、推哆，殷纣染于崇侯、恶来，厉王染于厉公长父、荣夷终，幽王染于傅公夷、蔡公毂。此四王者，所染不当，故国残身死，为天下僇③。举天下不义辱人，必称此四王者。齐桓染于管仲、鲍叔，晋文染于舅犯、高偃，楚庄染于孙叔、沈尹，吴阖闾染于伍员、文义，越勾践染于范蠡、大夫种。此五君者所染当，故霸诸侯，功名传于后世。范吉射染于长柳朔、王胜，中行寅染于籍秦、高强，吴夫差染于王孙雒、太宰嚭，知伯摇染于智国、张武，中山尚染于魏义、偃长，宋康染于唐鞅、佃不礼。此六君者所染不当，故国家残亡，身为刑戮，宗庙破灭，绝无后类，君臣离散，民人流亡。举天下之贪暴苛扰者，必称此六君也。凡君之所以安者，何也？以其行理也。行理性于染当。故善为君者，劳于论人，而佚于治官。不能为君者，伤形费神，愁心劳意，然国逾危，身逾辱。此六君者，非不重其国、爱其身也，以不知要故也。不知要者，所染不当也。

　　非独国有染也，士亦有染。其友皆好仁义，淳谨畏令，则家日益，身日安，名日荣，处官得其理矣，则段干木、禽子、傅说之徒是也。其友皆好矜奋④，创作比周⑤，则家日损，身日危，名日辱，处官失其理矣，则子西、易牙、竖刀之徒是也。《诗》⑥曰"必择所堪，必谨所堪"者，此之谓也。

注　释

①言：衍字，无意义。

②必：同"毕"，全部。

③僇：侮辱、耻笑。

④矜奋：骄矜傲慢。

⑤比周：结党营私。

⑥诗句为逸诗，不在今本《诗经》之中。堪，通"湛"，浸染之意。

译　文

墨子见到人正在染丝，不禁感慨说：浸染于黑色颜料就为黑色，浸染于黄色颜料就为黄色，所浸染的颜料不同，丝的颜色也随之变化，五次进入不同的颜料，就会出现五种不同的色彩了。所以对于浸染之物，不可不谨慎啊！

不仅仅染丝是这样的，国家也有所浸染。舜浸染于许由、伯阳，禹浸染于皋陶、伯益，汤浸染于伊尹、仲虺，武王浸染于姜太公、周公。这四位先王浸染得当，所以称王于天下，被立为天子，功名与天地齐同。但凡举天下仁义显扬之人，一定称这四位先王。夏桀浸染于干辛、推哆，殷纣浸染于崇侯虎、恶来，周厉王浸染于厉公长父、荣夷终，周幽王浸染于傅公夷、蔡公毂。这四位先王浸染不当，所以国破身死，被天下所耻笑。但凡举天下不义受辱之人，一定称这四位先王。齐桓公浸染于管仲、鲍叔牙，晋文公浸染于舅犯、高偃，楚庄王浸染于孙叔敖、沈尹巫，吴王阖闾浸染于伍子胥、文之仪，越王勾践浸染于范蠡、大夫种。这五位君主所浸染得当，所以能称霸诸侯，功名流传于后世。范吉射浸染于长柳朔、王胜，中行寅浸染于籍秦、高强，吴王夫差浸染于王孙雒、太宰嚭，智伯摇浸染于智国、张武，中山尚浸染于魏义、偃长，宋康王浸染于唐鞅、佃不礼。这六位君主浸染不当，所以国家残破、身遭刑戮，宗庙破灭，后嗣断绝，君臣离散，百姓流亡。但凡举天下贪婪残暴苛刻扰民之人，一定称这六位君主。君主获得安乐所凭恃的是什么呢？是因为行事其行事合乎义理。行事合乎义理在于所浸染之人得当。所以，善于做君主的人，忙着察访贤人，而不急着从事具体的事物。不善于做君主的人，劳神伤形，心意愁苦，而国家却更加危险，自身受到更多的耻辱。那六位君主，也并非不珍视他们的国家、并非不爱惜他们的身体，之所以国破身辱，都是不知为政之要的原因啊。不知为政只要，就在于其所浸染之人不当。

非独国家有所浸染，士人也有所浸染。他所交的朋友都喜好仁义，淳朴谨慎敬畏政令，那他的家族就会日益兴旺，自身就会日益安乐，名声就会日益荣显，居官也就能合于正道了，段干木、禽滑厘、傅说之类的人就是如此。他所交往的朋友都骄傲自大，结党营私，那他的家族就会日益衰落，自身就会日益危殆，名声就会日益屈辱，居官也就会违背正道，子西、易牙、竖刁之类的人就是如此。《诗经》中说："必须谨慎地选择染料，必须谨慎地对待浸染"，所指的就是这个。

经典解读

荀子说："蓬生麻中，不扶而直；白沙在涅，与之俱黑。"一个人所处的环境如何、相交往的朋友如何，能深深地影响他自身的品行，以及他事业的成败。处在良好的环境之中，人就能得到好的熏陶，处在不良的环境之中，人便受到坏的熏染。一个人如果生来就长在市井之中，他一会学到很多粗陋的习惯，变得粗俗不堪；反之若一个人生来就长在书香门第之家，那他一定知书达理，通晓礼节。所以古人对于生长的环境十分重视，孔子说："里仁为美，择不处仁焉得智？"君子立身于世，一定要接近仁者，与贤者相交往。孟母三迁，就是一个善于选择所处环境的例子。

国君执掌天下重器，引导一国百姓，更要慎重自己所浸染之人。浸染于智者仁者，就会得到正确的教导、劝谏，从而懂得正确的为政方式，使国家安定、人民幸福，自身也名声显耀；浸染于奸佞小人，就会受到错误的蛊惑，从而走向奸邪，导致社稷倾危、民众怨愤，最终自身也难逃败亡受辱的下场。文中举的那么多圣王明君以及昏庸君主的真实事例，充分地说明了这点。所以，诸葛亮在出师表中说："亲贤臣，远小人，此先汉之所以兴隆也；亲小人，远贤臣，此后汉之所以倾颓也。"

君子处世，一定要善于了解自己身边的人，不要有人讨好自己，赞扬自己，就与其交往，这样的人未必值得真心交往。长期与这样的人相处，只会让自己变得骄傲自满，认识不到自身缺点，最终招致祸患。而对于那些能够直言指出自己缺点，不断教导、劝诫自己的人，则要格外珍惜，他们虽然常常拂逆自己的意愿，却是真正的益友。能够长期与这样的人交往，自己的学问才会越来越丰厚，修养才会与日俱增，在人生中不断取得更高的成就。

法仪

原文1

子墨子曰：天下从事者不可以无法仪①。无法仪而其事能成者，无有也。虽至士之为将相者，皆有法，虽至百工从事者，亦皆有法。百工为方以矩，为圆以规，直以绳，正以县。无巧工不巧工，皆以此五者②为法。巧者能中之，不巧者虽不能中，放依③以从事，犹逾已。故百工从事，皆有法所度。今大者治天下，其次治大国，而无法所度，此不若百工辩④也。

然则奚以为治法而可？当皆法其父母奚若？天下之为父母者众，而仁者寡，若皆法其父母，此法不仁也。法不仁，不可以为法。当皆法其学奚若？天下之为学者众，而仁者寡，若皆法其学，此法不仁也。法不仁，不可以为法。当皆法其君奚若？天下之为君者众，而仁者寡，若皆法其君，此法不仁也。法不仁，不可以为法。故父母、学、君三者，莫可以为治法。然则奚以为治法而可？故曰莫若法天。天之行广而无私，其施厚而不德⑤，其明久而不衰，故圣王法之。

注 释

①法仪：法度之仪，以法度为规范。

②五者："为方以矩，为圆以规，直以绳，正以县"，后应有"平以水"一条，疑为原文缺失。

③放依：放，通"仿"，效仿。

④辩：通"辨"，明白事理。

⑤不德：不自以为有功劳。

译 文

墨子说：天下做事情的人，不可以没有法度。没有法度而能取得成功，是没有的事。即使士人身为将相也都有法度，即使身为从事各种行业的工匠也都有法度。工匠以矩定方，以规定圆，以绳定直，以悬定正，以水定平。无论是否灵巧的工匠，都以这五条为法度。灵巧的工匠能切合这五条标准，不灵巧的虽然不能完全切合，但仿效五者去做，还是能够超过自身能力的。所以，各行工匠做事，都有法度可依。如今为君者大的治理天下，其次治理大国，反而没有法度来衡量，这是还不如工匠明白事理啊！

然而，那么用什么作为治理的法度才可以呢？应该都效法自己的父母吗？天下的父母众多，而称得上"仁"的很少，若都效法其父母，这就是效法不仁者。效法不仁者，不可以作为法度。应该都效法其从学的师长吗？天下为学的人很多，然而称得上"仁"的很少，若都效法其从学的师长，这就是效法不仁者。效法不仁者，不可以作为法度。应该都效法其君主吗？天下的君主很多，然而称得上是"仁"的很少，若都效法其君主，这就是效法不仁者。效法不仁者，不可以作为法度。所以说父母、师长、君主三者，都不可以作为治理的法度。那么什么可以作为治理的法度呢？回答是：莫如效法上天。上天的运行广大而无私，它丰厚地施与而不自矜其德，他的光明长久不衰，所以圣人都以上天为效法对象。

经典解读

"无规矩不成方圆"，工匠不以规矩为法度，就不能画好方圆；不以准绳悬坠为法度，就不能确立好平直。同样君主治理国家也不可无法度，无法度就不能制订出最合理的政策，就不能采取最有利于民众的措施，就不能称为一个受人民爱戴的君主。人的才能不同，资质各异，身为君主者很可能才能平庸、智慧有限，若不像先王、明君学习，怎么能够治理好国家呢？即便是自身才智出众，但见闻不一定广博、经验不一定丰盛，不效先王、明君，怎么能天生就通晓那么多治国的大道理呢？所以说，要想治理好天下、国家，一定要有法度，懂得像先贤、圣王学习。这就是孟子所主张的以圣贤为规矩、以尧舜为规矩。

先贤、圣王所距时代遥远，形势各不相同，效法他们不能一味学习其具体的措施，而学习其施政的根本。他们施政也有所效法，那就是天道。天道为何？天覆育万物而无所偏私，这就是施政者当具有的仁爱之心、大公之心；上天及时播洒雨露、滋润万物，这就是施政者当具有的惠民、利民之心；天普施惠利而不求回报，这就是施政者当具有的无私之心；天四时代序、阴阳交替而不混乱，这就是告诉施政者当依循法度、施政有常；天至暑则凉，至寒则温，这就是告诉施政者当恪守中庸之道，施政之时张弛结合；天"日中则昃，月盈则亏"，这就是告诉施政者当不骄不躁，盛满而知谦退……总之，前代圣王之所以能够获得天下百姓的爱戴，成就不世之功，就是因为他们善于效法天道，能够追求上天所具有的仁爱、公正、守法、谦逊等美德。后世的统治者要想成功治理好天下，必须懂得像先王学习，以天道为效法对象。

原文 2

既以天为法，动作有为必度于天，天之所欲则为之，天所不欲则止。然而天何欲何恶者也？天必欲人之相爱相利，而不欲人之相恶相贼也。奚以知天之欲人之相爱相利，而不欲人之相恶相贼也？以其兼而爱之、兼而利之也。奚以知天兼而爱之、兼而利之也？以其兼而有之、兼而食之也。今天下无小大国，皆天之邑也。人无幼长贵贱，皆天之臣也。此以莫不犓①牛羊，豢犬猪，絜②为酒醴粢盛③，以敬事天。此不为兼而有之兼而食之邪？天苟兼而有、食之，夫奚说以不欲人之相爱相利也？故曰：爱人利人者，天必福之。恶人贼人者，天必祸之。曰杀不辜者，得不祥焉。夫奚说人为其相杀而天与祸乎？是以知天欲人相爱相利，而不欲人相恶相贼也。

昔之圣王禹汤文武，兼爱天下之百姓，率以尊天事鬼，其利人多，故天福之，使立为天子，天下诸侯皆宾事之。暴王桀纣幽厉，兼恶天下之百姓，率以诟天侮鬼，其贼人多，故天祸之，使遂失其国家，身死为僇于天下，后世子孙毁之，至今不息。故为不善以得祸者，桀纣幽厉是也；爱人利人以得福者，禹汤文武是也。爱人利人以得福者有矣，恶人贼人以得祸者亦有矣。

注 释

①犓：喂养。

②絜：洁净地。

③粢盛：古代承载器物内供祭祀用的谷物。

译　文

既然以上天作为法度，动作行事就必须依天而行，上天所希望的就去做，上天所不希望的就停止。然而上天有什么希望和厌恶的呢？上天必定希望人们互相爱护、相惠利，而不希望人们互相厌恶、相残害。如何知道天希望人相爱护、相惠利，而不希望人相厌恶、相残害呢？是因为上天能兼爱所有人、兼利所有人的缘故。如何知道天兼爱所有人、兼利所有人呢？是因为一切人都为上天所有，都要奉养上天。如今天下无论大国小国，都是上天的国家。人类无论长幼贵贱，都是上天的臣民。所以，人们莫不喂养牛羊、猪狗，洁净地准备酒食祭品，来敬事上天。这难道不是因为人们都为上天所有，都奉养上天的缘故吗？上天若拥有全部人类、得到全部人类的奉养，又怎么能说上天不希望人们相爱护、相惠利呢！所以说：爱护人、惠利人的，上天一定赐福于他。厌恶人、残害人的，上天一定降祸给他。说杀害无辜的人，就会得到不祥。为何说人们相互杀害而上天就会降下灾祸呢？由此可知上天希望人们相互爱护、相互惠利，而不希望人们相互厌恶、相互残害。

从前的圣王禹、汤、文王、武王，爱护天下百姓，领导他们尊崇上天、侍奉鬼神，带给人们很多利益，所以上天赐福给他们，使他们立为天子，天下诸侯都恭敬地服事他们。残暴的君王桀、商纣、周幽王、周厉王，厌恶天下百姓，领导他们诅咒上天、侮辱鬼神，带给人们很多伤害，所以上天降祸于他们，使他们失去国家，遭受死亡，被天下所嘲笑羞辱，后世子孙批评他们，至今不止。所以行不善之事而受祸的君主，桀、纣、幽王、厉王都是；爱护人、惠利人而得福的君主，禹、汤、文王、武王都是。爱护人、惠利人的得福，厌恶人、残害人的得祸。

经典解读

上天生育人类，养育人类，人类也感激上天，恭敬地祭祀上天，可以说天下所有人都是上天的子民，都为上天所有。上天怎么会不爱惜自己的子民，希望他们之间也相互爱护、相互惠利呢？所以，那些爱惜民众、惠利民众的君主，就是效仿天道，也一定能够获得上天的赐福；而那些厌恶民众，残害民众的君主，就是违逆天道，也一定会受到上天的降祸。

上古人们之所以设立首领、君主，就是为了让他们推行上天的意志，调和人与人之间的关系，从而造福民众、惠利民众。可以说，君主的权力就来源于人们对天道的崇敬与效法。而后世的很多君主，自以为出身高贵，不恤民情，放纵自己的欲望为所欲为，残酷暴虐地对待百姓，这就是忘了根本，不知大道。

君主应该时刻记住，自己的尊贵是上天所赐予的，而对于此赐予的回报，就要尽职尽责，其职责就在于爱民利民。爱民利民的君主，便是称职的，便可以留下；恶民害民的君主，便是不称职的，就该被民众所推翻。所以说，天下大位，有德者居之。历史上那些明君圣王都懂得这个道理，所以时刻告诫自己要战战兢兢，如临深渊，如履薄冰；而那些昏庸愚昧的君主则都自以为是，认为自己的权力是天生的，甚至将自己比喻为不落的太阳，如此遭到亡国身死的下场也就不可避免了。

所以说，君主治理天下不可不依循天道，依循天道不可不爱护百姓、惠利百姓。爱护百姓、惠利百姓就是天道，就是君主保全社稷、取得功业、美誉的根本。

七患

原文1

子墨子曰：国有七患。七患者何？城郭沟池不可守，而治宫室，一患也。边国至境，四邻莫救，二患也。先尽民力无用之功，赏赐无能之人，民力尽于无用，财宝虚于待客，三患也。仕者持禄^①，游者爱佼^②，君修法讨臣^③，臣慑而不敢拂，四患也。君自以为圣智而不问事，自以为安强而无守备，四邻谋之不知戒，五患也。所信者不忠，所忠者不信，六患也。畜种菽粟不足以食之，大臣不足以事^④之，赏赐不能喜，诛罚不能威，七患也。以七患居国，必无社稷。以七患守城，敌至国倾。七患之所当，国必有殃。

注 释

①持禄：守着俸禄，为俸禄而为官，尸位素餐，不勤于国事。

②爱佼：佼，通"交"，指偷合苟荣，相互吹捧，而不为国家尽力。

③修法讨臣：指国君自己不守法度，胡乱责备、惩罚臣子。

④事：任事，任用。

译 文

墨子说：国家有七种祸患。七种祸患是什么呢？城墙和护城河不足以守卫国家，却兴建宫室，这是第一种祸患。敌国入寇边境，而四邻没有相互救援的，这是第二种祸患。先在无用的事情上耗尽民力，奖赏无能之人，民力耗尽于无用之事，财宝因招待宾客而空虚，这是第三种祸患。做官的只想着自己的俸禄，游学未仕的人只知道相互攀比、吹捧，君主自己不守法度而责罚大臣，大臣却畏惧不敢违逆君命，这是第四种祸患。君主自以为聪明圣智而不理政事，自以为安定强大而不加守备，邻国图谋攻伐而不知道戒备，这是第五种祸患。所信任的人不忠心，忠心的人得不到信任，这是第六种祸患。家畜、粮食不够吃，大臣不能胜任，赏赐不能使人欢喜，惩罚不能让人敬畏，这是第七种祸患。治理国家要有了这七种祸患，君主就要失去社稷；守护城池要有了这七种祸患，敌国到来国都必然陷落。这七种祸患存在的国家，一定会遭受灾殃。

经典解读

从前纣王建造鹿台，在沙丘大兴土木，又搜集良马和新奇的玩物填充宫室，所以导致了国家的灭亡，这就是第一种祸患——大兴宫室。大兴宫室表明统治者安于享乐，而不知戒备。宋康王骄奢自大，穷兵黩武，被人称为"桀宋"，所以齐国攻打宋国，而诸侯没有救援的，宋国灭亡，这就是第二种祸患——孤立无援。孤立无援，在于君主没有德行，不能交好四邻、傲慢自大。卫懿公爱好鹤，于是为养鹤而耗尽府库，人民都心怀不满，于是狄人入侵之时，国人不去抵抗，而坐视国家覆灭、卫懿公被杀，这就是第三种祸患——滥用民力，不恤民情。滥用民力，不恤民情，在于君主不知以民为本，轻视民众。秦二世亲信赵高、滥杀忠臣，朝中大臣没有敢说实话的，最终二世被杀、秦国灭亡，这就是第四种祸患——君主不守法度、大臣不敢尽忠。之所以有这样的结局，在于君主不知道敬重大臣，不辨忠奸，滥杀无辜。自以为安定强大而不加守备，邻国图谋而不知戒备，春秋时的吴王夫差、智伯，就是因此而灭亡的。这第五种祸患，在于君主骄横自大、没有远见。奸佞掌权、贤人废黜，这是第六种祸患，这种现象几乎是每个衰亡的国家都存在的，纣王不信比干、箕子，而听信费仲、崇侯虎；夫差不信伍子胥而听信伯嚭；楚怀王不信任屈原而亲信上官大夫、子兰……这些国家之所以衰亡破败都是因为君主亲小人而远贤臣。财货不足，在于统治者滥用民力，且不知节用；大臣不胜任，在于统治者不知亲贤而信任小人；赏罚不行，在于统治者不能公正严明，第七种祸患原因广泛，同样也是那些衰亡的国家都存在的。

　　本节文字首先列出这七种祸患，是对统治者的一种严重儆诫：治理国家不是一件简单的事，很多君主常做的事情、常犯的错误，都会导致国家危亡。为君者必须对这些导致国家危亡的原因仔细了解，谨慎提防，平时多戒惧反省，多听取忠臣直士的劝谏，才能使国家安稳，自己的名节、性命也得以保全。

原文 2

凡五谷者，民之所仰①也，君之所以为养也。故民无仰则君无养，民无食则不可事②。故食不可不务也，地不可不力也，用不可不节也。五谷尽收则五味尽御于主，不尽收，则不尽御。一谷不收谓之馑，二谷不收谓之旱，三谷不收谓之凶，四谷不收谓之馈，五谷不收谓之饥。岁馑，则仕者大夫以下皆损禄五分之一。旱，则损五分之二。凶，则损五分之三。馈，则损五分之四。饥，则尽无禄，禀食③而已矣。故凶饥存乎国，人君彻④鼎食五分之五⑤，大夫彻县⑥，士不入学，君朝之衣不革制，诸侯之客，四邻之使，雍飧而不盛，彻骖騑，涂不芸⑦，马不食粟，婢妾不衣帛，此告不足之至也。

今有负其子而汲者，坠其子于井中，其母必从而道⑧之。今岁凶、民饥、道饿，重其子此疚于队⑨，其可无察邪？故时年岁善，则民仁且良；时年岁凶，则民吝且恶。夫民何常此之有？为者疾⑩，食者众，则岁无丰。故曰：财不足则反之时，食不足则反之用。故先民以时生财，固本而用财，则财足。

故虽上世之圣王，岂能使五谷常收，而旱水不至哉？然而无冻饿之民者，何也？其力时急，而自养俭也。故《夏书》曰"禹七年水"，《殷书》曰"汤五年旱"，此其离凶饿甚矣。然而民不冻饿者，何也？其生财密，其用之节也。

注　释

①仰：仰仗、依赖。

②事：使用、役使。

③禀食：官家给食。

④彻：撤掉。

⑤五分之五：孙诒让《墨子间诂》注，应为五分之三，五分之五于理不通。

⑥县：悬挂的鼓乐。

⑦涂不芸：道路不加过分修饰。

⑧道：通"导"，援救。

⑨队：当为"坠"。

⑩疾：当为"寡"，少。

译　文

五谷，是民众所赖以生活的东西，是国君得到供养的来源。如果民众失去了赖以生活的五谷，君主也就失去了获得供养的来源；民众没有食物可以食用，君主就不能再役使他们。所以，对于粮食不能不加以重视，对于田地不能不尽力耕作，对于财物不能不谨慎节用。五谷若能丰收，则国君可以尽享五味，不能都丰收，则国君无法尽享五味。一种谷物不丰收，就叫作"馑"；两种谷物不丰收，就叫作"旱"；三种谷物不丰收，就叫作"凶"；四种谷物不丰收，就叫作"馈"；五种谷物都不丰收，就叫作"饥"。遭遇馑年，为官者大夫以下的官员都应减损五分之一的俸禄；遭遇旱年，则减损五分之二的俸禄；遭遇凶年，则减损无分之三的俸禄；遭遇馈年，则减损五分之四的俸禄；遭遇饥年，为官者都不取俸禄，仅在官府取食而已。所以，凶、饥的现象存于国内，君主就应撤去鼎食的五分之三，大夫撤去钟鼓之乐，士人不上学而去耕种，国君的朝衣不再更换新的，诸侯宾客、四方使者到来时的宴饮都不丰盛，马车撤去两侧骖马，道路上也不过分修饰，马不喂粮食，婢妾不穿丝绸，以此来表明粮食的短缺已经严重到了极点。

有背着孩子到井边取水的，孩子落入了井中，他的母亲一定设法将其救出来。如今遭逢凶年，百姓饥饿，道路上有饿死的，这比孩子落入井中要严重得多了，为政者岂能忽视不顾？所以好的年成，民众就会仁爱驯良；坏的年成，民众就吝啬奸邪。民众的性情哪有一定的呢？生产的人少而消耗的人众多，那就不可能有丰年。所以说：财用不足就注重农时，粮食不足就注意节用。所以，先贤按照农时生产财富，注重农业而财用充足。

即便是前世的圣王，又岂能总使五谷常年丰收，而干旱、水灾不会到来！然而，圣王为政没有民众遭受冻馁，这是为什么呢？他们遵守农时、务力生产，而自己使用起来却很节俭。所以《夏书》中说"大禹在位的时候七年发大水"，《殷书》中说"汤在位的时候五年大旱"，他们所遭受的凶灾十分严重了，然而民众却没有冻饿的，这是为什么？生产的财用很多，而使用起来却非常节俭。

经典解读

"民以食为天"，吃饱肚子是民众的第一需求，所以种植粮食就是百姓最重要的事情，也是君主能够得到供养的根源。能让百姓吃饱肚子，百姓才会支持君主，才愿意为君主所驱使；若百姓连肚子都吃不饱，生存都不能保障，又怎么会去遵守礼义、法度呢？又怎会畏惧刑罚、杀戮呢？礼仪、法度不能限制，刑罚、杀戮不能威胁，君主也就失去对百姓的控制，也就失去了国家。所以，明智的君主治理国家之时，一定要重视民生，使百姓饥有所食，寒有所衣，生有所养，死有所葬。

就如《大学》中所说："生财有大道，生之者众，食之者寡，为之者疾，用之者舒，则财恒足矣。"重视民生，使民众不受饥寒之苦，既要开源，又要节流。开源就是重视农业生产，不违背农时，即在农民该耕种、收获的时候，不滥征民力。不因为发动战争、兴建宫室而使民众错过农时，如此粮食就不会匮乏了。这就是孟子所说的："不违农时，谷不可胜食也。"节流就是统治者不滥用财货，不为了自己享乐而使百姓遭受饥荒。从前夏桀、殷纣厚敛重赋，百姓吃不饱肚子，他们却用大量粮食酿酒，建造酒池肉林，结果天下离心，国破身死；隋炀帝生活奢靡，整天锦衣玉食、山珍海味地享乐，而百姓却遭受饥荒，于是天下大乱、群雄并起，隋朝灭亡。这些都是君主不知道节用而导致的后果。

父母看到孩子落入井中就一定会想法将其救出，而统治者不知道百姓的疾苦，往往亲自将百姓推入水深火热之中，又怎么配称为民之父母呢？又如何配居于君位、治理天下国家呢？保暖是人人所想要的，饥寒是人人所厌恶的。子曰："己所不欲，勿施于人。"统治者没有这种美德，为了自己的保暖而让百姓挨饿、挨冻，又有什么理由奢求百姓的爱戴呢？又怎么能确保百姓不造反呢？君视民如草芥，民必视君如仇寇。古代那些灭亡的国家都是因为不爱惜百姓，进而失去民心，最终社稷倾覆，统治者也死无葬身之地。没有君主想落得这样的下场，但他们却往往效仿那些亡国之君的所作所为，驱使民众背叛自己、带着国家奔向灭亡，岂不可悲！

原文3

故仓无备粟，不可以待凶饥；库无备兵，虽有义不能征无义；城郭不备全，不可以自守；心无备虑，不可以应卒①。是若庆忌无去之心②，不能轻出。夫桀无待汤之备，故放；纣无待武王之备，故杀。桀、纣贵为天子，富有天下，然而皆灭亡于百里之君者，何也？有富贵而不为备也。故备者国之重也。

食者国之宝也，兵者国之爪也，城者所以自守也，此三者国之具也。故曰：以其极赏以赐无功，虚其府库以备车马衣裘奇怪；苦其役徒以治宫室观乐③；死又厚为棺椁，多为衣裘；生时治台榭，死又修坟墓，故民苦于外，府库单于内；上不厌其乐，下不堪其苦，故国离④寇敌则伤，民见凶饥则亡，此皆备不具之罪也。且夫食者，圣人之所宝也。故《周书》曰："国无三年之食者，国非其国也；家无三年之食者，子非其子也。"此之谓国备。

注 释

①卒：通"猝（cù）"，突然，这里指突发事件。

②庆忌无去之心：此句应缺少文字，按文意应在"去"后加灾祸、刺客之类的字词。庆忌为吴王僚的儿子，有勇力，阖闾刺杀吴王僚以后，庆忌逃亡在外，时刻准备返国争位，后被阖闾所派的刺客要离所杀。

③观乐：观赏、游乐的场所。

④离：遭受。

译 文

仓中没有储备的粮食，就不能应对饥荒；库中无备存的兵器，即便自己有道义也不能去征伐无义之人；城墙修建得不完好，不可以用来守御；心中不戒备，不可以应付仓促之变。这就如庆忌没有提防灾祸之心，便不能轻易出军。夏桀没有防御商汤的戒备，所以被流放；殷纣没有防御武王的戒备，所以被杀戮。桀、纣贵为天子，富有天下，却都被百里之国的诸侯所消灭，这是为什么呢？拥有富贵而不为戒备啊。所以戒备是国家重要的事情。

粮食是国家的宝物，兵器是国家的爪牙，城池是国家用以自守的凭恃，这三者是守护国家的工具。所以说：用最高的赏赐奖赏无功之人，耗尽府库中的财物来备置车马衣裘奇玩之物；使仆役、隶徒疲惫不堪，来建造宫室、游乐场所，死后又用厚重的棺椁，制作很多衣裘；生时建造台榭，死后大修陵墓，所以民众劳苦于外，府库穷竭于内；君主永远不满足享乐之事，民众不堪其苦，所以国家一旦遭受敌寇就会受到损伤，民众一旦遭受饥荒就会死亡。这都是不做好防备的罪过啊。况且，食物也是圣人眼中的宝物。所以《周书》说："国家没有三年的粮食储备，君主就不能保全国家；家中没有三年的粮食储备，父亲就不能保全子女。"这就叫作"国备"。

经典解读

治理国家一定会遭受各种各样的灾祸，如水灾、旱灾、地震、蝗灾、敌人入侵等等。统治者要有远见，对这些灾祸进行提前防备，这样才能在遇到灾祸的时候，不会受到过大的损失，不会让百姓冻饿而死。兵法中说：不恃敌之不我攻，恃我不可攻也。治理国家也是如此，不要将希望寄托在风调雨顺，灾祸不会到来上，而要确保自己的国家即便遭受重大的灾害也不会陷入危机，即便有敌人入寇也不能威胁到自己。所以，粮仓中要有防备饥荒的粮食，府库中要有防备敌人的武器，城池要能抵御敌人的突然袭击，衣物布帛要能确保民众度过严寒……这些都考虑到了、准备好了，国家才不会因为突然的危机而陷入困境。

然而人们还需要注意，粮食、武器、城池等等，只是最基本的储备，而不是防备灾祸的根本。什么才是国家最可以倚恃的根本呢？莫如德行。统治者平时若能完善自身品德，施行善政，爱惜百姓，在危难的时候百姓才会对他不离不弃，才愿意与统治者同甘共苦，度过灾难。

春秋之时，赵氏遭到智氏、韩氏、魏氏三家的攻打，赵襄子准备据城固守，有人劝他去长子，说长子城墙厚实，修整完好，可以据守。赵襄子说："修缮城池已经耗尽民力，又让人们死守，谁会支持我呢？"又有人劝他去邯郸，说那里仓库充实。赵襄子说："搜刮民膏来充实府库，人们已经苦不堪言，怎么会和我同心协力守城呢？"于是他选择了贤臣董安于、尹铎曾经治理的晋阳。董安于在晋阳储备了大量物资，更可贵的是尹铎曾长期实施宽和的政治，对百姓轻徭薄赋，所以百姓都感激赵氏的恩德。果然，赵襄子固守晋阳三年多，城中没有粮食，百姓易子而食，析骨而炊，都没有背叛之心。纣王搜刮天下的粮食，存储在钜桥；秦国搜刮天下的财宝，储存在阿房宫；董卓搜刮天下的物资，储备在眉邬。他们的粮食几年都吃不完，物资比任何人都丰盛，却最终都落入他人之手，对于保全国家，自身不起任何作用，就是因为失去人心的缘故。

所以，治理国家不可不知储备，但如何储备、怎样储备也很重要。储备物资固然重要，但一定要知道，物资当是为了惠利百姓，若以盘剥百姓的手段而获得物资，那就失去储备的初衷了。也就是说，统治者的恩德、民心，才是最值得储备的东西，才是国家摆脱祸患的至宝。

辞过

原文1

子墨子曰：古之民未知为宫室时，就陵阜①而居，穴而处。下润湿伤民，故圣王作为宫室。为宫室之法，曰："室高足以辟润湿，边足以圉②风寒，上足以待雪霜雨露，宫墙之高足以别男女之礼。"谨此则止。凡费财劳力，不加利者，不为也。修其城郭③，则民劳而不伤；以其常正，收其租税，则民费而不病。民所苦者非此也，苦于厚作敛于百姓。是故圣王作为宫室，便于生，不以为观乐也；作为衣服带履，便于身，不以为辟怪④也；故节于身，诲于民，是以天下之民可得而治，财用可得而足。

当今之主，其为宫室则与此异矣。必厚作敛于百姓，暴夺民衣食之财，以为宫室台榭曲直之望、青黄刻镂之饰。为宫室若此，故左右皆法象之。是以其财不足以待凶饥、振孤寡，故国贫而民难治也。君实欲天下之治而恶其乱也，当为宫室不可不节。

注 释

①陵阜：丘陵，小山。

②圉：通"御"，抵御。

③根据文意，修其城郭之前应缺少文字"役"。

④辟怪：新奇、奇异。

译 文

墨子说：古代的人，在不知道修建宫室之时，就依山而居，住在洞穴之中。地下的湿气会损害人的身体，所以圣王开始营造宫室。营造宫室的原则是：宫室地基高度足够避免潮湿，四边墙壁足以抵御风寒，屋顶足以防备霜雪雨露，宫墙的高度足以使男女有别，不伤礼仪——如此就可以了。凡是伤财劳民，而不增加益处的措施，就不采用。正常地使用劳役来修建城郭，民众虽然辛劳却不受伤害；正常地收取税赋，民众虽然破费却不至于感到疾苦。

民众所疾苦的不是这些，而是苦于对百姓横征暴敛。所以圣王营造宫室，只是为了便利生活，不是为了观赏玩乐；制作衣服带履，只是为了便于穿戴，不为了追求新奇、奇异；他们自身节俭，以身作则地教诲民众，所以天下民众都可以得到治理，财用能够充足。

当今的君主，营造宫室的理念与此不同。一定要对百姓横征暴敛，残暴地剥夺民众衣食之资来修建宫室台榭、或曲或直的景观，来雕刻青黄各色饰物。君主这样建造宫室，所以其左右大臣都效法奢侈。所以国家的财用不足以防备饥荒、赈抚孤寡，所以国家贫困而民众难以治理。君主若真的希望天下得到治理而厌恶混乱，在营造宫室之上不可不节用。

经典解读

古代人依山而居，住在洞穴之中，经常遭受潮湿、寒冷、酷暑、野兽的侵袭，所以圣人才教人们建墙筑室，以躲避风雨寒暑，躲避猛兽蚊虫。可以说，圣人建造房屋都是为了满足人们的基本生活需求，为了造福民众。然而，后世的君王却大兴宫室、穷极奢华，以此浪费民力，以此搜刮民财，以此使自己高高在上，远离民众。所以，这些宫室不再庇护民众，而成了残害民众的象征，人民厌恶它们，更加厌恶修建他们的统治者。所以，项羽火烧咸阳宫，天下人人称快，没有人为其感到可惜；所以梁鸿登上北邙山遥望未央宫要发出"辽辽未央""民之劬劳"的感叹……而那些穷奢极欲的统治者，也无不带着他们的宫室、王朝走向衰亡。

做父母的有了好吃的，无不先给子女吃；有了好衣服，无不先给子女穿，所以儿女们敬爱父母，生死不弃。君主自称为民之父母，也应该时刻将百姓放在自己的前面。古代的圣王如尧、舜、大禹就是这样的，天下有人不安乐，他们自己就不安乐；天下有人生活在苦难之中，他们自己就为之愁苦；有民众没有住的地方，他们就不敢兴建自己的宫室；有民众还遭到洪水的侵袭，他们自己就不敢停止奔波……所以，民众将他们视为日月一样爱戴、崇敬。而后世的昏君，却不是如此。如隋炀帝拆掉别人的房屋，来为自己开拓出游的道路；如宋徽宗拆掉别人的院子，来搜刮、运送所谓的花石纲……所以，他们的国家迅速从强盛转向衰落，他们在盛世中继承君位，却落得个国破身死的悲惨下场。

勾践卧薪尝胆，以茅草为庐，能够兴盛国家，称霸诸侯；而夫差大建亭台楼阁、园池苑囿却最终导致了败亡。很多君主认为宫室高大才能显出国家的强盛、才能显出君主的英明伟大，却不知道一个国家真正的强大在于民众的富裕，一个国君真正的英明在于人民愿意支持他。为了兴建宫室而损害民众，使百姓离心，这是最为愚蠢的做法。所以说，在宫室营造上，奢侈不如节俭，不可不以节用为原则。

原文 2

古之民未知为衣服时，衣皮带茭①，冬则不轻而温，夏则不轻而清。圣王以为不中②人之情，故作诲妇人治丝麻，梱③布绢，以为民衣。为衣服之法："冬则练帛④之中，足以为轻且暖；夏则绤绤⑤之中，足以为轻且清⑥。"谨此则止。故圣人为衣服，适身体，和肌肤而足矣，非荣耳目而观愚民也。当是之时，坚车良马不知贵也，刻镂文采不知喜也。何则？其所道之然。故民衣食之财，家足以待旱水凶饥者，何也？得其所以自养之情，而不感于外也。是以其民俭而易治，其君用财节而易赡也。府库实满，足以待不然。兵革不顿，士民不劳，足以征不服。故霸王之业可行于天下矣。

当今之王，其为衣服，则与此异矣。冬则轻暖，夏则轻清，皆已具矣。必厚作敛于百姓，暴夺民衣食之财，以为锦绣文采靡曼之衣，铸金以为钩，珠玉以为珮，女工作文采，男工作刻镂，以为身服。此非云益暖之情也。单财劳力，毕归之于无用也。以此观之，其为衣服，非为身体，皆为观好。是以其民淫僻而难治，其君奢侈而难谏也。夫以奢侈之君御好淫僻之民，欲国无乱，不可得也。君实欲天下之治而恶其乱，当为衣服不可不节。

注 释

①茭：竹索。

②中：合。

③梱：当为"稇"，捆束。

④练帛：熟帛，煮过的帛。

⑤绤绤：葛布。

⑥清：清凉。

译 文

古代人们尚不知道做衣服之时，身穿动物毛皮，以竹索为带，冬天不能做到轻巧温暖，夏天不能做到轻巧清凉。圣王认为这样不合人情，便开始教女子治丝麻，纺布绢，用它们来为民众制作衣服。制作衣服的原则："冬天以丝帛为衣，做到轻巧、暖和就足够了；夏天以细葛布为衣，做到轻巧、凉爽就可以了。"仅此而已。所以圣人制作衣服，大小合适，肌肤舒适就够了，并不是为了夸耀耳目，向众民炫耀的。那个时候，有坚车良马人们也不知道贵重，有刻镂文采人们也不知道欢喜。为何呢？是因为君主教导的正确啊。人民衣食之财，家家都足以防备水旱饥荒，为何呢？因为他们懂得自我供养的实情，不会为外欲所迷惑。因此，那时的民众节俭而易于治理，君主节用而易于赡养。国家府库充实，足以防备突发灾祸。兵甲不损坏，士民不劳苦，就能征讨不服之人。所以可以称王、称霸于天下。

如今的君主，制作衣服的原则，与此不同。冬天轻巧温暖，夏天轻巧清凉，都已经具备了，但还要向百姓穷征暴敛，侵夺百姓衣食之财来制作锦绣文采奢华的衣物，以黄金铸造带钩，以珠玉作为缀饰，女工做文采，男工作刻镂，然后穿在身上。这并非是为了更加轻巧暖和。伤财劳民，全都是为了无用之事。由此看来，他们制作衣服，并非是为了身体，全是为了耳目之观。所以，这个时候的民众淫辟而难以治理，这个时候的君主奢侈而难以劝谏。以奢侈的君主统御淫辟的民众，要想国家不混乱，是不可能的。君主若确实想让天下治理而厌恶混乱，在制作衣服之上不可不节用。

经典解读

古代圣人改良衣服的目的是为了使其冬暖夏凉、更加轻巧，以方便人民的生活。衣服的作用不外乎是遮挡身体、使人的形象符合礼节，保护身体、人们不受到损伤。所以，选择衣服只要能遮蔽该遮蔽的地方，冬暖夏凉让人感到舒适，方便人们做事就足够了。而后世之人却常常违背圣人制作衣服的初衷，将衣服作为炫耀自己富贵，吸引别人眼球的工具，殊不知这样不仅不会给自身带来好处，还会引发种种忧患。

最大的忧患就是使自己养成奢靡的习性、引导百姓崇尚奢靡，从而导致天下钱财都耗费在无用之事上。天下都推崇奢靡，人人争着生产奢靡的衣物，耕种的人就减少了，天下的粮食就不足了，一旦遭遇水旱饥荒，就要有人挨饿。所以，统治者崇尚奢侈，就是对百姓的掠夺，就是残害人民。唐朝大诗人白居易的诗："宣城太守知不知，一丈毯，千两丝。地不知寒人要暖，少夺人衣作地衣。"这就是对统治者生活奢靡，损害民众的最直接的控诉。

衣服奢侈还会让人心气高傲、自以为是，行为便趾高气扬，就难以听取别人的好意见，最终变得骄奢淫逸。子路曾经穿着华美的衣服去拜见孔子，孔子看了说：你衣服华丽，神气十足，天下谁还愿意将你的缺点告诉你呢？子路于是连忙回去换了普通的衣服去见孔子。衣服整齐、正常，也是一个人性格谦逊、厚重的表现，整天穿着奇装异服、吸引人眼球的大多是哗众取宠之辈。古人说："重于外者轻于内。"一个人若成天将精力花费在穿着打扮之上，那这个人必定没什么内涵，不值得让人尊敬重视，甚至会被人所讨厌。

所以说，无论从治国治家，还是从个人修养上说，衣着服饰都应该以简单、朴素、实用为原则，不应该追求奢靡、奇异。君主作为天下所效仿的对象，更应该为世人做出好的榜样，隋文帝、宋太祖都推崇节俭，所以他们能成就大业，而隋炀帝、宋徽宗都崇尚奢靡，所以他们会遭受败亡，"成由俭，败由奢"足以作为传世训诫。

原文 3

古之民未知为饮食时，素食而分处，故圣人作，诲男耕稼树艺，以为民食。其为食也，足以增气充虚，强体适腹而已矣。故其用财节，其自养俭，民富国治。

今则不然，厚作敛于百姓，以为美食刍豢①，蒸炙鱼鳖。大国累百器，小国累十器，前方丈，目不能遍视，手不能遍操，口不能遍味。冬则冻冰，夏则饰馑②。人君为饮食如此，故左右象之。是以富贵者奢侈，孤寡者冻馁，虽欲无乱，不可得也。君实欲天下治而恶其乱，当为食饮不可不节。

古之民未知为舟车时，重任不移，远道不至，故圣王作为舟车，以便民之事。其为舟车也，全固轻利③，可以任重致远。其为用财少，而为利多，是以民乐而利之。故法令不急而行，民不劳而上足用，故民归之。

当今之主，其为舟车与此异矣。全固轻利皆已具，必厚作敛于百姓，以饰舟车，饰车以文采，饰舟以刻镂。女子废其纺织而修文采，故民寒；男子离其耕稼而修刻镂，故民饥。人君为舟车若此，故左右象之。是以其民饥寒并至，故为奸衺。奸衺多则刑罚深，刑罚深则国乱。君实欲天下之治而恶其乱，当为舟车不可不节。

注　释

①刍豢：牛羊猪狗等家禽。

②馕：食物腐烂。

③全固轻利：坚固轻便。

译　文

古代人们不知道制作饮食时，素食为生而各自分开。所以圣人开始教诲男子耕稼种植，以生产粮食供民众饮食。对于饮食，足以补气益虚、强体饱腹就足够了。所以他们用财节省，自养俭朴，人民富足、国家治理。

如今却不是这样，对百姓横征暴敛，用来享受美食肉类，蒸烤鱼鳖。大国君主多达上百道菜，小国君主也有十多道，摆在前面铺开一丈见方，眼睛都不能全看到，手也不能全够到，嘴也不能全尝遍。吃不完的菜冬天冻结、夏天腐烂。君主饮食如此奢华，左右近臣也都相互效仿。所以富贵者奢侈无度，孤寡者冻馁而死，即使想要天下不乱，也不可能做到。君主若真的想使天下治理而厌恶混乱，在饮食之上不可不节用。

古代人们不知道制作车船的时候，重的东西不能搬运，远的地方不能前往。所以圣王制作了车船，以方便民众行事。他们制作车船，只求坚固轻便，可以负重行远。消耗的钱财很少，而益处甚多，所以民众乐于使用。所以法令不用催促就可以流行，民众不劳苦而君主财用充足，所以民众无不归服。

如今的君主，制作舟车的原则与此不同。已经坚固轻便了，还要对百姓横征暴敛，来装饰舟车，在车上图画文采，在船上刻镂花纹。女子不得不放弃纺织而去描绘文采，所以民众受寒；男子不得不放弃耕种而去刻镂花纹，所以民众挨饿。君主制作舟车如此奢侈，左右大臣也相互效仿。所以民众饥寒并至，被迫走向奸邪之路。奸邪之事多了，刑罚也越来越严苛刻，刑罚越来越严苛国家就乱了。国君若真的希望天下治理而厌恶混乱，在制造舟车上就不可不节省。

经典解读

本节文字继续从饮食和车船上阐述节用的重要性。圣人制作饮食，只求能补气益虚、强体饱腹，制作车船只求坚固轻便，能负重行远，而后世的君主则不断地追求饮食的丰盛、味美，不断地追求车船的安逸、奢华。为了满足自己的欲望，而对人民横征暴敛，人们的财力有限，而君主的欲望无限，于是上有吃不完的饭菜、用不尽的车船，而民众却无粗粮饱腹、无破车破船可乘，所以上下离心，百姓怨恨。一旦遇到饥荒，民众便会为了生存而犯上作乱、行奸邪之事，严刑酷法都无法禁止，天下大乱就是这样产生的。所以说，没有天生就奸邪、作乱的民众，他们之所以那样，都是统治者的奢侈无度导致的——统治者奢侈而不知节俭，就是天下大乱的根源。

历史上成功的君主无不将节俭视为生活的重要原则。明太祖朱元璋出身贫苦，深深了解民间疾苦，所以虽然做了皇帝，拥有天下，也依然保持俭朴的作风。相传"四菜一汤"就是朱元璋发明的。天下安定以后，将领们大多得到了富贵，生活也安逸起来，人也都变得骄奢了。于是朱元璋便在宫中举行了一场盛大的宴会，来宴请众多功臣。大家都很兴奋，心中想：自己什么都吃过了，就是没见过皇帝吃什么。于是宴会那天都早早赶到宫中，准备尝一尝皇帝吃的龙肉凤髓，可当菜端上来以后，所有人都大吃一惊，摆在他们面前的只有炒萝卜、炒豆芽、炒青菜、豆腐汤等最简单的食物。朱元璋又苦口婆心地对官员们讲了节俭对于养生、安身、国家的重要性，官员们无不心悦诚服，从此再也没有人敢公开大吃大喝，倡导奢靡，整个国家的官员都以俭朴为荣，于是国家才能够在经历战乱之后迅速安定下来，百姓也都生活富足。

宋太祖赵匡胤同样也是一个节俭的人，他做了十几年皇帝，衣服都是补了又补、洗了再洗，旧的能穿就绝不换新的。制衣服的布都和普通小吏的衣服原料完全相同，从不用贵重的丝帛。他所乘坐的御轿修了好几次还在用，没有任何装饰，还没有大臣们的轿子华美。皇后曾劝他说："陛下身为天子，怎么不坐一副好的轿子，并用金银装饰一下呢？这么寒酸难道不怕大臣、百姓嘲笑您吝啬吗？"宋太祖听后，严肃地说："我若想用天下的财富来自用，别说轿子，就连宫殿都用金银装饰也用不完。国家的钱财，是天下百姓的钱财，我不能随便使用。'以一人治天下，不以天下奉一人'，身为天子若只顾自己挥霍享用，那天下百姓就会寒心了。"此后，他还是乘坐那顶修补过多次的轿子。

君主坚持节俭的美德，然后可以得到百姓之心，然后可以享有天下；君主若奢靡无度，必将失去民心，也会失去所有财货，失去天下。所以老子将"俭"视为人之三宝之一，指出"俭故能广"。为君者不可不深思圣人直言，以节俭的美德来保有天下、治理天下。

原文 4

凡回^①于天地之间，包于四海之内，天壤之情^②，阴阳之和，莫不有也，虽至圣不能更也。何以知其然？圣人有传，天地也，则曰上下；四时也，则曰阴阳；人情也，则曰男女；禽兽也，则曰牡牝雄雌也。真天壤之情，虽有先王不能更也。虽上世至圣，必蓄私^③不以伤行，故民无怨；宫无拘女，故天下无寡夫。内无拘女，外无寡夫，故天下之民众。

当今之君，其蓄私也，大国拘女累千，小国累百，是以天下之男多寡无妻，女多拘无夫，男女失时，故民少。君实欲民之众而恶其寡，当蓄私不可不节。

凡此五者^④，圣人之所俭节也，小人之所淫佚也。俭节则昌，淫佚则亡，此五者不可不节。夫妇节而天地和，风雨节而五谷孰，衣服节而肌肤和。

注 释

①回：旋转、循环。

②天壤之情：天地之情，即雌雄、男女之情。

③蓄私：蓄养私人侍妾。

④五者：即宫室、衣服、饮食、舟车、私蓄等五方面。

译 文

但凡是周回于天地之间，囊括于四海之内的，莫不有天地之情，莫不追求阴阳和谐，即便是至圣也不能改变。怎么知道是这样的呢？圣人传下来的书中说：天地，则分上下；四时，则分阴阳；人情，则分男女；禽兽则分牝牡、雌雄。这是真正的天地之情，虽然先代圣王也不能更改。即便是前代至圣也都蓄养私人侍妾，但不伤害品行，所以民众没有怨言。他们的宫中没有拘禁的女子，所以天下没有娶不到妻子的男子。宫内无拘禁的女子，宫外没有孤独的男人，所以天下人民众多。

当今的君主，蓄养私人侍妾，大国拘禁的女子上千，小国也有上百，所以天下的男子很多没有妻子，女子很多被拘禁在宫中没有丈夫，男女婚配失时，所以天下人口减少。君主若真的想要人民众多而厌恶减少，在蓄养私人姬妾上不可不节制。

凡是这五方面，都是圣人所节俭而小人所奢靡的。节俭的就昌盛，奢靡的就灭亡，这五者不可不节制。夫妇懂得节制，天地就调和；风雨懂得节制，五谷就丰收；穿衣懂得节制，肌肤就安适。

经典解读

男女之情人莫不有，阴阳和谐物所共求，古代的众多君主只知道满足自己的欲望，强征女子填充后宫，这可以说是对天地之道、对人性的极大摧残。这一方面使大量女子被拘禁在深宫之中，接受孤独寂寞的煎熬，对她们而言是极不人道的；另一方面又会导致社会中很多男子失去了婚娶的机会。男女不能按时婚配嫁娶，国家的人口就不会增多，国家也就失去了强大昌盛的基础。历史上的晋武帝司马炎、后赵石虎、陈后主陈叔宝、隋炀帝、宋徽宗、明熹宗等都以后宫人数众多而出名，所以他们的国家没有能保持长久安定的，即便是雄才大略的秦始皇、汉武帝也都曾因为后宫人数众多而饱受指责，也的确给国家、人民带来了沉重的负担。

"俭节则昌，淫佚则亡"，古代的圣王以俭节为本，食不二味，居不重席，所以能够积蓄财货，度过饥荒灾害；所以能得到民心，战胜强敌；所以能澄清世风，使善道流行于天下。而那些骄奢残暴的君主，无不大兴土木，广征女子，到处搜刮奇珍异宝，极尽耳目之欢，享尽口腹之欲，所以他们耗尽国家积蓄、失去民心，最终被天下人所唾弃。所以，老子说："治人事天，莫若啬。"啬，就是节俭，就是治理天下国家最为重要的原则，是"根深固柢，长生久视之道"。

三辩

原　文

程繁①问于子墨子曰："夫子曰：'圣王不为乐。'昔诸侯倦于听治②，息于钟鼓之乐；士大夫倦于听治，息于竽瑟之乐；农夫春耕夏耘，秋敛冬藏，息于聆缶之乐。今夫子曰：'圣王不为乐'。此譬之犹马驾而不税③，弓张而不弛，无乃非有血气者之所能至邪？"

子墨子曰："昔者尧舜有茅茨④者，且以为礼，且以为乐；汤放桀于大水，环天下自立以为王，事成功立，无大后患，因先王之乐，又自作乐，命曰《护》，又修《九招》；武王胜殷杀纣，环天下自立以为王，事成功立，无大后患，因先王之乐，又自作乐，命曰《象》；周成王因先王之乐，又自作乐，命曰《驺虞》。周成王之治天下也，不若武王。武王之治天下也，不若成汤。成汤之治天下也，不若尧舜。故其乐逾繁者，其治逾寡。自此观之，乐非所以治天下也。"

程繁曰："子曰：'圣王无乐。'此亦乐已，若之何其谓圣王无乐也？"

子墨子曰："圣王之命也，多寡之⑤。食之利也，以知饥而食之者智也，因为无智矣。今圣有乐而少，此亦无也。"

注 释

①程繁：墨子之时的学者，跟随墨子学习，但也学习儒家学说。

②听治：处理政务。

③税：通"脱"，解脱。

④茅茨：茅草盖的房屋。

⑤多寡之：多者寡之，原文应缺失文字。

译 文

程繁问墨子说："夫子说：'圣王不创作音乐。'那从前诸侯处理政事疲劳了，就听钟鼓之乐来放松；士大夫处理政事疲劳了，就听竽瑟之乐来放松；农夫春耕夏耘，秋敛冬藏，也要通过听瓦缶之类的音乐来放松。如今主张'圣王不创作音乐'，这岂不就如马套上车后便不再卸下，弓张开后便不再放松，恐怕不是有血气的人所能做到的吧？"

墨子回答："从前尧舜只有茅草盖的房屋，也能够为礼，也能够为乐。商汤将夏桀放逐到大水，统一天下，自立为王，事成功立，再没有大的后患，所以在承袭先王之乐的基础上，又自己创作了新乐，将其命名为《护》，又修整了《九招》。武王战胜殷商、杀死纣王，统一天下、自立为王，事成功立，再没有大的祸患，于是在承袭先王之乐的基础上，又自己创作新乐，将其命名为《象》。周成王也承袭先王的音乐，又自己创作新乐，将其命名为《驺虞》。周成王治理天下赶不上武王；武王治理天下赶不上成汤；成汤治理天下赶不上尧舜。所以说音乐愈为繁盛的，治理水平就越差。因此来看，音乐不是用来治理天下的。"

程繁又问："夫子说：'圣王没有音乐。'那您所说这些岂不也是音乐，又为何说圣王没有音乐呢？"

墨子说："圣王的教令是，多余的就要减损。饮食是有利的，但懂得饥饿而后再吃东西，这就是智慧，若没有节制地滥吃，那就不能算是智了。圣王虽然有音乐，但却很少，这也就等于没有音乐。"

经典解读

墨子所说的"圣王不为乐""圣王无乐"，并不是说圣王没有一点音乐、从来不制作音乐，而是他们不会将精力都花费在听乐享乐之上，他们制乐一定是为了端正礼仪，听乐一定会在国家治理好以后。墨子的说法是针对当时的那些诸侯不知道治理国家、爱惜百姓，而只知道追求自身的耳目娱乐所提出的。孟子说："以意逆志，是为得之。"程繁在理解墨子的言论上就没有做到这点，未能思考墨子提出这些主张的目的，就咬文嚼字地非难，所以才会弄错了墨子的本意。

对于音乐，墨子认为"乐非所以治天下也"，而孔子则认为"兴于诗，立于礼，成于乐"，音乐是最高级的教化。这两种观点看似截然相反，其实仔细理解，二者是相似、想通的。它们都反对享乐性质的舞乐，看到那么多君主沉溺于郑卫之音，沉溺于美色、美酒、美乐之中，墨子提出的主张就是"非乐"，即不作音乐、少听音乐；而儒家提倡的主张就是以"礼乐"取代郑卫之音，将听乐和礼教、治国结合起来。墨子所追求的是一种质朴的生活方式，所以对于音乐他也力求节俭，越少越好；而儒家追求的是一种文质之间的协调，既不过于奢靡，也不过于清俭，所以赞同音乐，支持那些有益于教化的乐曲。墨子的主张虽然没有儒家那样更切合人情，更合乎中道，但对于抑制奢靡、享乐之风也是很有意义的。

卷 二

尚贤上

原文1

子墨子言曰：今者王公大人①为政于国家者，皆欲国家之富，人民之众，刑政②之治。然而不得富而得贫，不得众而得寡，不得治而得乱，则是本失其所欲，得其所恶。是其故何也？

子墨子言曰：是在王公大人为政于国家者，不能以尚贤事能为政也。是故国有贤良之士众，则国家之治厚，贤良之士寡，则国家之治薄。故大人之务，将在于众贤而已。

曰：然则众贤之术将奈何哉？

子墨子言曰：譬若欲众其国之善射御之士者，必将富之、贵之，敬之、誉之，然后国之善射御之士，将可得而众也。况又有贤良之士厚乎德行，辩乎言谈，博乎道术者乎！此固国家之珍，而社稷之佐也。亦必且富之、贵之，敬之、誉之，然后国之良士，亦将可得而众也。

注　释

①大人：诸侯、卿大夫。

②刑政：刑罚实施的情况。

译　文

墨子说：如今王公大人治理国家的，都希望国家富强，人民众多，刑法和政治井然有序。然而国家没有得到富强反而贫穷，人民没有得到众多反而减少，社会没有得到治理却反而混乱，这就失去其所想要的而得到所厌恶的了。这是什么原因呢？

墨子说：是因为那些治理国家的王公大人，不能以尚贤事能为政。贤良之士众多，国家能够治理得就越好；贤良之士稀少，国家能够治理得就越差。所以诸侯的要务，就在于为国家招揽更多的贤才。

有人问：那么招揽更多贤才的方法是什么呢？

墨子回答：就如要想国内善于射御的人增多，就必须使他们富有、贵重，给他们尊敬、赞誉，然后国内善于射御的人才会增加。更何况又有贤良之士、厚德之士、辩谈之士、通晓道术之士呢？这些人固然是国家的珍宝，社稷的辅佐啊。也必须使他们富有、贵重，给他们尊敬、赞誉，然后国内的贤才良士才会增加。

经典解读

尚贤事能为治理国家的要务，要想使国家富强、人民众多、刑法和政治井然有序，必须任用贤能，而且是使贤能越多越好。贤能越多，君主得到的辅助越多，他所能取得的成就也就越大。所以，舜有贤臣五人而天下治理，武王有乱臣十人而消灭殷商，晋文公有贤士五人而称霸诸侯。若君主不追求多得贤能，那他就会被小人、庸人所环绕，就没有人能协助他治理国家、没有人能匡正他的过失，这样想要国家富强、政治清明，又怎么可能呢？所以，齐桓公晚年亲信小人而身死国乱，秦穆公以贤士陪葬而秦国衰落。

要想招揽贤士就必须使贤士富有、尊贵，没有人会喜欢停留在让自己卑贱、受辱的国家中，贤士也都是希望能受到重视，可以发挥自己的才华的。乐毅、邹衍等人为何要去燕国，就是因为燕昭王重视人才，在那里他们可以获得荣宠、得到地位，尽情展示自己的才华；商鞅、韩非为何要西入秦国，就是因为秦国能给他们富贵、地位，让他们实现自己的抱负，而原来的国家却轻视他们、不任用他们。

在列国纷争的时代，尚贤事能是一件很迫切的事情，贤士并不会永远待在一个国家中，这个国家的君主不任用他们，他们就会去别的国家效力。自己的人才流失，而为他国所用，这对于执政者来说是最大的损失。战国初期，魏国最为强盛，就是因为魏文侯能重视人才，田子方、段干木、翟璜、李克、乐羊、吴起、西门豹等贤人都为其所用；而后续的君主却不能留下人才，使吴起逃往楚国，商鞅、范雎入秦，孙膑逃往齐国，所以魏国连续被秦国、齐国打败，迅速削弱下来。

所以说，君主必须务力于求贤，能够尚贤事能，国家就会强大；不能够尚贤事能，国家就会衰弱。

原文 2

是故古者圣王之为政也，言曰：不义不富，不义不贵，不义不亲，不义不近。是以国之富贵人闻之，皆退而谋曰：始我所恃者，富贵也，今上举义不辟贫贱，然则我不可不为义。亲者闻之，亦退而谋曰：始我所恃者亲也，今上举义不辟疏，然则我不可不为义。近者闻之，亦退而谋曰：始我所恃者近也，今上举义不辟远，然则我不可不为义。远者闻之，亦退而谋曰：我始以远为无恃，今上举义不辟远，然则我不可不为义。逮至远鄙郊外之臣、门庭庶子①、国中之众、四鄙之萌人②闻之，皆竞为义。是其故何也？曰：上之所以使下者，一物也；下之所以事上者，一术也。譬之富者有高墙深宫，墙立既谨，上为凿一门，有盗人入，阖其自入而求之，盗其无自出。是其故何也？则上得要也。

故古者圣王之为政，列德③而尚贤，虽在农与工肆之人，有能则举之，高予之爵，重予之禄，任之以事，断予之令④。曰：爵位不高，则民弗敬，蓄禄不厚，则民不信；政令不断，则民不畏。举三者授之贤者，非为贤赐也，欲其事之成。故当是时，以德就列，以官服事，以劳殿赏⑤，量功而分禄。故官无常贵，而民无终贱。有能则举之，无能则下之。举公义，辟私怨，此若言之谓也。

故古者尧举舜于服泽之阳，授之政，天下平；禹举益于阴方之中，授之政，九州成。汤举伊尹于庖厨之中，授之政，其谋得；文王举闳夭泰颠于置罔之中，授之政，西土服。故当是时，虽在于厚禄尊位之臣，莫不敬惧而施；虽在农与工肆之人，莫不竞劝而尚意。故士者，所以为辅相承嗣也。故得士则谋不困，体不劳，名立而功成，美章而恶不生，则由得士也。

是故子墨子言曰：得意贤士不可不举，不得意贤士不可不举。尚欲祖述⑥尧舜禹汤之道，将不可以不尚贤。夫尚贤者，政之本也。

注　释

①门庭庶子：公族及卿大夫之子戍卫宫廷者。

②萌人：萌，通"氓"，普通平民、农夫。

③列德：以德为标准授予官职。

④断予之令：使他政令必行，即授予足够的权力。

⑤殿赏：定赏。

⑥祖述：效仿、继承。

译　文

　　所以，古代圣王治理天下，说：不义的人，不让他富有；不义的人，不让他尊贵；不义的人，不相亲；不义的人，不接近。这样，国内富贵的人听到了，就会退下思量说：以前我所凭恃的就是富贵，如今君上举义而不避贫贱，那我就不能不行义了。亲近的人听说了，也会退下思量说：以前我所凭恃的就是亲近。如今君上举义而不避疏远，那我就不能不行义了。身边接近的人听到了，也会退下思量说：以前我所凭恃的就是能接近君主，如今君上举义不避远人，那我就不能不行义了。疏远的人听说了，也会退下思量：我当初以为疏远而无所平时，如今君上举义不避疏远，那我就不能不行义了。一直到远鄙郊外的大臣、在宫中宿卫的庶子、城中的百姓、城外的农夫，听到了这些话，都会争着做仁义的事。这是为何呢？这是因为：君主所统御下属的，就是"尚贤"这一种方法；下属所侍奉君主的，就是"为义"这一条途径。就如富有之家，建造高墙深院。墙已经建好了，只在上面凿一道门，有强盗进入，关上他进来的门抓捕他，强盗就无法逃出。这是为何呢？就是掌握了要害啊。

　　所以古代圣王治理天下，贵德尚贤，虽然是农夫、工匠，只要有能力就提拔他，给予他高爵、厚禄，任他为事，授予权力。说：如果他的爵位不高，民众就不敬重；俸禄不厚，民众就不相信；政令不能施行，民众就不畏惧。

将这三者授予贤人，并不是对贤者的赏赐，而是让他们能将事情办成。所以这个时候，根据德行任官，根据官职任事，根据功劳封赏，根据功绩确定官禄。所以官员不会永远富贵，民众不会永远贫贱。有能力的就提拔，无能力的就罢黜。举公义，辟私怨，说的就是这个。

所以古时，尧在服泽之北擢拔了舜，授予他政事，从而治平天下。禹在阴方之中，擢拔了伯益，授予他政事，平定了九州。汤在庖厨之中擢拔了伊尹，授予其政权，使其计谋得以施行。文王在猎人之中提拔了闳天、泰颠，授予他们政权，使西土平服。所以这个时候，即使处于尊位、享受厚禄的大臣，也莫不戒惧敬畏而努力施为；即使是农夫工匠之人，也莫不相互劝勉而崇尚道德。因此，贤良的人就是作为辅佐和继承的人选的。所以能够得到士人，计谋就不会穷乏，身体就不用劳累，就能获得美名而建立功业，天下美德昭彰而罪恶不生，都是因为得到贤士的缘故。

所以，墨子说：得意之时，不可不举荐贤士；不得意之时，也不可不举荐贤士。想要效仿尧、舜、禹、汤之道的君主，更是不可不尊尚贤士。尚贤，就是为政之根本。

经典解读

所谓"贤者"是能够协助君主将国家治理好，可以授予大任的人，这样的人所需要的素质是"有德行""有能力""坚守道义"。君主要想获得贤士，就必须按照这些条件察访贤士，尊崇有德行的人、提拔有能力的人、奖赏遵守道义的人，这样四方的贤士才会汇聚而来，国人也都会主动追求仁德道义。君主若口中说着爱贤士，却只亲信亲人、奖赏近幸、提拔那些阿谀谄媚的小人，真正的贤士又怎么会到来呢？国人又怎么会知晓仁义道德的可贵呢？

所以说，国君喜好什么、推崇什么，他就能够得到什么、国人也就会追慕什么。秦武王喜欢力士，有勇力的人都得到官职、富贵，所以任鄙、乌获、孟说等大力士都前去归附他；赵文王喜欢剑士，善于斗剑的人都得到官职、富贵，所以天下的剑客都奔向他的朝廷。古人云："楚王好细腰，宫中多饿死；吴王好剑客，百姓多疮癞。"没有国君尊崇贤人、重用贤人却得不到贤人的，也没有国君亲幸小人、奸佞而贤臣都愿意归附他的。所以，君主要想得到贤人，就必须真正地重视贤者，以德行、能力、道义这些贤者所具有的素质来班爵赐禄，而不是以亲疏、远近、容貌等选拔任用人才。

尚贤中

原文 1

子墨子言曰：今王公大人之君①人民，主社稷，治国家，欲修保②而勿失，故③不察尚贤为政之本也！何以知尚贤之为政本也？曰：自贵且智者，为政乎愚且贱者，则治；自愚且贱者，为政乎贵且智者，则乱。是以知尚贤之为政本也。

故古者圣王甚尊尚贤而任使能，不党父兄，不偏贵富，不嬖颜色。贤者举而上之，富而贵之，以为官长；不肖者抑而废之，贫而贱之，以为徒役。是以民皆劝其赏，畏其罚，相率而为贤者。以贤者众，而不肖者寡，此谓进贤。然后圣人听其言，迹④其行，察其所能，而慎予官，此谓事能。故可使治国者，使治国；可使长官者，使长官；可使治邑者，使治邑。凡所使治国家、官府、邑里，此皆国之贤者也。

贤者之治国也，蚤朝晏退，听狱治政，是以国家治而刑法正。贤者之长官也，夜寝夙兴，收敛关市、山林、泽梁之利，以实官府，是以官府实而财不散。贤者之治邑也，蚤出莫入，耕稼、树艺⑤、聚菽粟，是以菽粟多而民足乎食。故国家治则刑法正，官府实则万民富。上有以絜为酒醴粢盛，以祭祀天鬼；外有以为皮币，与四邻诸侯交接；内有以食饥息劳，将养其万民；外有以怀天下之贤人。是故上者天鬼富之，外者诸侯与之，内者万民亲之，贤人归之。以此谋事则得，举事则成，入守则固，出诛则强。故唯昔三代圣王尧、舜、禹、汤、文、武之所以王天下、正诸侯者，此亦其法已。

注 释

①君：统御、治理。

②修保：永久保持。

③故：当为"胡"，为什么。也：通"耶"。

④迹：考察。

⑤树艺：种植，栽培。

译　文

　　墨子说：如今王公大人统御人民，主掌社稷，治理国家，要想长久保全而不失去，为何不能审察尚贤才是为政的根本呢！如何知道尚贤才是为政的根本呢？回答是：以尊贵有智慧的人治理愚昧且低下的人，国家就会得到治理；以愚昧且低下的人治理尊贵而有智慧的人，国家就会混乱。由此可知尚贤就是为政的根本。

　　所以古代的圣王很是尊尚贤者，任贤使能，不偏私于父子兄弟，不偏护于尊贵富有之人，不偏爱于姿色美好之人。贤能的人，就举荐提拔，使他富有、尊贵，任他为官长；没有才能之人，就废黜抑制，使他成为贫穷卑贱的奴役。所以民众都因其奖赏而得到劝勉，因其惩罚而受到震慑，争先恐后地要去做贤能的人。所以贤者日益众多，而不肖者日益减少，这就是"进贤"。然后圣人听他们的言辞，考察他们的行动，审察他的能力而谨慎地授予官职，这就是叫作使用贤能的人。所以可以治国的人才，就让他治国；可以居官的人才，就让他居官；可以治理城邑的人才，就让他去治理城邑。但凡任命治理国家、官府、城邑的人，都是国家的贤才。

　　贤者治理国家，早上朝，晚退朝，听审案件、治理政事，所以国家治平而刑罚严正。贤者担任官长，晚睡早起，征收关市、山林、川泽的税利，以充实官府，所以府库充实而财用不散。贤者治理诚意，早出晚归，督促民众耕稼、种植、收获粮食，所以粮食多而民食充足。所以，国家治理则刑法严正，府库充实而民众富裕。在上又洁治酒食，以祭祀天地鬼神；在外又馈赠毛皮金钱，与四邻诸侯相互交好；在内又使饥者有食，劳者得息，抚养天下万民；在外又以德怀柔、招徕天下贤士。所以，在上得到天地鬼神的赐福，在外得到四邻诸侯的交好，在内得到国中百姓的亲附、天下贤人的归服。如此，谋事就一定有收获，做事就一定能成功，退可以固守国家，进可以诛灭强敌。从前三代的圣王，尧、舜、禹、汤、文王、武王之所以能称王天下、成为诸侯之道，就在于此。

经典解读

所谓尚贤，就是唯贤是举：只要他有德有才，即便没有父子兄弟之亲，也要信任他，重用他；只要他有德有才，即便没有故旧之交，也要让他富有而尊贵；只要他有德有才，即便长相丑陋，令自己不悦，也要授予他官职，让他能够为国效力。太公、伊尹出身低微、贫贱，于文王、商汤没有亲旧只好，而文王、商汤认识到他们的才能，便授予他们政事，尊崇礼敬他们，所以他们能够得到贤士的尽心辅佐，最终成就王者之业。管仲与齐桓公有箭射之仇，齐桓公却能听从鲍叔牙的劝谏，放下旧仇，任用管仲，并尊之为仲父，所以他能成就霸王之业。阖闾最初见到伍子胥之时，对伍子胥的容貌甚为厌恶，但他听了伍子胥的游说以后，了解了伍子胥的才能，立刻与他握手倾谈，尊重他、听从他的计谋，所以他能够夺得王位，成就霸业。这些贤明的君主之所以能够成就大业，都在于他们能真正地重视贤人——他们所看重的是贤人的德行、才干，而不是他们的出身、贫富、容貌。

尚贤而后能得贤，得贤之后还要能任用贤者。若得到了贤者却不任用，这对国家、君主又有什么好处呢？更何况真正的贤者是不会为了官职、俸禄而留在一个国家的，他们为官就是为了伸张自己的志向，发挥自己的才能，志向得不到伸张，他们一定会离开。君主也必将失去贤者。百里奚在虞国为官，虞公却不重用他，所以虞国虽然拥有贤者却难免灭亡。孟子在齐国，齐王虽然授予他高官厚禄，却不听从他的建议、不施行他的主张，于是孟子毅然放弃了高官厚禄，离开了齐国。陈平、韩信都是贤者，事奉项羽之时，项羽却不能任用他们，言不听、计不从，所以他们离开，最后帮助刘邦击败了项羽。这些都说明，任用了贤士才是真正地拥有了贤士，得到贤士而不任用和没有贤士是相同的。

所以，对于贤士，他们的才德足够治理一国，就授予他们一国的政事；他们的才德足能独当一方，就授予他们一方的政事；他们的才德足以治理一个城邑，就授予他们一个城邑的政事。如魏成、李克可以治理一国，魏文侯便将一国的政事托付给他们；乐羊、吴起可以治理一方，魏文侯便让乐羊带兵攻打中山，让吴起镇守西河；西门豹可以治理一城，魏文侯便派他治理邺城。像魏文侯这样就可以称为善于任用贤士了，所以他能使国家强大，威服诸侯。

所以说，君主对于贤士，既要尊崇他们，得到他们，又要了解他们，善于任用他们。如此才能招徕天下贤士，使天下贤士都为己用；才能强盛国家、造福百姓、成就三代圣王的伟业。

原文2

　　既曰若法，未知所以行之术，则事犹若未成，是以必为置三本。何谓三本？曰：爵位不高则民不敬也，蓄禄不厚则民不信也，政令不断则民不畏也。故古圣王高予之爵，重予之禄，任之以事、断予之令。夫岂为其臣赐哉？欲其事之成也。《诗》①曰："告女忧恤，诲女予爵。孰能执热，鲜不用濯。"则此语古者国君诸侯之不可以不执善，承嗣辅佐也。譬之犹执热之有濯也，将休②其手焉。

　　古者圣王，唯毋③得贤人而使之，般爵以贵之，裂地以封之，终身不厌。贤人唯毋得明君而事之，竭四肢之力以任君之事，终身不倦。若有美善则归之上，是以美善在上而所怨谤在下，宁乐在君，忧戚在臣。故古者圣王之为政若此。

　　今王公大人亦欲效人以尚贤使能为政，高予之爵，而禄不从也。夫高爵而无禄，民不信也。曰："此非中实爱我也，假借而用我也。"夫假借之民，将岂能亲其上哉！故先王言曰："贪于政者不能分人以事；厚于货者不能分人以禄。"事则不与，禄则不分，请问天下之贤人将何自至乎王公大人之侧哉？若苟贤者不至乎王公大人之侧，则此不肖者在左右也。不肖者在左右，则其所誉不当贤，而所罚不当暴。王公大人尊此以为政乎国家，则赏亦必不当贤，而罚亦必不当暴。若苟赏不当贤而罚不当暴，则是为贤者不劝而为暴者不沮矣。是以入则不慈孝父母，出则不长弟乡里，居处无节，出入无度，男女无别。使治官府则盗窃，守城则倍畔④，君有难则不死，出亡则不从，使断狱则不中，分财则不均，与谋事不得，举事不成，入守不固，出诛不强。故虽昔者三代暴王桀纣幽厉之所以失措其国家，倾覆其社稷者，已此故也。何则？皆以明小物而不明大物也。

今王公大人有一衣裳不能制也，必借良工；有一牛羊不能杀也，必藉良宰。故当若之二物者，王公大人未知⑤以尚贤使能为政也。逮至其国家之乱，社稷之危，则不知使能以治之。亲戚则使之，无故富贵；面目佼好则使之，夫无故富贵。面目佼好则使之，岂必智且有慧哉！若使之治国家，则此使不智慧者治国家也，国家之乱既可得而知己！

且夫王公大人有所爱其色而使，其心不察其知而与其爱。是故不能治百人者，使处乎千人之官；不能治千人者，使处乎万人之官。此其故何也？曰：若处官者爵高而禄厚，故爱其色而使之焉。夫不能治千人者，使处乎万人之官，则此官什倍也。夫治之法将日至者也，日以治之，日不什修，知以治之，知不什益。而予官什倍，则此治一而弃其九矣。虽日夜相接以治若官，官犹若不治。此其故何也？则王公大人不明乎以尚贤使能为政也。故以尚贤使能为政而治者，夫若言之谓也；以下贤为政而乱者，若吾言之谓也。今王公大人中实将欲治其国家，欲修保而勿失，胡不察尚贤为政之本也？

注 释

①出自《诗·大雅·桑柔》。

②休：保护。

③毋：通"务"，务力。

④倍畔：背叛。

⑤未知：应为"未尝不知"。

译 文

既然知道了这样任贤的原则，但若不知道如何推行这一原则，那么还不算成功，所以必须要树立三项根本。什么是三项根本呢？回答是：爵位不高，民众就不敬畏他；俸禄不厚，民众就不信服他；政令不能施行，民众就不惧怕他。所以古代的圣王，给予贤者高爵、厚禄，任之以大事，确保他政令畅行。这难道是给臣子的赏赐吗？是想让他能将事情办成罢了。《诗经》中说："告诉你要体恤贤人，告诉你要任用贤良。谁能在解救炎热之时，不用冷水来冲凉？"这就是说古代的国君诸侯不可以不亲善那些辅佐、继承自己事业的贤士，拥有贤士就如解救炎热而有冷水冲凉一样，使自己的手得到保全。

古代的圣王务力得到贤人而任用他们，颁赐爵位使他们显贵，划出土地来分封他们，终身都不厌弃。所以贤人也务力得到明君而侍奉，竭尽全力来报效君主，终身都不厌倦。若有了美好的功德，就归功于君主，所以君主得到美誉、功绩，而臣子承担怨恨、毁谤，君主得到安乐，而臣子承受忧戚。古代圣王为政大概如此。

如今的王公大人也想要效法先王，通过尚贤事能来治理国家，给予贤者高的爵位，但俸禄却不能随之丰厚。爵位很高而没有相应的俸禄，民众就不信服他。贤人也会说："这不是真的信爱我啊，之时假借虚名来利用我罢了。"假借虚名而利用的贤士，又怎么会亲爱其君呢？所以先王说："贪恋权力的人，不能将政事分与别人；贪恋财货的人，不能将俸禄分与别人。"政事不让人参与，俸禄不能与人分享，请问：天下贤者怎么会来到王公大人身边呢？贤者不会来到王公大人身边，那不肖者就会环绕于他们的左右。不肖者环绕于他们的左右，则他们所赞誉的不是贤士，所惩罚的也不是真正的暴贼。王公大人尊崇身边的不肖之辈来治理国家，那赏赐的不是贤士，而惩罚的也不是暴贼。若赏赐的不是贤士，惩罚的不是暴贼，那做贤人的得不到劝勉，做恶事的得不到阻止。所以民众在家就不知道孝顺父母，外出就不知道礼敬相邻，居处没有节制，出入没有限度，男女不知分别。让他们治理官府就会盗窃，让他们守护城邑就会背叛，国君遇到了危难他们不肯献身，国君被迫出亡他们不肯跟从，让他们断狱必然不清，让他们分财必然不均，和他们谋事则不当，和他们做事则不成，使他们防守则不固，使他们攻伐则不强。所以从前三代的暴王，如桀、纣、幽王、厉王之所以失去国家，倾覆社稷，就是因为这个原因。为什么呢？他们都只明白小事而不明白大道理啊！

如今的王公大人，有一件衣服不能制作，一定会借助好的工匠；有一头牛羊不能杀死，一定会借助好的屠夫。在这两件事上，王公大人未尝不知道以尚贤使能为政。等遇到了国家混乱，社稷倾危，就不知道任用贤者来治理。亲戚就任用他们，无缘无故使之富贵；面容姣好的就任用他们，无缘无故使之富贵。不经历事变、没有功劳却得到富贵，面容姣好的就任用，这样的人难道一定有智慧、远见吗？若任用他们治理国家，那是任用没智慧的人治国啊！国家的混乱，也就可想而知了！

　　且王公大人，有因爱一个人的美貌而任用他的，心中并不了解他的智慧，而给他宠爱。所以，不能治理百人的，让他处于治理千人的官位上；不能治理千人的，让他处于治理万人的位置上。这是为什么呢？回答说：居官者能够得到高爵厚禄，因为爱那人的美貌而给他官位。不能治理千人的，而让他处于治理万人的官位上，则职责就超出他能力的十倍了。治理的原则是每天都要去治理。每天都治理，一天的时间不能延长十倍；依靠智慧治理，他的智慧不能增加十倍。而授予他十倍职责的官位，他就只能治理一分而荒弃九分。即便是日夜不停地治理官事，也不可能治理好。为何会出现这种局面呢？就在于王公大人不明白以尚贤使能为政的缘故啊。所以，通过尚贤使能为政而得到治理的，就像我所说的一样；不通过尚贤使能为政而混乱的，就像我所说的一样。如今的王公大人，确实想将国家治理好的，想长保社稷而不失去的，为什么不体察以尚贤为政这个治国的根本呢？

经典解读

　　任用贤人治理政事，就要确保他的才能能够发挥，他的政令能够施行，使他有足够的威信来推行自己的主张；否则贤人即使再贤能，也不能取得成功。秦国商鞅变法之所以能够成功，就在于秦孝公对商鞅的信任，刚开始变法就授予他左庶长的高位，使他能够制订、推行新的政令，甚至能够处罚太子的老师；后来又任命他为大良造，让他统掌军政大权，所以商鞅在改革之中能够令行禁止，没有人敢不遵守法令。楚悼王变法之所以成功，也在于其对吴起的信任，初见便任命其为太守，第二年便升任其为令尹，让他掌管国内军政大权，可以大刀阔斧地进行改革。

　　南北朝之时，苻坚与王猛之间君臣相互亲信的事，更是历史上的佳话：苻坚与王猛一见如故，不在乎其出身低微，屡屡越职提拔他，曾一年让他连升五次官，最后担任尚书左仆射、司隶校尉等，权倾内外。很多皇亲国戚、元老旧臣见此对王猛妒火中烧，诋毁、诽谤王猛，但苻坚从不相信，反而对王猛更加信任。氐族豪帅出身的姑臧侯樊世，自恃资历老，多次当众出言羞辱王猛，甚至当朝破口大骂，最后被苻坚下令处死。朝中大臣仇腾、席宝利用职务之便，屡屡毁谤王猛，苻坚非常生气，将二人赶出朝堂。皇亲、大臣有谁敢非议王猛，苻坚就严厉斥责，甚至当朝鞭打脚踢。于是没人不畏惧王猛，王猛得以大行其政，最终辅佐苻坚统一了整个北方。

君主得到贤者，一定要对其充分信任，授予其足够的权力，这样贤士才能尽情发挥自己的才智，从而辅佐君主建立功业。若只是表面上尊崇贤者，却不授予他权力，不让他施行自己的主张，那贤者即便有才智又怎么能发挥呢？即便想报答国君又怎么能实现呢？孔子在鲁国为官，不能使鲁国强盛起来，孟子在齐国，不能避免齐王的过错，难道是他们没有才能？是君主不能真正任用他们，不能给他们足够的权力，所以他们的建议不被采纳，主张不能推行，即便有最高明的智慧、最好的治国方略也是徒然。

原文3

且以尚贤为政之本者，亦岂独子墨子之言哉！此圣王之道，先王之书《距年》①之言也。《传》曰："求圣君哲人，以裨辅而身。"《汤誓》曰："聿求元圣，与之戮力同心，以治天下。"则此言圣之不失以尚贤使能为政也。故古者圣王唯能审以尚贤使能为政，无异物杂焉，天下皆得其利。

古者舜耕历山，陶河濒，渔雷泽。尧得之服泽之阳，举以为天子，与接天下之政，治天下之民。伊挚，有莘氏女之私臣②，亲为庖人。汤得之，举以为己相，与接天下之政，治天下之民。傅说被褐带索，庸③筑乎傅岩。武丁得之，举以为三公，与接天下之政，治天下之民。此何故始贱卒而贵，始贫卒而富？则王公大人明乎以尚贤使能为政。是以民无饥而不得食，寒而不得衣，劳而不得息，乱而不得治者。

故古圣王以审以尚贤使能为政，而取法于天。虽天亦不辩贫富、贵贱、远迩、亲疏，贤者举而尚之，不肖者抑而废之。然则富贵为贤，以得其赏者谁也？曰：若昔者三代圣王尧、舜、禹、汤、文、武者是也。所以得其赏何也？曰：其为政乎天下也，兼而爱之，从而利之，又率天下之万民以尚尊天、事鬼、爱利万民。是故天鬼赏之，立为天子，以为民父母，万民从而誉之曰"圣王"，至今不已。则此富贵为贤，以得其赏者也。然则富贵为暴，以得其罚者谁也？曰：若昔者三代暴王桀、纣、幽、厉者是也。何以知其然也？曰：其为政乎天下也，兼而憎之，从而贼之，又率天下之民以诟天侮鬼、贼傲万民，是故天鬼罚之，使身死而为刑戮，子孙离散，室家丧灭，绝无后嗣。万民从而非之曰"暴王"，至今不已。则此富贵为暴，而以得其罚者也。然则亲而不善，以得其罚者谁也？曰：若昔者伯鲧，帝之元子④，废帝之德庸，既乃刑之于羽之郊，乃热照无有及⑤也。帝亦不爱。则此亲而不善以得其罚者也。然则天之所使能者谁也？曰：若昔者禹、稷、皋陶是也。何以知其然也？先王之书《吕刑》道之，曰："皇帝清问下民⑥，有辞有苗。曰：'群后之肆在下，明明不常⑦，鳏寡不盖⑧。德威维威，德明维明。'乃名三后，恤功于民：伯夷降典，哲民维刑；禹平水土，主名山川；稷隆播种，农殖嘉谷。三后成功，维假于民。"则此言三圣人者，谨其言，慎其行，精其思虑，索天下之隐事遗利，以上事天，则天乡其德；下施之万民，万民被其利，终身无已。

故先王之言曰："此道也，大用之天下则不窕⑨，小用之则不困，修用之则万民被其利，终身无已。"《周颂》道之曰："圣人之德，若天之高，若地之普，其有昭于天下也。若地之固，若山之承，不坼不崩。若日之光，若月之明，与天地同常。"则此言圣人之德，章明博大，埴固，以修久也。故圣人之德，盖总乎天地者也。今王公大人欲王天下、正诸侯，夫无德义将何以哉？其说将必挟震威强。今王公大人将焉取挟震威强哉？倾者民之死也⑩。民生为甚欲，死为甚憎。所欲不得而所憎屡至，自古及今未尝能有以此王天下、正诸侯者也。今大人欲王天下、正诸侯，将欲使意得乎天下，名成乎后世，故不察尚贤为政之本也？此圣人之厚行也！

注　释

①距年：年代久远，远古。

②私臣：陪嫁作为奴仆的小臣。

③庸：通"佣"。

④帝之元子：鲧为帝颛顼的长子。

⑤热照无有及：指不被日月所照耀之地，形容其遭受刑罚的严厉、耻辱。

⑥清问下民：即询问下民的疾苦。

⑦明明：指明显有明德之人。

⑧不盖：不遗漏。

⑨窕：不足，充不满。

⑩"者"当为"诸"。"倾者民之死也"，即：难道通过驱使民众奔赴死亡而获得威势、强大吗？

译　文

况且将尚贤作为为政之本，又岂是墨子一个人的主张？这是圣王之道，是先王所书《距年》的记载，留传已经很久远了。典传说："求访圣君哲人，以辅助你身。"《汤誓》说："求到大圣贤，和他戮力同心，以治理天下。"这些都说明圣王没有不以尚贤使能为政的。古代圣王只因能审明以尚贤使能为政的道理，不受外物的干扰，所以天下都承受他们的泽惠。

古时，舜在历山耕田，在河滨制陶，在雷泽打鱼。尧在服泽之北得到了他，擢拔他做天子，授予天下政事，使其治理天下百姓。伊尹，是有莘氏女子的陪嫁私臣，曾经做过厨子，汤得到了他，举用他为自己的国相，授予天下政事，使其治理天下百姓。傅说身穿粗布衣服，腰系绳索，在傅岩受佣筑墙。武丁得到了他，举用为国相，授予天下政事，使其治理天下百姓。他们为什么开始卑贱而后得尊贵，开始贫穷而终得富贵呢？是因为王公大人懂得以尚贤使能为政的道理。所以他们统治时，民众没有饥饿却得不到食物，寒冷却得不到衣服，疲劳却得不到休息，混乱却得不到治理的。

所以古代圣王能够审慎地以尚贤使能为政，而取法于天。上天就是不辨贫富贵贱、远近亲疏的，贤能的人就举荐而重用他，不肖的人就抑制而废黜他。那么身份尊贵而以贤能得到上天赏赐的，又有谁呢？回答是：像三代的圣王，尧、舜、禹、汤、文王、武王都是。他们之所以得到上天的赏赐，是为何呢？回答是：他们治理天下，兼爱百姓，惠利百姓，又率领天下万民尊崇上天、敬事鬼神、爱护百姓。所以天地鬼神赏赐他们，立他们为天子，做民之父母，天下万民从而尊崇他们为"圣王"，至今不已。这就是身份尊贵而以贤能得到上天赏赐的人。那么身份尊贵而以残暴得到上天惩罚的，又有谁呢？回答是：像从前三代残暴的君主桀、纣、周幽王、周厉王就是。怎么知道的呢？回答是：他们治理天下，厌恶百姓，戕害百姓，又率领天下民众，诅咒詈上天、侮辱鬼神，残害天下万民，所以天地鬼神惩罚他们，使他们遭受刑戮而死，子孙离散，家族灭亡，断绝后嗣，天下万民从而否定他们，称之为"暴虐的君王"，至今不已。这就是身份尊贵而以残暴得到上天惩罚的人。那么以亲近不善者而获得惩罚的，又有谁呢？回答是：像从前的鲧，他是颛顼帝的长子，荒废先帝的德行，于是被处死在羽山之野，那是日月所不能照及之处，先帝也不爱他。这就是亲近不善而获得上天惩罚的人。那么上天所能任用的贤能，都有谁呢？回答是：像从前的禹、稷、皋陶都是这样的人。如何知道的呢？先王的《尚书》中《吕刑》上说："皇帝询问民众的忧患，都说有苗为害。说：'各位君主以及在下执事的大臣，举荐贤明之才，莫拘常格，即使鳏寡之人也不要遗漏。德行上有威严，才是威严；德行上明智，才是明智。'于是命令伯夷、禹、稷三位君主，体恤民情、造福民众。让伯夷制定典章，使民众效法贤哲。让大禹平定水土，命名山川。让稷教民播种，使人们种植好的谷物。三位君主授命成功，大惠万民。"这就是说这三位圣人，谨言慎行，精思熟虑，求索天下未被发现的事情和遗漏的利益，以事奉上台年，则上天享用其美德，以此施惠于天下万民，万民受其惠利，终身不尽。

所以先王曾说："这种道术，用在治理天下这大处，不会不足；用在小的方面，也不会穷竭；长久地使用它，天下万民都受其惠利，终身不竭。"《周颂》曾说："圣人之德，像苍天一样崇高，像大地一样广大，昭彰于天下；像大地一样固实，像高山一样坚挺，永远不会崩塌。像太阳那样光明，像月亮那样明亮，与天地一样长久。"这就是在说圣人的德行彰明博大、坚牢而长久。所以，圣人的德行，总和天地之道一样美好。如今王公大人要想称王天下、匡正诸侯，没有德义，怎么可以呢？有人说一定要凭借威势强大。如今的王公大人，将从哪里得来威势强大呢？是通过驱使民众奔赴死亡而获得吗？民，对生存甚为期望，而对死亡甚为厌恶。所期望的得不到，所厌恶的屡屡到来，自古至今，没有能够以此称王天下、称霸诸侯的。如今王公大人要想称王天下、称霸诸侯，将要使自己得志于天下，名声流传于后世，为什么不明察尚贤乃为政之本的道理呢？这是圣人的厚德之所在啊！

经典解读

本节文字指出"尚贤使能"并非墨子一人的主张，而是所有先王明君圣人的共同主张，是流传久远的治世常则。从前三代的圣王就是因为尚贤使能而志平天下，得到上天赐福，世人敬仰的；而那些亡国亡身的暴王，也都是因为不懂得尚贤使能而遭受上天的殃祸，被世人所厌弃的。尧任用舜，商汤任用伊尹，武丁任用傅说，都是尚贤使能而治理天下的典型，也都与墨子前面所提到的各种原则如出一辙。所以说墨子所提出的"尚贤使能"的主张，就是上天之道，就是先王之道，是适用于古今各国而无须疑惑的。

这种道，大可以治理天下，小可以治理一国、一城，无不适用，没有穷竭。君主采用这种道，就能昭明天地之德、圣人之德，就能成就高山和大地一样崇高、广大的功业。这种道，就是君主威严、强大的最根本来源，有了它才能上得天佑，下得民心，才能成就王者、霸者的事业。那些只知道凭借威势强大的主张，只是看到了表面现象，却忽略了根本。君主舍弃此道而追求威严强大，追求王业霸业，那就是舍本逐末，是缘木求鱼。

尚贤下

原文1

子墨子言曰：天下之王公大人皆欲其国家之富也，人民之众也，刑法之治也，然而不识以尚贤为政其国家百姓，王公大人本失尚贤为政之本也。苟若王公大人本失尚贤为政之本也，则不能毋举物示之乎？今若有一诸侯于此，为政其国家也，曰："凡我国能射御之士，我将赏贵之。不能射御之士，我将罪贱之。"问于若国之士，孰喜孰惧？我以为必能射御之士喜，不能射御之士惧。我赏①因而诱之矣，曰："凡我国之忠信之士，我将赏贵之；

不忠信之士，我将罪贱之。"问于若国之士，孰喜孰惧？我以为必忠信之士喜，不忠不信之士惧。今惟毋以尚贤为政其国家百姓，使国为善者劝，为暴者沮。大以为政于天下，使天下之为善者劝，为暴者沮。然昔吾所以贵尧舜禹汤文武之道者，何故以哉？以其唯毋临众发政而治民，使天下之为善者可而劝也，为暴者可而沮也。然则此尚贤者也，与尧舜禹汤文武之道同矣。

而今天下之士君子，居处②言语皆尚贤，逮至其临众发政而治民，莫知尚贤而使能。我以此知天下之士君子，明于小而不明于大也。何以知其然乎？今王公大人，有一牛羊之财不能杀，必索良宰。有一衣裳之财不能制，必索良工。当王公大人之于此也，虽有骨肉之亲、无故富贵③、面目美好者，实知其不能也，不使之也。是何故？恐其败财也。当王公大人之于此也，则不失尚贤而使能。王公大人有一罢马不能治，必索良医。有一危弓不能张，必索良工。当王公大人之于此也，虽有骨肉之亲、无故富贵、面目美好者，实知其不能也，必不使。是何故？恐其败财也。当王公大人之于此也，则不失尚贤而使能。逮至其国家则不然，王公大人骨肉之亲、无故富贵、面目美好者，则举之，则王公大人之亲其国家也，不若亲其一危弓、罢马、衣裳、牛羊之财与？我以此知天下之士君子皆明于小，而不明于大也。此譬犹瘖者④而使为行人⑤，聋者而使为乐师。

是故古之圣王之治天下也，其所富，其所贵，未必王公大人骨肉之亲、无故富贵、面目美好者也。是故昔者舜耕于历山，陶于河濒，渔于雷泽，灰⑥于常阳，尧得之服泽之阳，立为天子，使接天下之政，而治天下之民。昔伊尹为莘氏女师仆，使为庖人，汤得而举之，立为三公，使接天下之政，治天下之民。昔者傅说居北海之洲，圜土之上，衣褐带索，庸筑于傅岩之城，武丁得而举之，立为三公，使之接天下之政，而治天下之民。是故昔者尧之举舜也，汤之举伊尹也，武丁之举傅说也，岂以为骨肉之亲、无故富贵、面目美好者哉？惟法其言，用其谋，行其道，上可而利天，中可而利鬼，下可而利人，是故推而上之。

注 释

①赏：应为"尝"。

②居处：平常。

③无故富贵：无故得到赏赐，指王公大人所幸爱之人。

④瘖者：哑者。

⑤行人：外交使节。

⑥灰：应为"反"字之误。反，通"贩"，做买卖。

译 文

墨子说：天下的王公大人都希望其国家富强、人民众多、行政治理，然而不知道以尚贤作为治理国家百姓的原则，王公大人也就失去了尚贤这个为政的根本。假若王公大人失去尚贤这个为政的根本了，难道就不能举例来开导他们吗？如今若有一个诸侯，治理其国家，说："但凡我国能够射御的人，我将赏赐他，使他富贵；不能射御的人，我将责罚他使他贫贱。"试问这个国家的人，谁欢喜谁忧惧呢？我以为一定是善于射御的人欢喜，不善射御的人忧惧。我尝试继续诱导他，说："但凡我国忠信之人，我将赏赐他，使他富贵；不忠信的人，我将治罪他，使他贫贱。"试问国内之人，谁欢喜谁忧惧呢？我以为一定是忠信之人欢喜，不忠信之人忧惧。现在如果用崇尚贤能为治理国家百姓的原则，使国中为善者得到劝勉，为恶者受到阻止。大到治理整个天下，也应使天下为善者得到劝勉，为恶者受到阻止。从前我之所以看重尧、舜、禹、汤、文王、武王之道，是什么缘故呢？因为他们面对民众发布政令治理百姓，都务力于使天下为善者可以得到劝勉，而为恶者可以受到阻止。这就是尚贤，它和尧、舜、禹、汤、文王、武王之道是相同的。

如今天下的士君子，平常言谈都推崇尚贤，可等到他们面对民众发布政令治理百姓，却都不知道尚贤使能。我因此知道天下的士君子，在小事上明智而在大事上不明智啊！怎么知道这样呢？如今王公大臣有一头牛羊，自己不能宰杀，一定去找好的屠夫。有一件衣服，自己不能制作，一定去找好的裁缝。王公大人在这些事上，虽然有骨肉至亲、爱幸之人、容貌姣好者，若确实知道他们没有能力，就不会让他们去做。为何呢？害怕他们损害自己的财物啊。王公大人在这些事上，尚且没有失去尚贤使能的智慧。王公大人有一匹马不能医治，一定会求访好的医生；有一把坏弓拉不开，一定去求访好的工匠。王公大人在这些事上，即便是骨肉之亲、爱幸之人、容貌姣好者，若确实知道他们没有才能，一定不会让他们去做。为何呢？恐怕他们损坏自己的财物啊。王公大人在这些事上，尚且没有失去尚贤使能的智慧。然而对于治理国家就不这样，王公大人只要是有骨肉之亲、爱幸之人、容貌姣好者，就举荐他们。那么王公大人对于国家的珍惜，尚且不如珍惜坏弓、病马、衣裳、牛羊等小财物啊！我因此知道天下的士君子都在小事上明智，而在大事上不明智。这就好比让哑巴去担任外交使节，而让聋子去担任乐师。

所以，古代圣王治理天下，他们所富贵、尊崇的，未必是自己的骨肉之亲、爱幸之人、容貌姣好者。所以，从前舜在历山耕种，在河边制作陶器，在雷泽捕鱼，在常阳做生意，尧帝在服泽之北得到了他，便立他为天子，使他掌管天下政事，治理天下百姓。从前伊尹为有莘氏女子的陪嫁仆臣，担任厨师，商汤得到了他，便举用他为辅相，使他掌管天下政事，治理天下百姓。从前傅说居于北海的小洲上，审狱之中，穿着粗衣，腰系竹索，在傅岩为人佣作筑墙，武丁得到了他，便举用他为辅相，让他掌管天下政事，治理天下百姓。从前尧举用舜，汤举用伊尹，武丁举用傅说，难道因为是骨肉之亲、爱幸之人、面目姣好者的缘故吗？只是听从他们的话，使用他们的谋略，施行他们的主张，上可以利苍天，中可以利鬼神，下可以利人民，所以才将他们推举提拔上来。

经典解读

对于君主来说，国家社稷是最为重要的东西，他们的一切财富、地位、尊贵都来自于国家。国家治理得好，他们就能从容拥有这些，国家混乱、社稷倾危，他们就将失去这一切，甚至连生命也不能保全。而让国家治理的根本就在于尚贤，所以对于君主而言，尚贤就是最为迫切、最为重要的事情。这个道理并不难理解，可是很多君主就是认识不到不尚贤的危害，认为自己何必费力去寻访贤者呢，自己的父子兄弟、自己的宠幸之臣就够用了，将权力交给他们自己更为放心。殊不知，这些人虽然能够授予权力，但他们未必拥有治国的才能，未必能将国家治理得好。他们若没有治国的能力，不能治理好国家，却还坚持将权力交给他们，那就是损害国家、坑害百姓，同时对这些人也都有害而无利。

周公分封，将管叔、蔡叔等封为诸侯，而管叔、蔡叔却联合武庚作乱，险些倾覆了周朝社稷；汉高祖大封同姓子弟为王，而在汉景帝之时爆发了八王之乱，险些葬送汉室江山。周公是圣人、汉高祖是明君，连他们都会因为相信自己兄弟、亲人而险些酿成大祸，更何况才智、见识不如他们的人呢？更何况君主所亲信的人比管叔、蔡叔，更加悖乱、更加奸险呢？秦二世亲信赵高、汉成帝亲信外戚王氏、汉顺帝亲信外戚梁冀，这些未尝不是他们所亲爱、宠幸的人，未尝不是亲戚故旧，最后却都扰乱国政、行篡逆之事。所以说，君主任用人才，一定要尚贤使能，仔细审察其人的能力、德行，有能力的就授予官职，有德行的就授予高位，而不是专门任用亲戚、爱幸之人，如此国家才能治理、社稷才能安宁。

原文 2

古者圣王既审尚贤欲以为政，故书之竹帛，琢①之槃盂，传以遗后世子孙。于先王之书《吕刑》之书然，王曰："於！来！有国有土②，告女讼刑。在今而安百姓，女何择言③人？何敬不刑？何度不及？"能择人而敬为刑，尧、舜、禹、汤、文、武之道可及也。是何也？则以尚贤及之。于先王之书、竖年之言④然，曰："晞夫圣、武、知人，以屏辅而身。"此言先王之治人下也，必选择贤者以为其群属辅佐。

曰：今也天下之士君子，皆欲富贵而恶贫贱。曰：然女何为而得富贵而辟贫贱？莫若为贤。为贤之道将奈何？曰：有力者疾以助人，有财者勉以分人，有道者劝以教人。若此则饥者得食，寒者得衣，乱者得治。若饥则得食，寒则得衣，乱则得治，此安生生。

今王公大人其所富，其所贵，皆王公大人骨肉之亲、无故富贵、面目美好者也。今王公大人骨肉之亲、无故富贵、面目美好者，焉故必知哉？若不知，使治其国家，则其国家之乱可得而知也。今天下之士君子皆欲富贵而恶贫贱，然女何为而得富贵，而辟贫贱哉？曰：莫若为王公大人骨肉之亲、无故富贵、面目美好者。王公大人骨肉之亲、无故富贵、面目美好者，此非可学能者也。使不知辩，德行之厚若禹、汤、文、武，不加得也；王公大人骨肉之亲，躄、瘖、聋、暴为桀、纣，不加失也。是故以赏不当贤，罚不当暴。其所赏者已无故矣，其所罚者亦无罪。是以使百姓皆攸心解体⑤，沮以为善，垂其股肱之力而不相劳来也；腐臭余财，而不相分资也；隐匿良道而不相教诲也。若此，则饥者不得食，寒者不得衣，乱者不得治。推而上之以⑥。

是故昔者尧有舜，舜有禹，禹有皋陶，汤有小臣⑦，武王有闳夭、泰颠、南宫括、散宜生，而天下和，庶民阜，是以近者安之，远者归之。日月之所照，舟车之所及，雨露之所渐，粒食之所养，得此莫不劝誉。且今天下之王公大人士君子，中实将欲为仁义，求为上士，上欲中圣王之道，下欲中国家百姓之利。故尚贤之为说，而不可不察此者也。尚贤者，天鬼百姓之利，而政事之本也。

注 释

①琢：铭刻。

②有国有土：有国家、有土地的君主。

③言：应为"否"。"何择言人"，即"何择非人"。

④竖年之言：远久之言。

⑤攸心解体：人心涣散，离心离德。

⑥这句话与上下文意无关，应为误传衍出。

⑦小臣：即伊尹。

译 文

古代圣王既已明白了尚贤的道理，欲以之为政，所以将其书写在竹帛之上，铭刻在盘盂之上，流传给子孙后代。先王之书《吕刑》中这样记载，先王说："喂！过来！拥有国家和土地的卿士，告诉你们公正的刑法。现在你们要安抚百姓，除了贤人，还有什么可以选择的呢？除了刑罚，还有什么可以敬慎的呢？除了使政策轻重适宜，还有什么值得思虑的呢？"能够选择贤人而敬慎刑罚，尧、舜、禹、汤、文王、武王之道也就可以达到了。为何呢？就是凭借尚贤而达到的。先王之书、久远之言都是这样说的，如："寻求圣人、武人、智人，来辅佐你自身。"这是说先王治理天下，一定要选择贤者，以之为群僚辅佐。

说：可如今天下的士君子，都希望富贵而厌恶贫贱。说：你如何能够得到富贵而避免贫贱呢？不如成为一个贤能的人。成为贤能的人，该如何做呢？回答：有力气的人，尽力帮助别人；有财富的人，尽力与人分享；有道的人，尽力劝勉、教育别人。如此，则饥饿的人可以得到食物，寒冷的人可以得到衣物，混乱的社会可以得到治理。若饥饿的人都得到食物，寒冷的人都得到衣物，混乱都得到治理，这就可以使百姓生生不息。

如今的王公大人，其所富贵，其所尊崇的，都是骨肉之亲、爱幸之人、容貌姣好者。他们的骨肉之亲、爱幸之人、面目姣好者，就一定有智慧吗？若没有智慧，让他们治理国家，那国家的混乱也就可想而知了。如今天下的士君子，都希望得到富贵而厌恶贫贱。若问他们：然而你怎样才能得到富贵而避免贫贱呢？他们一定回答：不如去做王公大人的骨肉之亲、爱幸之人、容貌姣好者。王公大人的骨肉之亲、爱幸之人、容貌姣好者，并非是可以学得的。假若君主不知分辨德行的厚薄，那即使贤能如禹、汤、文王、武王，也不会得到任用。而王公大臣的骨肉之亲，即便是瘸子、哑巴、聋子、品行像桀纣那样残暴，也不会被抛弃。所以才会赏赐的不是贤人，惩罚的不是恶者。所赏赐的人，无故而获赏；所惩罚的人，无故而获罪。所以导致百姓人心涣散，不愿积极地去做善事。宁愿让四肢的气力闲置，也不相互帮助；宁可使财物腐烂，也不相互资助；宁可隐藏学问，也不相互教导。如此，饥饿的人得不到吃的，寒冷的人得不到衣服，混乱得不到治理。

所以，从前尧有舜，舜有禹，禹有皋陶，汤有伊尹，武王有闳天、泰颠、南宫括、散宜生，从而天下平和，百姓富足。因此，近人得到安乐，远人前来归附。太阳月亮所能照到的地方，车船所能达到的地方，雨露所能滋润到的地方，粮食所养之人，得到了贤人无不劝勉鼓励。而且现在天下的王公大人、士人君子，心中若确实想追求仁义，求做上士，在上想合乎圣王之道，在下想符合国家、百姓的利益，对于尚贤的主张，就不可以不谨慎考虑。尚贤，是天地、鬼神、百姓的利益之所在，是为政的根本。

经典解读

尚贤使能为为政之本，这是圣王之遗教，是圣王记在竹帛、铭于盘盂上的。当时的王公大人，没有不以尧、舜、禹、汤、文王、武王为目标的，没有不想取得他们那样伟大的成就的；以尧、舜、禹、汤、文王、武王为目标，希望取得他们那样伟大的成就，却不重视他们的遗教，不效仿他们的治国方策，又怎么能够实现呢？尧有舜，舜有禹，禹有皋陶，汤有伊尹，武王有闳夭、泰颠、南宫括、散宜生，所以他们能够志平天下，受到世人的尊崇；王公大人们若环顾自身，看看自己周围是否也有这样的贤人，岂不立刻就发现自己和先王的差距了？岂不立刻就知道自己为什么不能取得先王那样的功绩了？

可惜大部分君主都是口中尚贤，明明身边环绕着一群阿谀谄媚的小人，明明自己所任用的都是些平庸无能之辈，却说自己尚贤，却自认为能力赶得上尧舜禹汤。自己的朝廷之上，没有一个栋梁之材，却不感到忧患；自己国家的人才都因为得不到任用，而投奔他国，却不感到可惜；在奸佞、庸才的治理之下，朝政混乱、百姓怨愤，却感不到危急……这样的君主又怎么能够避免灭亡的命运呢？

尚贤的道理不在于脑袋里知道、口中说出来，更要在切实施行出来。鲁哀公知道孔子的贤能，却始终不能任用孔子，未能授予孔子政事；魏惠王、齐宣王都知道孟子的贤能，却不能施行孟子的主张；汉文帝也十分了解贾谊的才干，却听信谗言，将贾谊流放到莽荒之地，使贾谊郁郁而终……这些君主都想将国家治理好，也都懂得尚贤的重要性，却最终不能任用贤者，就是因为只把"尚贤"两字留在了口头之上。

人都有远近亲疏的概念，都倾向于相信自己的亲戚故旧、相信让自己看着顺眼的人；而不愿意任用疏远的、不太认可的人。所以真正做到心中只有尚贤使能一个信念，再没有其他杂念，是很难得的。武丁一见傅说，了解了他的才能，便愿意将政事托付给他；文王一见太公，了解了他的才能，便愿意将国事交给他治理；秦孝公对商鞅完全信任；苻坚对王猛没有一丝猜忌；齐桓公任用管仲，不在乎昔日的仇恨；唐太宗任用魏征，不在乎他曾是李建成的党羽……这些君主之所以能够成功，都在于他们用人时只有"任贤使能"一个信念，再没有其他杂念。他们所考虑的只有才能、德行，而不会被亲疏远近、出身高低、昔日仇恨等各因素干扰，所以他们能够得到真正的贤才，能够任用真正的贤才辅佐自己创造伟业。

所以说，君主在任贤使能之上，一定要诚心，不含其他任何杂念；一定要切实践行，而不是口中空谈。

卷 三

尚同上

子墨子言曰：古者民始生，未有刑政之时，盖其语，人异义。是以一人则一义，二人则二义，十人则十义，其人兹众，其所谓义者亦兹众。是以人是其义，以非人之义，故交相非也。是以内者父子兄弟作怨恶，离散不能相和合。天下之百姓，皆以水火毒药相亏害①，至有余力不能以相劳，腐朽②余财不以相分，隐匿良道不以相教，天下之乱，若禽兽然。

夫明虖天下之所以乱者，生于无政长。是故选天下之贤可者，立以为天子。天子立，以其力为未足，又选择天下之贤可者，置立之以为三公。天子三公既以立，以天下为博大，远国异土之民，是非利害之辩，不可一二而明知，故画分万国，立诸侯国君。诸侯国君既已立，以其力为未足，又选择其国之贤可者，置立之以为正长③。正长既已具，天子发政于天下之百姓，言曰："闻善而不善，皆以告其上。上之所是必皆是之，所非必皆非之。上有过则规谏之，下有善则傍荐之。上同而不下比④者，此上之所赏，而下之所誉也。意若闻善而不善，不以告其上，上之所是，弗能是，上之所非，弗能非，上有过弗规谏，下有善弗傍荐，下比不能上同者，此上之所罚，而百姓所毁也。"上以此为赏罚，甚明察以审信。

是故里长者，里之仁人也。里长发政里之百姓，言曰："闻善而不善，必以告其乡长。乡长之所是，必皆是之，乡长之所非，必皆非之。去若不善言，学乡长之善言，去若不善行，学乡长之善行。"则乡何说以乱哉？察乡之所治者，何也？乡长唯能壹同乡之义，是以乡治也。乡长者，乡之仁人也。乡长发政乡之百姓，言曰："闻善而不善者，必以告国君。国君之所是，必皆是之；国君之所非，必皆非之。去若不善言，学国君之善言。去若不善行，学国君之善行。"则国何说以乱哉？察国之所以治者，何也？国君唯能壹同国之义，是以国治也。国君者，国之仁人也。国君发政国之百姓，言曰："闻善而不善，必以告天子。天子之所是，皆是之；天子之所非，皆非之。去若不善言；学天子之善言，去若不善行，学天子之善行。"则天下何说以乱哉？察天下之所以治者，何也？天子唯能壹同天下之义，是以天下以治也。

天下之百姓皆上同于天子，而不上同于天，则菑⑤犹未去也。今若天飘风苦雨，溱溱⑥而至者，此天之所以罚百姓之不上同于天者也。是故子墨子言曰：古者圣王为五刑，请以治其民。譬若丝缕之有纪⑦，罔罟之有纲，所连收天下之百姓不尚同其上者也。

注 释

①亏害：残害。

②腐朽：即腐朽。

③正长：行政长官。

④比：同。

⑤菑：同"灾"，灾害。

⑥溱溱：频繁。

⑦纪：散丝的头绪。

译 文

墨子说：上古人类刚刚产生、还没有刑法政治之时，人们表达的意见，个个不同。所以一人就有一种意见，两人就有两种意见，十人就有十种意见、人越是多，他们所持有的意见也就越多。人人都认为自己的意见是对的，而别人的意见是错的，所以相互非难。所以在内父子兄弟相互怨恨厌恶，以致家人离散，不能亲和。天下的百姓，都彼此视为水火、毒药相互残害，有余力，不能相互帮助，有余财，宁愿让其腐烂，也不分享，好的道理隐藏起来，也不教给别人，天下混乱，就如禽兽一般。

明白了天下之所以混乱的原因，在于没有行政长官。于是人们选出天下贤能的人，拥立他为天子。天子确立以后，认为他的力量还不够，又选择天下贤能的人，将他们立为三公。天子、三公已经确立，又认为天下十分广大，他们对于远方异地的民众以及是非利害的辨别，不能一一了解，所以将天下划分为众多国家，确立诸侯国君。诸侯国君已经确立，又认为他们的力量还不足，于是又选择国中的贤士，将其立为行政长官。行政长官已确立后，天子向天下百姓发布政令，说："听到好的事或不好的事，都要汇报上级。上级认可的，大家必须都认可；上级反对的，大家必须都反对。上级有了过错你们要规谏他，下级有了善行你们要举荐他。追求与上级一致，而不求与下级一致，这是上级所赏赐，而下级所赞誉的。假若听到好的事或不好的事，不向上级汇报，上级所认可的不能认可，上级所反对的不能反对。上级有了过错不规谏，下级有了善行不举荐，追求与下级一致而不求与上级一致，这是上级所惩罚而百姓所反对的。"上级根据这个原则来赏罚，就必然明察和可靠。

里长，是一里之中的仁义之人。里长向里中百姓发布政令，说："听到好的事或不好的事，一定要汇报给乡长。乡长所认可的，大家必须都认可。乡长所反对的，大家必须都反对。去除你们不好的言论，学习乡长好的言论；去除你们不好的行为，学习乡长好的行为。"如此，则乡中怎么会混乱呢？考察一乡得到治理的原因，是什么呢？乡长只要能统一全乡的意见，那么乡里就治理了。乡长是一乡中的仁义之人。乡长向乡中百姓发布政令说："听到好的事或不好的事，一定要汇报给国君。国君所认可的，大家必须要认可；国君所反对的，大家必须要反对。去除你们不好的言论，学习国君好的言论；去除你们不好的行为，学习国君好的行为。"如此，则国家怎么会混乱呢？考察一国得到治理的原因，是什么呢？国君只要能够统一全国的意见，那么国家就治理了。国君，是一国之中的仁义之人。国君向全国百姓发布政令，说："听到好的事或不好的事情，一定要汇报给天子。天子所认可的，大家必须要认可；天子所反对的，大家必须要反对。去除你们不好的言论，学习天子好的言论；去除你们不好的行为，学习天子好的行为。"如此，那天下怎么会混乱呢？考察天下得到治理的原因，是什么呢？天子只要能够统一天下人的意见，那么天下就治理了。

天下的百姓，都上与天子统一，却还不知道与天道一致，那么灾难仍然是不能免去的。如今，假若天刮大风、下大雨，频频而至，这就是上天对百姓不能与天道统一的惩罚。所以墨子说：古代圣王制定了五种刑罚，用以治理百姓，就好比丝、线有头绪，渔网有总绳，是用来说服、教育那些不与上面意见一致的老百姓的。

经典解读

墨子认为天下之所以混乱的原因，就在于人们的意见不能统一：每个人都有自己的意见，都认为自己是正确的，而反对别人的意见，所以人与人之间不能协调共处，相互攻讦、非难，相互仇视、怨恨，各行其是，就如禽兽般没有规则。要想改变这种状况，就必须确立一种由上至下的制度，使贤能的人居于高位，不贤能的人居于下位；使贤者能够在上教化、引导民众，而民众都服从贤者的教化、引导，这样人们的意见就会相互统一，大家之间也就没有了矛盾，也就能相亲相爱、秩序井然了。

墨子的尚同，并不是追求所有人地位、身份相同，而是追求大家的意见、行为相统一。他是希望世人都能统一在天子的周围，都能统一于天道之下，而只有贤者才能担任天子诸侯，只有贤者才能主动效法天道。可见，"尚同"的观点和"尚贤"其实是一致的，都是让人们推崇贤人，以贤人为规矩准绳。只不过"尚贤"主要从君主选拔贤者担任辅佐的角度来叙述，而"尚同"是站在一个更高的角度，从天子、诸侯、各级行政长官产生的源头上来论述尚贤的重要性。

墨子"尚同"的主张固然很好，但有一点是必须注意的。那就是人们往往不能确保天子、诸侯是否为贤人，是否看重仁义道德。天子、诸侯刚刚产生时固然是民众选举出来的，且都是圣贤之辈，但后世的君主多为世袭之君，多是通过权谋、武力争夺而登上天子、诸侯之位的。他们本身的德行就值得忧虑，在这种情况下，又怎么能一味地与上求同呢？所以，在本节最后一段，墨子又特意强调了人们都应该与天道相统一。可见，推崇尚同之道的关键，不在于是否能与上级相统一，而更在于能否于天道相统一。即：尚同不是让人一味效仿上级、遵从君主，而是让人效仿天道、遵从正道。

尚同中

原文1

子墨子曰：方今之时，复①古之民始生，未有正长之时，盖其语曰："天下之人异义。"是以一人一义，十人十义，百人百义，其人数兹众，其所谓义者亦兹众。是以人是其义，而非人之义，故交相非也。内之父子兄弟作怨仇，皆有离散之心，不能相和合。至乎舍余力不以相劳，隐匿良道不以相教，腐朽余财不以相分，天下之乱也，至如禽兽然。无君臣上下长幼之节，父子兄弟之礼，是以天下乱焉。

明乎民之无正长以一同天下之义，而天下乱也。是故选择天下贤良圣知辩慧之人，立以为天子，使从事乎一同天下之义。天子既以立矣，以为唯其耳目之请②，不能独一同天下之义，是故选择天下赞阅③贤良圣知辩慧之人，置以为三公，与从事乎一同天下之义。天子、三公既已立矣，以为天下博大，山林远土之民，不可得而一也，是故靡分天下，设以为万诸侯国君，使从事乎一同其国之义。国君既已立矣，又以为唯其耳目之请，不能一同其国之义，是故择其国之贤者，置以为左右将军大夫，以远至乎乡里之长与从事乎一同其国之义。

天子诸侯之君、民之正长，既已定矣，天子为发政施教曰："凡闻见善者，必以告其上；闻见不善者，亦必以告其上。上之所是，必亦是之；上之所非，必亦非之。已有善傍荐④之，上有过规谏之。尚同乎其上，而毋有下比之心。上得则赏之，万民闻则誉之。意若闻见善，不以告其上；闻见不善，亦不以告其上。上之所是不能是，上之所非不能非。己有善不能傍荐之，上有过不能规谏之。下比而非其上者，上得则诛罚之。万民闻则非毁之。"故古者圣王之为刑政赏誉也，甚明察以审信。是以举天下之人，皆欲得上之赏誉，而畏上之毁罚。

是故里长顺天子政，而一同其里之义。里长既同其里之义，率其里之万民，以尚同乎乡长，曰："凡里之万民，皆尚同乎乡长，而不敢下比。乡长之所是，必亦是之；乡长之所非，必亦非之。去而不善言，学乡长之善言；去而不善行，学乡长之善行。"乡长固乡之贤者也，举乡人以法乡长，夫乡何说而不治哉？察乡长之所以治乡者，何故之以也？曰：唯以其能一同其乡之义，是以乡治。

乡长治其乡，而乡既已治矣，有率其乡万民，以尚同乎国君，曰："凡乡之万民，皆上同乎国君，而不敢下比。国君之所是，必亦是之；国君之所非，必亦非之。去而不善言，学国君之善言；去而不善行，学国君之善行。"国君固国之贤者也，举国人以法国君，夫国何说而不治哉？察国君之所以治国，而国治者，何故之以也？曰：唯以其能一同其国之义，是以国治。

国君治其国，而国既已治矣，有率其国之万民，以尚同乎天子，曰："凡国之万民上同乎天子，而不敢下比。天子之所是，必亦是之；天子之所非，必亦非之。去而不善言，学天子之善言；去而不善行，学天子之善行。"天子者，固天下之仁人也，举天下之万民以法天子，夫天下何说而不治哉？察天子之所以治天下者，何故之以也？曰：唯以其能一同天下之义，是以天下治。

夫既尚同乎天子，而未上同乎天者，则天菑将犹未止也。故当若天降寒热不节，雪霜雨露不时，五谷不孰⑤，六畜不遂，疾菑戾疫，飘风苦雨，荐臻而至者，此天之降罚也，将以罚下人之不尚同乎天者也。故古者圣王，明天鬼之所欲，而避天鬼之所憎，以求兴天下之害：是以率天下之万民，齐戒沐浴，洁为酒醴粢盛，以祭祀天鬼。其事鬼神也，酒醴粢盛不敢不蠲洁⑥，牺牲不敢不腯肥⑦，圭璧币帛不敢不中度量，春秋祭祀不敢失时几，听狱不敢不中，分财不敢不均，居处不敢怠慢。曰：其为正长若此，是故上者天鬼有厚乎其为正长也，下者万民有便利乎其为政长也。天鬼之所深厚而能强从事焉，则天鬼之福可得也。万民之所便利而能强从事焉，则万民之亲可得也。其为政若此，是以谋事得、举事成，入守固、出诛胜者，何故之以也？曰：唯以尚同为政者也。故古者圣王之为政若此。

注 释

①复：反观。

②耳目之请："请"应为"情"；耳目见闻。

③赞阅：明察历练。

④傍荐：访荐，求访而举荐。

⑤孰：通"熟"。

⑥蠲洁：清洁、干净。

⑦腯肥：肥壮。

译 文

墨子说：如今反观上古人类刚刚诞生，还没有行政长官之时，他们的说法是："天下之人意见本就不同。"所以，一人一种意见，十人十种意见，百人百种意见。人数越多，存在的意见也就越多。因此人人都认为自己的意见是对的，而反对别人的意见，所以相互非难。在家庭中父子兄弟之间相互仇怨，都有离散之心，不能相互亲和。以至于有了余力不相互帮助，隐瞒良好的道术不相互教导，财货腐烂也不与人分享，天下混乱至极，人如禽兽一般。没有君臣、上下、长幼之序，没有父子、兄弟之礼，因此天下大乱。

明白了没有行政长官来统一天下的道理，而导致天下大乱。所以人民就选择天下贤良圣智聪辩的人，立其为天子，使他来统一天下的意见。天子已经确立了，认为仅依靠他自己的耳目见闻，不能将天下意见统一，于是又选择天下明察历练贤良圣智聪辩的人，设立他们为三公，让他们参与从事统一天下的意见。天子、三公确立以后，又认为天下过于博大，山野远方的民众不能完全将其意见统一，于是划分天下，设立了众多诸侯国君，让他们来统一一国的意见。诸侯国君已经确立了，又认为仅依靠他的耳目见闻，不能统一一国的意见，于是又选择国中的贤者，立为左右将军、卿大夫，直至乡长、里长等等，让他们来从事统一其国内的意见。

天子、诸侯国君、行政长官，都已经确立了，天子于是发布政令说："凡是听到、看到好的事情，一定要告诉上级；听到、看到不好的事情，也一定要向上级汇报。上级所认可的，自己也必须认可；上级所反对的，自己也必须反对。自己有好的计谋，要举荐给上级；上级有过错，要加以规劝进谏。追求与上级意见一致，不要有串通下级的想法。如此，上级知道就会赏赐他，民众知道就会赞誉他。假若，听到、看到好的事情，不向上级汇报；听到、看到不好的事情，也不向上级汇报。上级所认可的不能认可，上级所反对的不能反对。自己有了好的计谋，不能举荐；上级有了过错，不能规劝。追求与下级意见一致，而诋毁上级，上级知道了就要惩罚他，民众听到了就会批评他。"古代圣王对于刑政赏誉，明察又审慎有信。所以，天下所有人，都想得到上级的赏誉，而畏惧上级的批评、责罚。

所以，里长顺从天子的政令，而统一其里中的意见。里长统一了里中的意见，便率领里中的民众，求得与乡长的意见统一，说："但凡里中民众，都要与乡长意见统一，而不要与下级的人求同。乡长所认可的，自己也一定要认可；乡长所反对的，自己也一定要反对。去除不善的言论，学习乡长好的言论；去除不善的行为，学习乡长好的行为。"乡长，是一乡之中的贤者，全乡人都效法乡长，乡中又怎么能不治理得好呢？考察乡长之所以能治理好一乡，原因是什么呢？回答是：只因为他能够统一一乡的意见，所以一乡就能得到治理。

乡长治理其乡，乡中已经得到治理了，又率领其乡中民众，以求和国君意见一致，说："凡事乡中之民，都要与国君意见一致，而不要与下级的人求同。国君所认可的，自己也一定要认可；国君所反对的，自己也一定要反对。去除不好的言论，学习国君好的言论；去除不好的行为，而学习国君好的行为。"国君，是一国之中的贤者，全国人都效法国君，国家又怎么能不治理得好呢？考察国君之所以能治理好一国，原因是什么呢？回答是：只因为他能够统一一国的意见，所以国家才得到治理。

国君治理其国家，国家已经治理了，又率领其国中民众，以求和天子意见一致，说："但凡国中之民，都要与天子意见一致，而不要与下级的人求同。天子所认可的，自己也必须认可；天子所反对的，自己也必须反对。去除不好的言辞，学习天子好的言辞；去除不好的行为，学习天子好的行为。天子，是天下的仁人。全天下的人，都效法天子，天下又怎么会治理得不好呢？"考察天子之所以能治理好天下，原因是什么呢？回答是：只因为他能够统一天下的意见，所以天下才得到治理。

已经与天子意见一致，而尚未与上天意见一致，那么上天降下的灾难仍不会停止。所以，当遇到天气寒暑不节，雪霜雨露下降不时，五谷不熟，六畜不能顺利地生长，灾疫流行，暴风大雨等时时来临时，这就是上天降下惩罚，将要惩罚不与上天一致的下民。所以古代圣王，明白天地鬼神所希望的，而避免天地鬼神所憎恶的，以求天下之利，去除天下之害，所以亲率天下万民，一起斋戒沐浴，准备干净的酒食祭品，以祭祀天地鬼神。他们侍奉鬼神，酒食祭品不敢不丰盛、干净，牛羊牺牲不敢不肥壮硕大，圭璧币帛不敢不符合标准，春秋祭祀不敢错过时间，审理案件不敢不公正，分享财货不敢不均匀，平时居处不敢有所怠慢。说：身为行政长官，能够如此，所以，上天鬼神对他做行政长官给予优惠的待遇，下面的民众也对他做行政长官给予便利。天地鬼神优厚地看待他，而他又能努力做事，则天地鬼神的赐福他就可以获得了；天下万民都尽量便利他，而他又努力做事，那么天下万民就都会亲近他。像他这样处理政务，便可以谋事有得、做事成功，入能固守社稷、出能战胜敌人，这是什么缘故呢？回答是：只因为他以尚同的原则为政。古代圣王为政就是这样去治理政务的。

经典解读

人类产生之初，每个人的智慧、见识各不相同，所以对事情也就有了不同的意见，人人都认为自己的意见是正确的而他人是错误的，于是彼此之间相互轻视、非难，相互排挤、厌恶，这就是天下混乱产生的根源。为了消除这种混乱，就要统一人们的意见。意见要统一，自然应该以贤能的人为基础，让没有智慧的人、见识短浅的人放弃自己错误的观点，而学习贤者的建议、效法贤者的行为。于是人们将贤者立为天子、立为三公、立为诸侯国君、立为各级行政长官。行政长官效法诸侯国君而统一自己辖区内的意见；诸侯国君效仿天子而统一一国之内的意见，天子则效法天道，以身作则，成为天下人所有的榜样。这样，天下人经过层层效法，就都能合乎天道了。这就是政治产生的根源、过程，各级统治者能够明白这个过程，也就知道自己的职责所在了，也就懂得应该如何为官、如何治民了。

所以说，天子、诸侯、各级官长的存在，是为了治理民众、消除混乱，而不是为了压迫、剥削民众。身居上位者，一定要在上效法天道，在下引导百姓，以遵从天道为自己的行事原则，以引导民众统一于正道为自己的施政目的。

原文 2

今天下之人曰：方今之时，天下之正长犹未废乎天下也，而天下之所以乱者，何故之以也？子墨子曰：方今之时之以正长，则本与古者异矣，譬之若有苗①之以五刑然。昔者圣王制为五刑，以治天下；逮至有苗之制五刑，以乱天下。则此岂刑不善哉？用刑则不善也。是以先王之书《吕刑》之道曰："苗民否用练，折则刑，唯作五杀之刑，曰法。"②则此言善用刑者以治民，不善用刑者以为五杀，则此岂刑不善哉？用刑则不善，故遂以为五杀。是以先王之书《术令》之道曰："唯口出好兴戎③"。则此言善用口者出好，不善用口者以为谗贼寇戎，则此岂口不善哉？用口则不善也，故遂以为谗贼寇戎。

故古者之置正长也，将以治民也。譬之若丝缕之有纪，而罔罟之有纲也，将以连收④天下淫暴，而一同其义也。是以先王之书《相年》之道曰："夫建国设都，乃作后王君公，否用泰也。轻⑤大夫师长，否用佚也。维辩使治天均⑥。"则此语古者上帝鬼神之建设国都，立正长也，非高其爵、厚其禄、富贵佚而错之也。将以为万民兴利除害，富贵贫寡、安危治乱也。

　　故古者圣王之为政若此，今王公大人之为刑政则反此。政以为便譬⑦，宗族父兄故旧，以为左右，置以为正长。民知上置正长之非正以治民也，是以皆比周隐匿，而莫肯尚同其上，是故上下不同义。若苟上下不同义，赏誉不足以劝善，而刑罚不足以沮暴。何以知其然也？曰：上唯毋立而为政乎国家，为民正长，曰："人可赏，吾将赏之。"若苟上下不同义，上之所赏，则众之所非。曰：人众与处，于众得非。则是虽使得上之赏，未足以劝乎！上唯毋立而为政乎国家，为民正长，曰："人可罚，吾将罚之。"若苟上下不同义，上之所罚，则众之所誉。曰：人众与处，于众得誉，则是虽使得上之罚，未足以沮乎！若立而为政乎国家，为民正长，赏誉不足以劝善，而刑罚不沮暴，则是不与乡吾本言民"始生未有正长之时"同乎？若有正长与无正长之时同，则此非所以治民一众之道。

　　故古者圣王唯而审以尚同，以为正长，是故上下情请为通。上有隐事遗利，下得而利之；下有蓄怨积害，上得而除之。是以数千万里之外，有为善者，其室人未遍知，乡里未遍闻，天子得而赏之；数千万里之外，有为不善者，其室人未遍知，乡里未遍闻，天子得而罚之。是以举天下之人皆恐惧振动惕栗，不敢为淫暴，曰："天子之视听也神！"先王之言曰："非神也。夫唯能使人之耳目助己视听。使人之吻，助己言谈。使人之心，助己思虑。使人之股肱，助己动作。"助之视听者众，则其所闻见者远矣；助之言谈者众，则其德音之所抚循者博矣；助之思虑者众，则其谈谋度速得矣；助之动作者众，即其举事速成矣。

　　故古者圣人之所以济事成功，垂名于后世者，无他故异物焉，曰：唯能以尚同为政者也。是以先王之书《周颂》之道之曰："载来见彼王，聿求厥章。"则此语古者国君诸侯之以春秋来朝聘天子之廷，受天子之严教，退而治国，政之所加，莫敢不宾。当此之时，本无有敢纷天子之教者。《诗》曰："我马维骆⑧，六辔沃若⑨。载驰载驱，周爰咨度。"又曰："我马维骐⑩，六辔若丝。载驰载驱，周爰咨谋。"即此语也。古者国君诸侯之闻见善与不善也，皆驰驱以告天子，是以赏当贤，罚当暴，不杀不辜，不失有罪，则此尚同之功也。是故子墨子曰：今天下之王公大人士君子，请⑪将欲富其国家，众其人民，治其刑政，定其社稷，当若尚同之不可不察，此之本也。

注 释

①有苗：古代部落名，即三苗。

②练，令；折，制；曰法，自以为得法。此句译为：苗民不服从政令，于是制作严刑，有了五种意在杀戮的刑罚，而自以为得到了善法。

③出好：产生好事；兴戎，引发战争。

④连役：应为"连收"，即收服。

⑤轻：当为"卿"。

⑥辩使治天均：分授以职，使其将天下治理得安定公平。

⑦便譬：亲近、宠幸之人。

⑧骆：黑鬃白马。

⑨沃若：润色的样子。

⑩骐（qí）：身有青黑色纹理的马。

⑪请：应为"诚"，的确，确实。

译 文

如今天下的人说：当今之时，天下的行政长官都没有废弃，而天下却混乱了，这是为何呢？墨子回答：当今之时，确立行政长官的原则，本就与古代不同了，这就和有苗部族制订五刑一样。从前圣王制订刑罚，用来治理天下；而有苗制订刑罚，却用来扰乱天下。这难道是刑罚本身不好吗？是使用得不好罢了。所以，先王之书《吕刑》上说："苗民不服从政令，于是制作严刑，有了五种意在杀戮的刑罚，而自以为得到了好律法。"这就是说，善于使用刑罚的人，用刑罚来治理民众；不善于使用刑罚的人，刑罚就变成了"五杀"。这难道是刑罚本身不好吗？是使用的不好罢了，所以成了"五杀"。故先王之书《术令》中说："口舌或许能产生好事，也能导致战争。"这就是说善于用口，就能产生好事；不善于用口，就会引来谗贼敌寇。这难道是口本身不好吗？是用口不善罢了，所以引来谗贼敌寇。

所以，古代设置行政长官，是为了治理民众的。就好比丝线有头绪，渔网有总绳一样，将以收服天下淫邪暴乱之人，使他们与贤者的意见相一致。所以先王之书《相年》中说："建国立都，设置天子诸侯，并不是让他们骄泰安逸的。设置卿大夫师长，也不是让他们放纵享乐的。而是让他们分授职责，将天下治理均平。"这就是说古代天地鬼神建立国都、设立官长，并不是为了让他们得到高爵、厚禄，过上富贵淫逸的生活的，而是为了让他们为天下万民兴利除害，使贫寡者富贵，使危乱者安定的。

古代圣王为政就是如此的，而今日的王公大人为政却与此相反。他们将宠幸之人、亲戚宗族，父子兄弟、故旧朋友安排在左右，担任各级长官。民众知道君主设立行政长官，并非是为了治理百姓，于是都结党营私、隐匿善道，而不肯效法其君上，于是上下意见不一致。上下意见不一致，则赞赏不足以劝人向善，刑罚不足以禁止暴邪。如何知道这点呢？回答是：君主选拔人才，担任行政长官，只是为了治理民众，说："这个人值得奖赏，我将赏赐他。"假若上下意见不一致，君主所奖赏的，正是众人所非议的。则众人与这人相处，都认为这人不好。那么，这人即便得到君主的赏赐，也不足以劝勉众人！这就是说：君主选拔人才，担任行政长官，只是为了治理民众，说："这个人应该得到惩罚，我将惩罚他。"假若上下意见不一致，君主所惩罚的，正是众人所赞誉的。则众人与这个人相处，都称赞他。那么，这人即便受到君主的惩罚，也不足以禁止不善。若君主选拔人才，担任行政长官，治理国家，赏赐不足以劝善，刑罚不足以止恶，难道不与我从前所说的"人类刚刚诞生，还没有行政长官时"相同吗？若有行政长官和没有行政长官之时相同，那么这就不是用来治理民众、统一意见的方法了。

所以古代圣王，只是能够审慎地统一民众意见，树立行政长官，所以上下之情就沟通了。上面的人若有尚被隐蔽而遗漏的利益，下面的人就得到，而使他获利；下面的人若有积蓄的怨害，上面的人就得到，而为他除去。所以，数千里之外，有为善的，他的家人还未完全得知，乡人还未完全得知，天子便知道了而且赏赐他。数千里之外，有为不善的，他的家人还未完全得知，乡人还未完全得知，天子便知道了而且处罚他。所以，天下之人都恐惧震动，不敢作奸犯科，称天子视听如神。先王之言，说："不是神奇。只不过能借助他人的耳目来帮助自己看和听，借助他人的口，来助己言谈。借助他人的心，来助己思虑。借助他人的股肱，来助己动作。"借助他人耳目助己视听的，其见闻就广大；借助他人之口助己言谈的，其善言所能安抚的人就众多了；借助他人之心助己思虑的，其谋略施行的就迅速了；借助他人股肱助己行事的，也就能很快成功了。

所以古代圣人之所以能够取得成功、垂名后世，没有其他缘故——只是能够以尚同作为执政原则罢了。所以先王之书《周颂》上说："初来见那个君王，求取典章制度。"这是说古代诸侯国君在春秋两季来朝见天子，接受天子威严的教令，然后回去治理国家，施政所及，没有敢不服从的。这个时候，没有人敢变乱天子的政教。正如《诗》所说的："我的马是黑鬃白毛，六条缰绳柔美光滑。在路上或快或慢奔跑，到处周全地咨访询察。"又说："我的马纹理青黑，六条缰绳丝带般光滑。在路上或快或慢奔跑，到处周全地询问商量。"就是这样的话语。古代国君诸侯听到好的或不好的事，都奔驰着向天子汇报。所以，赏赐的都是贤人，处罚的都是恶人，不杀无辜之人，不遗漏有罪之辈，这都是尚同的功效。所以墨子说："当今天下的王公大人士君子，若果真想使国家富强，人民众多，行政治理，社稷安定，对于尚同之道不可不明察，这是为政的根本啊。"

经典解读

古代，人类产生之初，因为意见各异、人心不同而导致天下大乱，于是人民遵从天地之道，设立了天子、三公、诸侯以及各级行政长官，让他们来统一天下的意见。圣王当政之时，能够选择贤者来辅佐自己，选择贤者分封为诸侯，诸侯也选择贤者来辅佐自己，选择贤者担任各级官员。贤者们都懂得效法上级、效法天道，并以此来引导百姓，所以天地之间，无人不效法天子、效法天道，天下也就治理了。这是一种合理而有效的制度，然而后世在继承这制度的时候，却忘了它为何而立，在上者不效法天道，不引导民众向善，却贪图权力俸禄、追求安逸享乐。于是，居上者自己就不能恪守正道，不能任用贤人，自然也就无法治理好天下，无法使民众信服了。很多人怀疑这套制度，认为制度不合理，在墨子看来，并非是制度不合理，而是使用制度的人不当。

天子、三公、诸侯、卿大夫……墨子心中的理想制度是上下分明、等级森严的，且下级必须严格地效法上级，使上下政令完全统一。但墨子这样主张，绝不是为专制制度呐喊。墨子的一切关于尚同的理论都有个前提——即必须是贤人当政，在位者必须是贤能有德的人，他们有追求治理天下的崇高理想，有严格的道德原则，他们不会为了自己私利而放弃天下大义，不会贪图富贵、权力，沉溺于安逸享乐之中。各级官长，表面是效法上级，对上级负责，实则是效法天道，对天地鬼神负责。所以，上下分明，并没有贵贱之别；等级森严，也没有逾越天理的权力。这样的制度得以推行，民众便有了纲纪，天下任何人行事也都有了准绳，天下国家又怎么会治理不好呢？

　　现实之中天下国家还是得不到治理，那就说明这制度根本未曾推行。世上的君主们号称效仿先王的制度，却已经背离了先王的道路，所以无法取得先王的成就；他们想让人们遵从自己的教导、命令，自己却先违背了天道，所以民众不会顺从他们；他们想让下属服从自己，自己却没有足够的德行，所以下属们各行其是，背叛他们……于是，同样的制度，先王可以用它治理好天下国家，后世的君主用它却而遭受被迫、导致亡国亡身。存在这样大的差异，就在于君主是否真正地施行尚同之道了——真正的尚同之道，在于君子自身效法天道、以身作则，而不是盲目地与人求同。

尚同下

原　文

　　子墨子言曰：知者之事，必计国家百姓所以治者而为之，必计国家百姓之所以乱者而辟之。然计国家百姓之所以治者何也？上之为政，得①下之情则治，不得下之情则乱。何以知其然也？上之为政，得下之情，则是明于民之善非②也。若苟明于民之善非也，则得善人而赏之，得暴人而罚之也。善人赏而暴人罚，则国必治。上之为政也，不得下之情，则是不明于民之善非也。若苟不明于民之善非，则是不得善人而赏之，不得暴人而罚之。善人不赏而暴人不罚，为政若此，国众必乱。故赏罚不得下之情，而不可不察者也。

　　然计得下之情将奈何可？故子墨子曰：唯能以尚同一义为政，然后可矣。何以知尚同一义之可而为政于天下也？然胡不审稽③古之治为政之说乎？古者，天之始生民，未有正长也，百姓为人。若苟百姓为人，是一人一义，十人十义，百人百义，千人千义。逮至人之众不可胜计也，则其所谓义者，亦不可胜计。此皆是其义，而非人之义，是以厚者有斗，而薄者有争。是故天下之欲同一天下之义也，是故选择贤者，立为天子。天子以其知力为未足独治天下，是以选择其次立为三公。三公又以其知力为未足独左右天子也，是以分国建诸侯。诸侯又以其知力为未足独治其四境之内也，是以选择其次立为卿之宰。卿之宰又以其知力为未足独左右①其君也，是以选择其次，立而为乡长家君⑤。是故古者天子之立三公、诸侯、卿之宰、乡长家君，非特富贵游佚而择之也，将使助治乱刑政也。故古者建国设都，乃立后王君公，奉以卿士师长，此非欲用说也，唯辩而使助治天明也。

　　今此何为人上而不能治其下？为人下而不能事其上？则是上下相贼也。何故以然？则义不同也。若苟义不同者有党，上以若人为善，将赏之，若人唯使得上之赏，而辟百姓之毁，是以为善者，必未可使劝，见有赏也。上以若人为暴，将罚之，若人唯使得上之罚，而怀百姓之誉，是以为暴者，必未可使沮，见有罚也。故计上之赏誉，不足以劝善；计其毁罚，不足以沮暴。此何故以然？则义不同也。

注　释

　　①得：得到、了解。
　　②善非：善恶。
　　③审稽：审察、考察。
　　④左右：居于左右，即辅佐。
　　⑤家君：古代卿大夫封地的基层官员。

译　文

　　墨子说：智者做事，一定会考虑国家百姓之所以治理的原因而行事；一定会考虑国家百姓之所以混乱的根源而回避。然而考虑国家百姓之所以治理的原因，是什么呢？在上者为政，了解下面的实情就能治理，不了解下面的实情就会混乱。如何知道这样呢？上者为政，了解下面的事情，就是明了民众的善恶了。若能明了民众的善恶，那就能发现善人而赏赐他，发现恶人而惩罚他。善人得到赏赐而恶人得到惩罚，则国家必定治理。上者为政，不了解下面的情况，那就不明了民众的善恶，若不明了民众的善恶，则不能发现善人赏赐他，不能发现恶人惩罚他。善人得不到赏赐，而恶人得不到惩罚，以此为政，国家必将混乱。所以赏罚不了解下面的情况，就不能不加以明察。

考虑了解下面情况的方法，该怎么做呢？墨子说：只有用统一于上的方法来治理政务，然后才可。如何能知道呢？为何不审察古代施政时的情况呢？古代上天刚刚生育下民之时，还没有行政长官，百姓各自为政。假若百姓各自为政，则一人一个意见，十人十个意见，百人百个意见，千人千个意见。等到人多得不可胜数，他们所谓的意见也就不可胜数了。人人都认为自己的意见正确，而反对他人的意见，所以严重的相互斗殴，轻点的也相互争论。所以天下都想统一意见，于是选择贤者，立其为天子。天子认为自己的智慧不足以独自治理天下，又选择次于自己的贤人，立他们为三公。三公又认为自己的智慧不足以独自辅佐天子，于是分封建立诸侯。诸侯又认为自己的智慧不足以独自治理国家，于是选择次于自己的贤人，立他们为卿相。卿相又认为自己的智慧还不能独自辅佐其君主，于是选择赐予自己的贤者，立他们为乡长、家君。所以古代天子选立三公、诸侯、卿相、乡长、家君，不是为了让他们富贵安逸而选择的，而是为了让他们辅助治理行政。所以古代建国设都，就设立了帝王君主，又辅佐以卿相师长，这并不是为以权位取悦于人，只是为了让他们辨明职责而辅助上天治平天下。

如今为何在上者不能治理其下属？在下者不能侍奉其上司？这就是上下相互贼害的缘故啊！为什么会这样呢？就是因为各人的道理不同。若道理不同的人各有偏私，则在上者就会认为自己所偏爱的人为善，将要赏赐他，这人虽然得到了在上者的赏赐，却难免百姓的非议。故在上者虽认为这人为善，却不能以其劝勉百姓，虽然他得到了奖赏。在上者认为某人为恶，将要惩罚他，那人虽然得到了在上者的惩罚，百姓却都赞誉他，故在上者虽然认为此人为恶，却不能以其禁止奸邪，虽然他受到了惩罚。所以，考虑上面的赏赐赞誉，不足以劝勉为善；上面的惩罚批评，不足以禁止奸邪。这是为何呢？就是各人的道理不同。

经典解读

在上者推行尚同之道，一定要了解下面百姓的实情。要明白民众喜欢什么、厌恶什么，要顺应人情民心来推行政策，而不是违逆人情民心来肆意妄为。很多君主肆意妄为、违逆人心，不知道自己改过，却一味追求别人与自己的想法统一，这是妄想，是不可能成功的，而且要招来灾祸。《大学》中说："好人之所恶，人之所好，是谓拂人之性，灾必逮夫身。"就是说的这个道理。譬如，夏桀、殷纣，他们自己残暴无道，却自认为受命于天，希望百姓都服从自己，用严刑来惩罚那些和自己意见不同的大臣，用苛刻的法律来限制民众的思想行为。然而，他们并不能真的使民众和自己一心一意，最多只能得到表面的顺从，他们的统治也终将被民众所推翻。譬如周厉王，自己贪婪便禁止百姓取用山林之利，自己残暴便禁止百姓说话。他从来没想到百姓也是好利的，也是希望能自由表达想法的，一意孤行己见，所以最终被百姓所驱逐。

要想推行尚同之道，就必须了解下面百姓的实情；要想了解下面百姓的事情，就必须广开言路、扩大听闻，就必须任用贤者、疏远小人。一个人的耳目见闻是有限的，只有广开言路，各地的官员、民众，才能将自己的见闻、心得汇报给君主，君主自己的见闻也就扩大了。只有任用贤人，才能听到正直的劝谏，察明事情的真相；反之，若君主所任用的都是奸佞小人，那任用的人再多，询问得再多，所能传到耳中的也都是些阿谀谄媚之词，都是些虚假不实的消息，君主的见闻也就壅闭阻塞了。如此，想了解民情也无从而得，想施行尚同之道，也不知从何做起。

"君子求诸己，小人求诸人。"君主实施尚同之道，虽然是要下属、民众与自己统一，但一定要求之于己，而非求之于人。求之于己，即：任用贤人，亲近有德，广开言路，了解民情，爱惜民众，实施仁政……这些自己都做得好了，民众自然会与己统一。这就是孔子所说的："政者，正也。子帅以正，孰敢不正。"

原文2

　　然则欲同一天下之义，将奈何可？故子墨子言曰：然胡不赏使家君试用家君[①]？发宪布令其家，曰：“若见爱利家者，必以告；若见恶贼家者，亦必以告。若见爱利家以告，亦犹爱利家者也，上得且赏之，众闻则誉之；若见恶贼家不以告，亦犹恶贼家者也，上得且罚之，众闻则非之。”是以遍若家之人，皆欲得其长上之赏誉，辟其毁罚。是以善言之，不善言之，家君得善人而赏之，得暴人而罚之。善人之赏，而暴人之罚，则家必治矣。然计若家之所以治者何也？唯以尚同一义为政故也。

　　家既已治，国之道尽此已邪？则未也。国之为家数也甚多，此皆是其家，而非人之家，是以厚者有乱，而薄者有争，故又使家君总其家之义，以尚同于国君。国君亦为发宪布令于国之众，曰：“若见爱利国者，必以告；若见恶贼国者，亦必以告。若见爱利国以告者，亦犹爱利国者也，上得且赏之，众闻则誉之。若见恶贼国不以告者，亦犹恶贼国者也，上得且罚之，众闻则非之。”是以遍若国之人，皆欲得其长上之赏誉，避其毁罚。是以民见善者言之，见不善者言之，国君得善人而赏之，得暴人而罚之。善人赏而暴人罚，则国必治矣。然计若国之所以治者何也？唯能以尚同一义为政故也。

　　国既已治矣，天下之道尽此已邪？则未也。天下之为国数也甚多，此皆是其国，而非人之国，是以厚者有战，而薄者有争。故又使国君选其国之义，以尚同于天子。天子亦为发宪布令于天下之众，曰：“若见爱利天下者，必以告；若见恶贼天下者，亦以告。若见爱利天下以告者，亦犹爱利天下者也，上得则赏之，众闻则誉之。”若见恶贼天下不以告者，亦犹恶贼天下者也，上得且罚之，众闻则非之。是以遍天下之人，皆欲得其长上之赏誉，避其毁罚，是以见善不善者告之。天子得善人而赏之，得暴人而罚之，善人赏而暴人罚，则天下必治矣。然计天下之所以治者何也？唯而以尚同一义为政故也。

天下既已治，天子又总天下之义，以尚同于天。故当尚同之为说也，尚用之天子，可以治天下矣；中用之诸侯，可而治其国矣；小用之家君，可而治其家矣。是故大用之治天下不窕②，小用之治一国一家而不横③者，若道之谓也。故曰：治天下之国若治一家，使天下之民若使一夫。意独子墨子有此，而先王无此其有邪？则亦然也。圣王皆以尚同为政，故天下治。何以知其然也？于先王之书也《大誓》之言然，曰："小人见奸巧乃闻，不言也，发罪钧。"此言见淫辟不以告者，其罪亦犹淫辟者也。

故古之圣王治天下也，其所差论④，以自左右羽翼者皆良，外为之人，助之视听者众。故与人谋事，先人得之；与人举事，先人成之；光誉令闻，先人发之。唯信身⑤而从事，故利若此。古者有语焉，曰："一目之视也，不若二目之视也；一耳之听也，不若二耳之听也；一手之操也，不若二手之强也。"夫唯能信身而从事，故利若此。是故古之圣王之治天下也，千里之外有贤人焉，其乡里之人皆未之均闻见也，圣王得而赏之；千里之内有暴人焉，其乡里未之均闻见也，圣王得而罚之。故唯毋以圣王为聪耳明目与？岂能一视而通见千里之外哉？一听而通闻千里之外哉？圣王不往而视也，不就而听也。然而使天下之为寇乱盗贼者，周流天下无所重足者，何也？其以尚同为政善也。

是故子墨子曰：凡使民尚同者，爱民不疾⑥，民无可使。曰：必疾爱而使之，致信而持之，富贵以道其前，明罚以率其后。为政若此，唯欲毋与我同，将不可得也。是以子墨子曰：今天下王公大人士君子，中情将欲为仁义，求为上士，上欲中圣王之道，下欲中国家百姓之利，故当尚同之说而不可不察。尚同为政之本而治要也。

注　释

①赏，当为"尝"，意为尝试。

②窕：穷匮，不足。

③横：横阻，不能施展开。

④差论：选择。

⑤信身：自身先确实做到。

⑥疾：迅速、迫切。

译　文

　　既然这样，那么要想统一天下的意见，该如何呢？墨子说：为何不尝试着让家君，尝试让家君发布政令来命令他的家人，说："若见到爱护、有利于家族的，一定要汇报。若见到憎恶、损害家族的，也一定要汇报。若见到爱护、有利家族的便汇报上去，这也相当于爱护、惠利家族，在上者知道了就将赏赐他，众人知道了就将赞誉他。若见到憎恶、损害家族的不汇报上去，这也相当于憎恶、损害家族，在上者知道了就要责罚他，众人知道了就将非议他。"如此整个家族之人，都想得到在上者的赏赐赞誉，而躲避非议、惩罚。故善事人们都汇报，不善之事人们也都汇报。家君得到了善人就赏赐他，得到了恶人就惩罚他。善人得到赏赐，而恶人得到惩罚，则家族必定能够治理了。然而思量这一家得到治理的原因是什么呢？只是用统一的道理去治理政务罢了。

　　家族已经得到治理，治国的办法只此而已了吗？还不是这样。一国之中家族的数量也是很多的，人们都认为自己的家族是对的，而反对别人的家族，因此重者引起动乱，轻者也发生争执。所以又要让家君总理其家族的意见，而使其与国君的意见统一。国君也向国内民众发布政令，说："若有见到爱护、惠利国家的，必须向上汇报。若有见到憎恶、损害国家的，也必须要向上汇报。若见到爱护、惠利国家的便汇报上去，这也相当于爱护、惠利国家，在上者知道了就会奖赏他，众人知道了就会赞誉他。若见到了憎恶、损害国家的不去汇报，这也相当于憎恶、损害国家，在上者知道了就会惩罚他，众人知道了就会非议他。"如此，全国的人都希望得到在上者的赏赐、赞誉，而尽力躲避非议、处罚。故善事人们要汇报，不善之事人们也要汇报。国君得到了善人就赏赐他，得到了恶人就处罚他。善人获得赏赐而恶人受到惩罚，那国家就一定会得到治理了。然而思考国家得到治理的原因是什么呢？只是用统一的道理去治理政务罢了。

　　国家已经得到治理，治理天下之道只此而已了吗？还不是这样。全天下国家的数量是很多的，人们都认为自己的国家是对的，而反对别人的国家，结果是重者因此战乱，轻者也会发生争执。所以，又要让国君整合一国的意见，使其统一于天子。天子也向天下百姓发布政令，说："若有见到爱护天下、惠利天下的，必须向上汇报。若有见到憎恶天下、贼害天下的，也必须向上汇报。若见到爱护天下、惠利天下的便向上汇报，这也相当于爱护、惠利天下，在上者知道了就会赏赐他，众人知道了就会赞誉他。若见到了憎恶、损害天下的不去汇报，这也相当于憎恶、损害天下，在上者知道了就会惩罚他，众人知道了就会非议他。"如此，全天下的人都希望得到在上者的赏赐、赞誉，而尽力躲避非议、处罚。故善事人们都会汇报，不善之事也都汇报。天子得到了善人就赏赐他，得到了恶人就处罚他。善人得到赏赐，而恶人受到惩罚，那天下就一定会得到治理了。然而，思考天下得到治理的原因是什么呢？只是用统一道理去治理政务罢了。

　　天下已经得到治理，天子又综合天下的意见，使之与天道统一。故尚同之道，上用于天子，可以治理天下；中用于诸侯，可以治理其国家；小用于家君，可以治理其家族。所以，广泛地使用，治理天下不会不足；小范围地使用，治理一国、一家不会横阻，这就是道理啊！所以说，治理天下之国，如同治理一家，役使天下之民，如同役使一家三人。难道只有墨子有这个主张而先王没有吗？先王也是这样的。古代的圣王都以尚同之道为政，所以天下大治。如何知道这样呢？先王之书《泰誓》中这样说："小人见到奸巧之事而不说的，其罪行和奸巧者相同。"这就是说看到淫邪之事而不向上汇报的，其罪行也和淫邪者相同。

　　所以古代圣王治理天下，其所选择之人从左右辅佐开始都是贤良，在外助其视听的人也很多。所以，他和大家一起谋划事情，能比人先想到；和大家一起做事，能比人先成功；他的荣誉和美名，比人先彰显。唯其能自身确实做到然后行事，所以有这么多利益。古时有这样的说法："一只眼睛看到的，不如两只眼睛看到的；一只耳朵听到的，不如两只耳朵听到的；一只手去做，不如两只手力气大。"唯其能自身确实先做到然后再行事，所以有这么多利益。所以，古代圣王治理天下，千里之外有贤人，其乡里之人都未曾闻见，而圣王就已经知道并赏赐他了；千里之外有恶人，其乡里之人都未曾察觉，而圣王就已经知道并惩罚他了。所以人们都想：大概圣王是眼睛很明亮，耳朵很灵敏吧？难道能一望就看到千里之外的东西？一听就闻到千里之外的事情？圣王是不会亲自去看，不会靠近去听的，然而使天下为寇乱盗贼的人走遍天下无所立足的原因是什么呢？这就是以尚同的方法来治理政务的结果。

　　所以墨子说：但凡以尚同治民的人，爱民之心如果不急迫的话，就没有民众可役使。说：对于民众，一定要切实爱护他们，然后役使；诚信对待他们，然后拥有；用富贵引导他们向前，用严明的刑罚在后面督促。如此为政，即便想让别人不合自己一致，也是不可能的。所以墨子说：当今天下的王公大人士君子，心中果真要追求仁义，追求成为上士，在上就要合乎圣王之道，在下就要合乎国内百姓的利益，故对于尚同之道，不可不深察。尚同，是为政之根本、治理之要务。

经典解读

　　本节文字讲了圣王以尚同之道为政的几个要点：以奖赏、刑罚督促百姓；从自身开始亲近贤人；爱惜民众。

　　民众不会一开始就追求与其上统一意见的愿望，君主要想使天下的意见统一于己，首先必须自己做出表率，以崇高的人格、高尚的道德来感召民众，使民众有一个可以效仿、值得效仿的目标。其次，君主还要亲自选择任用贤人，使三公、卿大夫、乡长、里长等各级官员都是贤能有德之人，确保他们愿意为了治平天下而推行尚同的主张，愿意引导民众走上正确的道路。再者，还要严明赏罚来劝勉督促民众，对追求与上一致，有助于正道的百姓实施奖赏；对于不求进取，行为邪僻的百姓进行惩罚。这样民众才会知道正道的可行，邪道的不可行，才会愿意追随君长。最后，君主还要爱惜百姓。为政者爱护百姓，百姓才会认可他、追随他，愿意接受他的领导；反之，若为政者戕害百姓、轻视百姓，百姓就会对其充满怨恨、仇意，想离开他还来不及呢，又怎么会亲近、追随他呢！

　　所以说，尚同之道并非生硬地要求民众和自己一致，并不是像周厉王那样压迫民众，强迫民众，而是以自身为榜样，以贤人为羽翼，以赏罚为工具，以爱民为基础，使民众在尚同之中获利，在尚同之中得到治理，而主动追求与上统一。

卷 四

兼爱上

　　圣人以治天下为事者也，必知乱之所自起①，焉能治之；不知乱之所自起，则不能治。譬之如医之攻人之疾者然，必知疾之所自起，焉能攻之；不知疾之所自起，则弗能攻。治乱者何独不然？必知乱之所自起，焉能治之；不知乱之所自起，则弗能治。

　　圣人以治天下为事者也，不可不察乱之所自起。当②察乱何自起？起不相爱。臣子之不孝君父，所谓乱也。子自爱不爱父，故亏父而自利；弟自爱不爱兄，故亏兄而自利；臣自爱不爱君，故亏君而自利；此所谓乱也。虽父之不慈子，兄之不慈弟，君之不慈臣，此亦天下之所谓乱也。父自爱也不爱子，故亏子而自利；兄自爱也不爱弟，故亏弟而自利；君自爱也不爱臣，故亏臣而自利。是何也？皆起不相爱。虽至天下之为盗贼者，亦然。盗爱其室不爱异室，故窃异室以利其室；贼爱其身不爱人，故贼③人以利其身。此何也？皆起不相爱。虽至大夫之相乱家、诸侯之相攻国者，亦然。大夫各爱其家，不爱异家，故乱异家以利其家；诸侯各爱其国，不爱异国，故攻异国以利其国，天下之乱物，具此而已矣。察此何自起？皆起不相爱。

　　若使天下兼相爱，爱人若爱其身，犹有不孝者乎？视父兄与君若其身，恶施不孝？犹有不慈者乎？视弟子与臣若其身，恶施不慈？故不孝不慈亡有，犹有盗贼乎？故视人之室若其室，谁窃？视人身若其身，谁贼？故盗贼亡有。犹有大夫之相乱家、诸侯之相攻国者乎？视人家若其家，谁乱？视人国若其国，谁攻？故大夫之相乱家、诸侯之相攻国者亡有。

　　若使天下兼相爱，国与国不相攻，家与家不相乱，盗贼无有，君臣父子皆能孝慈，若此则天下治。故圣人以治天下为事者，恶得不禁恶④而劝爱？故天下兼相爱则治，交相恶则乱。故子墨子曰：不可以不劝爱人者，此也。

注　释

①自起：从何而起。
②当：应为"尝"。
③贼：贼害，伤害。
④恶：互相厌恶、伤害。

译　文

　　圣人以治理天下作为自己的职务，必须知道混乱从何而生，才能将天下治好，不知道混乱从何产生，就不能将天下治好。这就如医生为人治病一样，必须知道疾病从何而生，才能将疾病治好，不知道疾病从何而生，就不能将疾病治好。治理混乱何尝不是这样的呢？一定要知道混乱从何而生，才能将其治好，不知道混乱从何而生，就不能将其治好。

　　圣人将治理天下作为自己的职务，不可不深察混乱从何而生。考察混乱从何而产生？产生于不相亲相爱。做臣子的不孝顺君父，就是混乱。儿子只爱自己而不爱父亲，所以损害父亲来使自己得利；弟弟只爱自己而不爱兄长，所以损害兄弟来使自己得利；臣子只爱自己而不爱君主，所以损害君主来使自己得利。这就是所谓的混乱。反过来，父亲不爱护儿子，兄长不爱护弟弟，国君不爱护臣子，也是天下所称的混乱。父亲只爱自己而不爱孩子，所以损害孩子来使自己得利；兄长只爱自己而不爱弟弟，所以损害弟弟来使自己得利；君主只爱自己而不爱臣子，所以损害臣子来使自己得利。这是为何呢？都是源于不能相亲相爱。即便是天下为盗贼的也都是源于这点。盗贼爱惜自己的家，而不爱别人的家，所以偷窃别人的家以有利于己家。盗寇爱惜自己的身体，而不爱别人的身体，所以伤害别人的身体以有利于己身。这是为何呢？都是因为人和人不相爱引起的。即便是大夫相互侵犯家族，诸侯相互攻伐敌国，也都是如此的。大夫都爱自己家族，而不爱别人的家族，所以扰乱别人家以利于己家；诸侯都爱护自己的国，而不爱别人的国，所以相互攻伐以利于己国。天下乱事都具备在这里了！考察天下乱事从何而起？都是因为人和人不相爱引起的。

若使天下人相亲相爱，爱别人就像爱自身，还会有不孝的现象吗？视父亲兄长、君主都如自身一样，怎么会不孝呢？还会有不慈爱的人吗？视弟弟、儿子、臣子都如自身一样，怎会不慈呢？不孝、不慈的现象都没有了，还会有盗贼吗？看别人的家和自己的家一样，谁会偷窃？看别人的身体和自己的身体一样，谁还会戕害他人？所以盗贼也就没有了。如此还会有大夫相互侵犯、诸侯相互攻伐的现象吗？看别人的家族和自己的家族一样，谁还会侵犯？看别人的国家和自己的国家一样，谁还会攻伐？所以大夫相互侵犯、诸侯相互攻伐的现象也就没有了。

若使天下人都相亲相爱，国与国不相攻伐，家与家不相侵犯，盗贼无有，君臣父子都能孝顺、慈爱，如此天下就治理了。故以治理天下作为职务的圣人，怎么能不禁止相互厌恶而劝人相爱呢？天下之人相亲相爱就治理，相互憎恶就混乱。所以墨子主张：不可不鼓励民众相亲相爱，道理就在于此。

经典解读

在墨子眼中，天下之所以混乱，就是源于人们不能相亲相爱。不能相亲相爱，眼中便只有自己的利益，从而忽略他人的利益。只有自己的利益，而忽略他人的利益，便会遭到别人的憎恨。人与人之间相互憎恨，便会相互伤害，相互斗争，那所有的伦理、礼仪也就被遗忘、抛弃了，社会也就失去了规矩，天下也就大乱了。

若做君主的只在乎自己的权力、享乐，而损害臣子的利益、不顾百姓的疾苦，那君臣上下必然不能相安，于是便有了君主滥杀大臣，大臣弑杀君主，君主残害百姓，百姓推翻君主的事情发生了。桀、纣、幽、厉等暴君，都是这样的君主，不敬爱大臣、不关心百姓，所以臣子抛弃他们、百姓怨恨他们，上下相侵暴，以至于天下大乱、国家灭亡。反之，尧、舜、汤、武等贤君则都是敬爱大臣、爱惜百姓的，所以大臣拥护他们、百姓爱戴他们，于是天下大治，社稷安定。

父子至亲，然而若父亲不爱护自己的儿子，儿子不孝顺自己的父亲，那这种至亲的关系也会被破坏。父子关系破坏，一家就会大乱，家家混乱，一国就会混乱。如卫国的蒯聩父子，相互争夺君位，父亲要迫害儿子，儿子要反对父亲，导致国家长期混乱不安；又如卫宣公、楚平王，抢夺儿子的妻子，又要杀死儿子，都给国家埋下了动乱的种子，所以卫国五世不宁，楚国有白公之乱。

兄弟之间本该相亲相爱、相互帮助。君臣、父子、兄弟之间有伦理、血缘的联系，犹且如此，那些没有伦理、血缘关联的人呢？他们相互仇视、相互伤害的情况也就可想而知了。人与人之间充满了不信任，充满了相互厌恶、相互伤害，天下想要治理，又怎么可能呢？所以，圣人治理天下首先就要人们懂得"兼爱"，也就是令人与人之间相亲相爱。人人都懂得相亲相爱、能够推己及人，也就不会为了自己的利益而损害他人的利益了，也就不会为了自己的家族、国家而去伤害他人的家族、国家了。如此，天下也就太平了。

兼爱中

原文 1

　　子墨子言曰：仁人之所以为事者，必兴天下之利，除去天下之害，以此为事者也。然则天下之利何也？天下之害何也？子墨子言曰：今若国之与国之相攻，家之与家之相篡①，人之与人之相贼，君臣不惠忠②，父子不慈孝，兄弟不和调，此则天下之害也。

　　然则察此害亦何用③生哉？以不相爱生邪？子墨子言：以不相爱生。今诸侯独知爱其国，不爱人之国，是以不惮举其国以攻人之国。今家主独知爱其家，而不爱人之家，是以不惮举其家以篡人之家。今人独知爱其身，不爱人之身，是以不惮举其身以贼人之身。是故诸侯不相爱则必野战④，家主不相爱，则必相篡，人与人不相爱则必相贼，君臣不相爱则不惠忠，父子不相爱则不慈孝，兄弟不相爱则不和调。天下之人皆不相爱，强必执⑤弱，富必侮贫，贵必敖贱，诈必欺愚。凡天下祸篡怨恨，其所以起者，以不相爱生也，是以仁者非之。

　　既以非之，何以易之？子墨子言曰：以兼相爱、交相利之法易之。然则兼相爱、交相利之法将奈何哉？子墨子言：视人之国若视其国，视人之家若视其家，视人之身若视其身。是故诸侯相爱则不野战，家主相爱则不相篡，人与人相爱则不相贼，君臣相爱则惠忠，父子相爱则慈孝，兄弟相爱则和调。天下之人皆相爱，强不执弱，众不劫寡，富不侮贫，贵不敖贱，诈不欺愚。凡天下祸篡怨恨可使毋起者，以相爱生也，是以仁者誉之。

注　释

　　①篡：篡夺。

　　②惠忠：指君施惠于臣，臣效忠于君。

　　③何用：如何。

　　④野战：交战于旷野，泛指战争。

⑤执：控制，执掌。

译　文

墨子说：仁者行事的原则，一定是对天下有利的事就将其兴起，对天下有害的事就将其除去，以此来作为行事准则。既然这样，对天下有利的事是什么呢？对天下有害的事又是什么呢？墨子说：如今国与国之间相互攻伐，家与家之间相互侵夺，人与人之间相互贼害，君臣不相互施惠、效忠，父子不相互慈爱、孝顺，兄弟之间不和谐、融洽，这就是对天下有害之事。

那么考察这些有害之事，又是如何产生的呢？是因为不相爱而产生的吗？墨子说：是因为不相爱而产生的。如今的诸侯只知道爱自己的国，不爱别人的国，所以不惜举全国之力，去攻伐别人的国家。如今家族宗主，只知道爱自己的家族，不爱别人的家族，所以不惜举全家族之力，去侵夺别人的家族。如今的人只知道爱自己，而不知道爱别人，于是不惜用全身的力气去贼害别人。因此，诸侯不相亲爱，则必定发生战争；家族宗主不相亲爱，则必定相互侵夺；人与人之间不相亲爱，则必定相贼害。君臣之间不相亲爱，则不能施惠、效忠；父子之间不相亲爱，则不能慈爱、孝顺；兄弟之间不相亲爱，则不能协调、和睦。天下之人都不相亲爱，强大的就控制弱小的，富有的就欺侮贫穷的，尊贵的就傲视卑贱的，狡诈的就欺骗愚笨的。天下所有的祸乱怨恨，其所以产生的原因，都是因为不相爱而产生的，所以仁义的人认为这样是不对的。

既然反对，那么如何改变这种现象呢？墨子说：以相亲相爱、相互惠利的方法改变它。然则，相亲亲爱、相互惠利的方法该如何做呢？墨子说：视别人的国家，如视自己的国家；视别人的家族，如视自己的家族；视别人之身，如视自己之身。如此，诸侯相亲相爱，就不会有战争；家族宗主相亲相爱，就不会相互侵夺；人与人相亲相爱，就不会相互贼害；君臣相亲相爱，就能慧慈、效忠；父子相亲相爱，就能慈爱、孝顺；兄弟相亲相爱，就能和睦协调。天下之人都相亲相爱，则强者不会控制弱者，人多的不会强迫人少的，富有的不会欺侮贫穷的，尊贵的不会傲视卑贱的，狡诈的不会欺骗愚笨的。天下所有的祸乱、篡夺、怨愤、仇恨，都可以使其不产生，这都是因为相亲相爱的原因。所以仁者称赞相亲相爱。

经典解读

仁义之人的行事原则就是，兴天下之利，去天下之害。什么是天下之利呢？人与人之间相亲相爱、相互惠利，使天下安定、和谐，这就是天下之利。什么是天下之害呢？人与人之间相互憎恶、伤害，使天下混乱、不安，这就是天下之害。所以，仁人君子都应该尽力推行兼爱之道，以兼爱之道为政、治国，如此才能使天下大治，民众获利。

"物有本末，事有终始；知所先后，则近道矣。"兼爱之道，就是天下受利，除去混乱的根本。很多人谈论治国，只知道从末端去下手，用权术、刑法来避免人与人之间相互残害、家与家之间相互侵夺、父子不相亲、兄弟不相安、以下犯上、以臣弑君等现象，却不知道推行兼爱之道，才能从根本上杜绝这些。推行兼爱之道才能使君臣上下有序，父子长幼相亲，人与人之间和睦、协调相处；推行兼爱之道，才能使大不欺小、强不凌弱、富不傲贫、贵不辱贱，才能消除世间一切祸乱怨恨的根源。所以说，兼爱之道就是天下和谐、安定的根本。

原文 2

> 然而今天下之士君子曰："然！乃若兼则善矣。虽然，天下之难物于故①也。"子墨子言曰：天下之士君子，特不识其利、辩其故也。今若夫攻城野战，杀身为名，此天下百姓之所皆难也，苟君说之，则士众能为之。况于兼相爱、交相利，则与此异。夫爱人者，人必从而爱之；利人者，人必从而利之；恶人者，人必从而恶之；害人者，人必从而害之。此何难之有！特上弗以为政、士不以为行②故也。
>
> 昔者晋文公好士之恶衣，故文公之臣皆牂羊之裘③，韦以带剑，练帛④之冠，入以见于君，出以践于朝。是其故何也？君说之，故臣为之也。昔者楚灵王好士细要⑤，故灵王之臣皆以一饭为节，胁息⑥然后带，扶墙然后起，

比期年，朝有鹲黑之色。是其故何也？君说之，故臣能之也。昔越王勾践好士之勇，教驯其臣，和合之焚舟失火，试其士曰："越国之宝尽在此！"越王亲自鼓其士而进之，士闻鼓音，破碎乱行⑦，蹈火而死者左右百人有余。越王击金而退之。是故子墨子言曰：乃若夫少食恶衣，杀身而为名，此天下百姓之所皆难也。若苟君说之，则众能为之。况兼相爱、交相利，与此异矣。夫爱人者，人亦从而爱之；利人者，人亦从而利之；恶人者，人亦从而恶之；害人者，人亦从而害之。此何难之有焉，特上不以为政，而士不以为行故也。

然而今天下之士君子曰："然！乃若兼则善矣。虽然，不可行之物也，譬若挈⑧太山越河济也。"子墨子言：是非其譬也。夫挈太山而越河济，可谓毕劫⑨有力矣，自古及今未有能行之者也。况乎兼相爱、交相利，则与此异，古者圣王行之。何以知其然？古者禹治天下，西为西河、渔窦，以泄渠、孙、皇之水；北为防原泒，注后之邸、嘑池之窦，洒为底柱⑩，凿为龙门，以利燕、代、胡、貉与西河之民；东方漏之陆，防孟诸之泽，洒为九浍，以楗东土之水，以利冀州之民；南为江、汉、淮、汝，东流之，注五湖之处，以利荆、楚、干、越与南夷之民。此言禹之事，吾今行兼矣。昔者文王之治西土，若日若月，乍光于四方，于西土，不为大国侮小国，不为众庶侮鳏寡，不为暴势夺穑人黍、稷、狗、彘。天屑⑪临文王慈，是以老而无子者，有所得终其寿；连独⑫无兄弟者，有所杂于生人之间；少失其父母者，有所放依⑬而长。此文王之事，则吾今行兼矣。昔者武王将事泰山隧⑭，《传》曰："泰山，有道曾孙周王有事，大事既获，仁人尚作⑮，以祗⑯商夏，蛮夷丑貉。虽有周亲⑰，不若仁人。万方有罪，维予一人。"此言武王之事，吾今行兼矣。

是故子墨子言曰：今天下之士君子，忠实欲天下之富而恶其贫，欲天下之治而恶其乱，当兼相爱、交相利。此圣王之法，天下之治道也，不可不务为也。

注　释

①于故：一说为衍字；一说当为"迂故"，即难以实现的事。

②为行：作为行事原则。

③羘羊之裘：母羊皮的裘衣。

④练帛：熟帛。

⑤要：应为"腰"。

⑥胁息：收敛气息。

⑦破碎乱行：打破队列，争相进前。

⑧挈：提着。

⑨毕劫：犹毕强；敏捷而强劲。

⑩洒：分流；底柱：山名。即以砥柱山分流河水。

⑪屑：顾，眷顾。

⑫连独："连"疑当读为"矜"，穷苦茕独之意。

⑬放依：依靠。

⑭事泰山隧：望祭泰山。

⑮作：起。仁人尚作，即仁人群起，前来辅佐。

⑯祇：拯救。

⑰周亲：至亲。

译　文

　　然而，当今天下的士君子说："是的！若人与人之间都相亲相爱就好了。虽然如此，这在天下是难以实现的。"墨子说：天下的士君子只是不知相亲相爱的好处、不明白其缘故罢了。现在攻城野战、为名杀身，都是天下百姓难于做到的。但若君主喜欢，则众人就能做到。况且相亲相爱、相互惠利，则与此不同，都是人们能够做到的！亲爱别人的人，别人也必然会亲爱他；惠利别人的人，别人也必然会惠利他；厌恶别人的人，别人也必然会厌恶他；损害别人的人，别人也必然会损害他。这有什么困难的呢？只是国君不用"兼爱"为政、当官的不以"兼爱"为行罢了。

　　从前晋文公喜好士人穿简陋的衣服，所以他的臣子都只穿羊皮衣裳，扎着皮带以挂剑，头上也只戴练帛帽子，无论入见君主，还是出立朝堂，都是这样。这是为什么呢？君主喜欢这样，所以臣子就这样做了。从前楚灵王喜欢细腰之人，所以他的臣子都只吃一顿饭来节食，收敛气息系紧腰带，然后扶着墙才能站起来，行之一年，朝中群臣都饿得面色发黑。这是为什么呢？君主喜欢，所以臣子就这样做了。从前越王勾践喜欢士人的勇敢，训练他的臣下时，将他们集合起来，放火烧船，考验士卒说："越国的宝物都在船上！"越王亲自击鼓，鼓励将士前进。将士听到鼓声，打乱队伍、争着向前，蹈火而死的超过百余人，然后越王鸣金让他们退回来。所以，墨子说：为了名声而少吃饭、穿破衣服、杀身成名，这都是天下百姓难于做到的。若君主喜欢，则众人就能去做。更何况相亲相爱、相互惠利与此不同，都是百姓所能够做到的呢。亲爱别人的人，别人也必然会亲爱他；惠利别人的人，别人也必然会惠利他；厌恶别人的人，别人也必然会厌恶他；损害别人的人，别人也必然会损害他。这有什么困难的呢？只是"兼爱"不用国君为政、当官的不以国君为行罢了。

然而，当今天下的士君子又说："是的，若人与人之间都相亲相爱就好了。虽然如此，这还是难以实现的。就如提着泰山跃过黄河、济水一样困难。"墨子说：这种比喻是不恰当的。提着泰山而跃过黄河、济水，可以说是强劲有力了，从古至今，从来没有能做到的。而相亲相爱、相互惠利，则与此不同了，古代的圣王曾经做到过。这是如何知道的呢？古时大禹治理天下，在西面疏通了西河、渔窦，以排泄渠水、孙水、皇水；在北面疏通了防水、原水、泒水，使它们注入邸水、滹池河，在砥柱山将黄河分流，开凿龙门，以便利燕、代、胡、貉及西河地区的民众。在东边排泄平原上的积水，将其挡入孟诸坝，分出九条河流，以限制东方的洪水，以便利冀州的民众；在南疏通长江、汉水、淮河、汝水，使它们向东流淌，注入五湖之中，以便利荆、楚、干、越及南夷地区的民众。这就是大禹的事迹，其精神也是我们今日推行"兼爱"之道所需的。从前，文王治理西方，就像日月一样，光照四方。他不凭恃大国而欺压小国，不凭恃人数众多而欺辱鳏寡孤独，不凭恃势力强大而侵夺别人的粮食家畜。上天眷顾文王的仁慈，所以使老而无子的人，能得以寿终；使孤苦无兄弟的人，能在人群中安居；使年少失去父母的人，能有所依靠而长大成人。这就是文王的事迹，其精神也是我们今日推行"兼爱"之道所需的。从前武王将望祀泰山，书传中记载武王的祭辞："泰山有灵，有道曾孙周王举行祭祀。大业已经成功，仁人群起相辅佐，以拯救商、夏及四方蛮夷的百姓。虽然有至亲之人，也不如仁人。天下万民有罪，都由我一人承担。"这就是武王的事迹，也就是我们今日推行"兼爱"之道所需的精神。

因此墨子说：如今天下的君子，若果真希望天下富强而厌恶贫贱，想要天下治理而厌恶混乱，应当相亲相爱、相互惠利。这是圣王的治世之法，是天下治理的大道，不可不努力地去做啊！

经典解读

兼爱之道对于天下的益处显而易见，然而众人多认为兼爱之道难以施行，所以君主不用它来治国，大臣们不用它来行事。墨子认为，并不是兼爱之道难以施行，只是人们还未能充分认识到兼爱的好处，不去施行罢了。

楚王喜欢细腰，楚国的大臣便每天吃一顿饭；越王喜欢勇力，越国的将士就敢于赴汤蹈火；晋君喜欢穿敝衣，晋国的臣子们便都穿着破衣服上朝。这都是与人常情相拂逆的，然而只要君主喜欢，人们就能做到这些。这是为何呢？是因为迎合君主可以使人远离惩罚，且得到权位、富贵。然而，若兼爱之道能够大行，天下之人所获得的利益也要远远超出迎合君主而得到的。那时，天下之人都会相亲互利，都会遵纪守法，国与国之间没有征伐，家与家之间没有侵夺，老有所养，幼有所依……生活在这样的社会中，岂不要比免除刑罚、比在乱世中得到点儿富贵要好得多。然而，人们却不愿这样做，就是认为兼爱不能够实现罢了。可那些拂逆人情的难事都能做到，却认为兼爱不能做到，这是什么道理呢？只能是人们的认识不足，认为兼爱不能施行的观点有误了。

再说天下之兼爱，本就是古代圣王治理天下的大道，大禹、文王、武王就是这样做的，所以他们治理好了天下，得到了民众的认可，受到后世的赞扬。当今的君主并不缺乏富贵、地位，他们所追求的也不过是成就王霸之业，扬名于天下、后世罢了。追求先王的事业，却不学习先王的治国之道，岂不是缘木求鱼，怎么能够实现呢？

所以说，兼爱之道是完全能够施行的，施行兼爱之道也正是达成君主目标的最佳途径，是实现天下之利，消除天下之害的根本手段。君主不去施行、士君子不去追求，那就是他们的过错、损失了。

兼爱下

原文1

　　子墨子言曰：仁人之事者，必务求兴天下之利，除天下之害。然当今之时，天下之害孰为大？曰：若大国之攻小国也，大家之乱小家也，强之劫弱，众之暴寡，诈之谋愚，贵之敖贱，此天下之害也。又与为人君者之不惠也，臣者之不忠也，父者之不慈也，子者之不孝也，此又天下之害也。又与今人之贼人①，执其兵刃、毒药、水、火，以交相亏贼②，此又天下之害也。姑尝本原若众害之所自生。此胡自生？此自爱人利人生与？即必曰非然也，必曰从恶人贼人生。分名乎天下恶人而贼人者，兼与？别与？即必曰别也。然即之交别者，果生天下之大害者与？是故别非也。

　　子墨子曰："非人者，必有以易之，若非人而无以易之，譬之犹以水救火③也，其说将必无可焉。"是故子墨子曰：兼以易别。然即兼之可以易别之故何也？曰：借为人之国若为其国，夫谁独举其国以攻人之国者哉？为彼者由为己也。为人之都若为其都，夫谁独举其都以伐人之都者哉？为彼犹为己也。为人之家若为其家，夫谁独举其家以乱人之家者哉？为彼犹为己也。然即国、都不相攻伐，人家不相乱贼，此天下之害与？天下之利与？即必曰天下之利也。姑尝本原若众利之所自生，此胡自生？此自恶人贼人生与？即必曰非然也，必曰从爱人利人生。分名乎天下爱人而利人者，别与？兼与？即必曰兼也。然即之交兼者，果生天下之大利者与。是故子墨子曰：兼是也。且乡吾本言曰："仁人之事者，必务求兴天下之利，除天下之害。"今吾本原兼之所生，天下之大利者也；吾本原别之所生，天下之大害者也。是故子墨子曰：别非而兼是者，出乎若方也。

注　释

　　①贱人：卑贱无知的人。

　　②亏贼：残贼、伤害。

　　③以水救火：按上下文意，应为"以水救水，以火救火"。

译　文

　　墨子说：仁义之人做事，应该务求兴起天下之利，除去天下之害。然当今之时，天下之害，什么是最大的呢？回答：如大国攻伐小国，大家族侵夺小家族，强大的挟制弱小的，人多的侵暴人少的，狡诈的欺骗愚蠢的，尊贵的傲视低贱的，这都是天下之害。又有为人君者不宽惠，为人臣者不忠义，为人父者不慈爱，为人子者不孝顺，这也是天下之害。又有当今残害人之人，拿着兵刃、毒药、水火，以相互贼害，这也是天下之害。姑且尝试着推究这些祸害产生的根源。它们从何而生呢？这些是生自爱人、利人吗？必然不是这样的，必然说是从憎恶人、残害人而生的。辨别一下名目：憎恶人、贼害人的人，是兼爱的呢？还是对爱有差别的呢？必然说是对爱有差别的。既然如此，那么这种有差别的爱，果然是产生天下大害的根源啊！所以有差别的爱是不对的。

　　墨子说："认为别人的主张不对，一定要有观点代替它，若认为别人的主张不对，却没有观点代替它，就如以用水救水、以火救火一样，其说法必定是不可行的。"因此墨子主张：以兼爱代替有差别的爱。然而可以用兼爱代替有差别的爱，原因何在呢？回答：假若将别人的国视为自己的国，谁还会举己国之力去攻打别人的国呢？对待别人就像对待自己。假若对待别人的都城，就如对待自己的都城，谁还会举己城之力去攻伐别人的城呢？对待别人就像对待自己。假若对待别人的家族，就如对待自己的家族，谁还会举己家之力去侵夺别人的家族呢？对待别人就像对待自己。如此则国家、都城不相互攻伐，个人、家族不相互侵害，这是天下之害呢？还是天下之利呢？必定说是天下之利。姑且尝试推究这些利产生的根源。他们从何而生呢？这些是生自憎恶人、残害人吗？必然说不是这样的，必然说是由爱人、利人而生。辨别一下名目：爱人、利人的人，是对爱有差别的呢？还是兼爱的呢？必然说是兼爱的。既然如此，那么兼爱，果然是产生天下大利的根源啊！所以墨子说"兼爱是对的"。且之前我曾说过：仁者行事，应该务求兴天下之利，而除天下之害。如今我推究由兼爱而生的，都是天下大利；我推究由有差别的爱而生的，都是天下大害。所以墨子主张爱有差别是不对的，而兼爱是对的，这就这个道理。

经典解读

"兼爱"，就是无差别的爱：爱别人，就如爱自己；爱被人的家族，就如爱自己的家族；爱别人的国家，就如爱自己的国家。人人都能怀着兼爱之心，那谁还会为了自己的利益去贼害别人的利益？谁还会为了自己的家族去侵夺别人的家族？谁还会为了自己的国家去损害别人的国家？彼此都是一样的，大家也就不会相互伤害、侵夺、攻伐了，也就不需要相互猜忌、算计、残害了，那天下就会被相亲相爱、相互惠利的现象所充满。这就是圣王在位时的大治之世。

然而，人往往是自私的，总是爱自己胜过爱别人，爱自家胜过爱人家，爱自己国家胜过爱他人的国家。于是，便为了自己的利益而损害别人，为了满足自己的欲望而侵夺别人；为了自己的家族、国家，而发动不义的战争……天下人人为己，人人争利，以至于父子反目、兄弟相残。于是天下也就大乱了。

墨子深刻地认识到天下治乱的根源都在于人，在于人心：人怀着兼爱之心，天下就安定、和谐，人怀着自私自利之心，天下就混乱不堪。所以他在乱世之中高呼兼爱的主张，希望人们都能放弃自私自利的心态，无差别地去爱世上所有的人。

原文2

今吾将正求兴天下之利而取之，以兼为正[①]。是以聪耳明目相与视听乎？是以股肱毕强相为动宰乎？而有道肆[②]相教诲，是以老而无妻子者，有所侍养以终其寿；幼弱孤童之无父母者，有所放依以长其身。今唯毋以兼为正，即若其利也。不识天下之士，所以皆闻兼而非者，其故何也？

　　然而天下之士非兼者之言，犹未止也。曰：即善矣虽然，岂可用哉？子墨子曰：用而不可，虽我亦将非之。且焉有善而不可用者？姑尝两而进之。谁③以为二士，使其一士者执别，使其一士者执兼。是故别士之言曰："吾岂能为吾友之身，若为吾身？为吾友之亲，若为吾亲？"是故退睹其友，饥即不食，寒即不衣，疾病不侍养，死丧不葬埋。别士之言若此，行若此。兼士之言不然，行亦不然，曰："吾闻为高士于天下者，必为其友之身，若为其身；为其友之亲，若为其亲，然后可以为高士于天下。"是故退睹其友，饥则食之，寒则衣之，疾病侍养之，死丧葬埋之。兼士之言若此，行若此。若之二士者，言相非而行相反与！当使若二士者，言必信，行必果，使言行之合犹合符节也，无言而不行也。然即敢问，今有平原广野于此，被甲婴胄将往战，死生之权未可识也；又有君大夫之远使于巴、越、齐、荆，往来及否未可识也。然即敢问，不识将恶也④，家室奉承亲戚，提挈妻子而寄托之，不识于兼之有是乎？于别之有是乎？我以为当其于此也，天下无愚夫愚妇，虽非兼之人，必寄托之于兼之有是也。此言而非兼，择即取兼，即此言行费⑤也。不识天下之士，所以皆闻兼而非之者，其故何也。

　　然而天下之士非兼者之言，犹未止也。曰：意⑥可以择士，而不可以择君乎？姑尝两而进之。谁以为二君，使其一君者执兼，使其一君者执别，是故别君之言曰："吾恶能为吾万民之身，若为吾身？此泰非天下之情也。人之生乎地上之无几何也，譬之犹驷驰而过隙也。"是故退睹其万民，饥即不食，寒即不衣，疾病不侍养，死丧不葬埋。别君之言若此，行若此。兼君之言不然，行亦不然，曰："吾闻为明君于天下者，必先万民之身，后为其身，然后可以为明君于天下。"是故退睹其万民，饥即食之，寒即衣之，疾病侍养之，死丧葬埋之。兼君之言若此，行若此。然即交若之二君者，言相非而行相反与。常使若二君者，言必信，行必果，使言行之合犹合符节也，无言而不行也。然即敢问：今岁有疠疫⑦，万民多有勤苦冻馁，转死沟壑中者，既已众矣。不识将择之二君者，将何从也？我以为当其于此也，天下无愚夫愚妇，虽非兼者，必从兼君是也。言而非兼，择即取兼，此言行拂也。不识天下所以皆闻兼而非之者，其故何也。

注　释

①正：通"政"。

②肆：尽力，竭力。

③谁：当为"设"，假设。

④也：当为"托"。

⑤费：通"拂"，违背。

⑥意：通"抑"，或许。

⑦疠疫：瘟疫。

译　文

如今我将寻求兴起天下之利的方法而采取它，以兼爱的原则来施政。所以人们都竭尽耳聪目明来互相帮助视听吗？所以人们都竭尽手足强劲来相互协作帮助吗？有了好的道理也竭力相互教诲，所以，老而无妻无子的人能够得到奉养而终其寿，幼而无父无母的孤童能够有所倚靠而长大成人。如今务力以兼爱为政，就可以得到这样的利益，不知道天下之士，听到兼爱之说都加以反对的原因何在呢？

然而天下的士人，非议兼爱的言论还没有停止，说：兼爱之说好是好，但是，它可以实行吗？墨子说：若它不可以应用，即使我也要非难它。且哪有很好却不可应用的呢？姑且尝试着让主张兼爱和主张爱有差别的两种人各尽其见。假设有两个士人，其中一个人认为爱当有差别，另一个人则持兼爱的主张。故主张爱有差别的士人会说："我怎么能将我的朋友，视为自己呢？怎么能将我朋友的亲人，视为我自己的亲人呢？"于是退而视其友，饥饿了不给他吃的，寒冷了不给他衣服，疾病了不服侍养护，去世了不安葬掩埋。主张爱有差别的人，其言辞、行为就是这样的。而主张兼爱的士人，言辞、行为则与此不同。他说："我听闻天下的高士，一定视其朋友如自身，视其朋友的亲人如自己的亲人。然后才能称为天下品德高尚的人。"所以其退而视其友，饥饿了就给他吃的，寒冷了就给他穿的，疾病了就服侍养护，去世了就安葬掩埋。主张兼爱的士人，其言辞、行为就是这样的。这两个士人，言辞不同而行为相反。假若这两个士人，言必信、行必果，言行就如符节一样相符合，任何主张都能实践出来。那么，敢问：如今有平原旷野于此，有人将披甲戴盔前往征战，生死之变，不可预知；又有国君的大夫，出使遥远的巴、越、齐、楚，是否能够返回，也不可预知。则敢问：将会向谁托付家室，将奉承亲人、提携妻子的事交给谁呢？是秉持兼爱之心的人呢？还是认为爱有差别的人呢？我认为当遇到这种情况，天下无论愚夫愚妇，即便是非难兼爱之说的人，也都会将甲士托付给秉持兼爱之心的人。如此，言辞上随非难兼爱之说，行为上却选取兼爱之人，这就是言行不一啊。不知道天下的士人，听到兼爱之说都加以非议的原因何在呢？

然而天下的士人，非议兼爱的言论还没有停止，说：或许只可以用这种理论来选择士人，而不能够选择君主吧？姑且尝试让这两种人各进其见。假设这里有两个国君，其中一个秉持兼爱的主张，另一个秉持爱有差别的主张。所以，主张爱有差别的君主会说："我怎么能对待我的百姓，就如对待我自身一样？这太不合天下人情了。人生在世没有多少时间，就如马车奔过间隙那样短暂。"于是退而视其民，饥饿的不给吃的，寒冷的不给衣服，疾病的不去养护，死亡的不去安葬。主张爱有差别的君主，其言辞、行为就是这样的。主张兼爱的君主，其言辞、行为则与此不同。他说："我听说身为天下的明君，一定要先考虑民众，而后考虑自身，然后才能称为天下圣君。"于是退而视其民，饥饿的给吃的，寒冷的给穿的，疾病的进行养护，死亡的给予安葬。主张兼爱的君主，其言辞、行为就是这样的。那么，这两个国君言辞不同，而行为相反。若这两个君主言必信、行必果，言行就如符节一样相符合，没有不实践的言辞。那么，敢问：若今下有瘟疫，民众多有劳苦冻饿的，辗转死于沟壑之中的人，已经很多了。不知道从这两位君主中选择一个，将会跟从哪一个呢？我认为当遇到这种情况，天下无论愚夫愚妇，即便是非难兼爱之说的人，也一定会追随主张兼爱的君主。言辞上随非难兼爱之说，行为上却选取兼爱之人，这就是言行不一啊。不知道天下的士人，听到兼爱之说都加以非议的原因何在呢？

经典解读

兼爱对于天下、个人的利益都是显而易见的，人们却往往觉得它难以实行，无非是觉得兼爱不可取，有碍行事罢了。于是墨子便假设了具体的情况，来论述兼爱之道的可取，来证明它能够在天下各种环境中、在各种人身上施行。

对于士人来说，在与人交往之中，无不期望能得到朋友的信任。兼爱的人对待朋友就如对待自身，对待朋友的亲人就如对待自己的亲人；而不兼爱的人重视自己而轻视朋友，爱护自己的亲人而忽略朋友的亲人。这两种人，人们会选择谁做朋友呢？显然是秉持兼爱之道的人。这两种人，君主会选择谁做自己的臣子呢？显然是秉持兼爱之道的人。这两种人若为君主，臣子会选择哪一个追随呢？显然也是秉持兼爱之道的人。所以说，秉持兼爱之道的人，人们无不期望以他为朋友，君主无不期望以他为臣子，臣子也无不期望有这样的君主。也就是说：天下的人没有不期望自己朋友兼爱的，天下的君主没有不期望自己的臣子兼爱的，天下的臣子没有不期望自己的君主兼爱的……天下人所期望的，一定是天下最大的利益之所在，为人而不能顺从朋友、君主、臣子的期望，不能追求天下最大的利益，怎么能说是明智呢？

原文3

> 然而天下之士非兼者之言也，犹未止也。曰：兼即仁矣，义矣，虽然，岂可为哉？吾譬兼之不可为也，犹挈泰山以超江河也。故兼者直愿之也，夫岂可为之物哉？子墨子曰：夫挈泰山以超江河，自古之及今，生民而来未尝有也。今若夫兼相爱、交相利，此自先圣六王①者亲行之。何知先圣六王之亲行之也？子墨子曰：吾非与之并世同时，亲闻其声，见其色也。以其所书于竹帛，镂于金石，琢于槃盂，传遗后世子孙者知之。《泰誓》曰："文王若日若月，乍照，光于四方于西土。"即此言文王之兼爱天下之博大也，譬之日月兼照天下之无有私也。即此文王兼也。虽子墨子之所谓兼者，于文王取法焉！

> 且不唯《泰誓》为然，虽《禹誓》即亦犹是也。禹曰："济济有众，咸听朕言：非唯小子，敢行称乱，蠢②兹有苗，用天之罚，若予既率尔群对诸，以征有苗。"禹之征有苗也，非以求以重富贵，干福禄，乐耳目也，以求兴天下之利，除天下之害。即此禹兼也。虽子墨子之所谓兼者，于禹求焉。

　　且不唯《禹誓》为然，虽《汤说》即亦犹是也。汤曰："唯予小子履，敢用玄牡，告于上天后③，曰：'今天大旱，即当朕身履，未知得罪于上下。有善不敢蔽，有罪不敢赦，简在帝心。万方有罪，即当朕身，朕身有罪，无及万方。'"即此言汤贵为天子，富有天下，然且不惮以身为牺牲，以祠说于上帝鬼神。即此汤兼也。虽子墨子之所谓兼者，于汤取法焉。

　　且不惟《誓命》与《汤说》为然，《周诗》即亦犹是也。《周诗》曰："王道荡荡，不偏不党，王道平平，不党不偏。其直若矢，其易若底④。君子之所履，小人之所视。"若吾言非语道之谓也，古者文武为正，均分赏贤罚暴，勿有亲戚弟兄之所阿⑤。即此文武兼也。虽子墨子之所谓兼者，于文武取法焉。不识天下之人，所以皆闻兼而非之者，其故何也？

注 释

　　①六王：古代的六位贤王，一般指尧、舜、禹、汤、周文王、周武王。

　　②蠢：妄行、不逊。

　　③后：疑为"后土"。上天后土，指天地的鬼神。

　　④底：通"砥"，磨刀石。

　　⑤阿：偏袒，迎合。

译 文

　　然而天下的士人，非议兼爱的言论还没有停止，说："兼爱算得上仁，算得上义了。但是，难道这样就可以实现了吗？我打个比方，兼爱不能施行，就如提着泰山以跨越长江、黄河一样。所以兼爱，只不过是一种愿望而已，岂是可以实现的？"墨子说：提着泰山来跨越长江、黄河，自古及今，生民以来，从来未曾有过。而相亲相爱、相互惠利，这是先圣六王亲自施行过的。如何知道先圣六王亲自施行过呢？墨子说：我并非与先圣生于同一时代，亲自听过他们的声音，见过他们的容貌。只是凭借他们所书写于竹帛，铭刻于金石，雕琢于盘盂，而流传于后世的文献中知道的。《泰誓》中说："文王如同日月一般光明照耀，遍于四方，遍于西土。"这就是说文王兼爱天下的广大，譬如日月一般，普照天下没有偏私。这就是文王的兼爱。墨子所说的兼爱，也是从文王那里得来的！

况且不仅仅《泰誓》有这样的记载，《禹誓》中也是这样记载的。禹说："你们这些众人，都听我的话！并不是我小子敢横行作乱。而是有苗不逊，我顺从天命惩罚他们。现在我率领你们这些诸侯君长，前去征伐有苗。"禹征讨有苗，并非为了求取富贵、获得福禄、愉悦耳目。而是为了兴起天下之利，除去天下之害。这就是禹的兼爱。墨子所说的兼爱，也是从禹那里得来的。

况且不仅仅《禹誓》有这样的记载，《汤誓》中也是这样记载的。汤说："我小子履，敢用黑色的公牛，昭告于皇天上帝：如今天下大旱，降临在我所履的地上，我不知如何得罪了上下神明。有了善我不敢隐蔽，有了罪我不敢宽恕，这一切都鉴察在上帝心中。天下有罪，都由我一人承担；我一人有罪，不要累及天下。"这就是说汤贵为天子，富有天下，然且不惜以自身作为牺牲，以向上帝鬼神祷告，这就是汤的兼爱。墨子所说的兼爱，也是从汤那里得来的。

况且不仅仅大禹的《誓言》《商汤》的祷辞这样，周人的诗歌也是这样说的。周人的诗说："王道坦荡宽广，不偏私不结党；王道平坦，不结党不偏私。它直得如箭一般，它平得如磨刀石一般。这是君子所实践的，是百姓们所仰望的。"像我所说的不就是这样的道吗？从前文王、武王为政，公平无私，赏贤罚暴，没有亲戚兄弟的偏私。这就是文王、武王的兼爱。墨子所说的兼爱，也是从文王、武王那里得来的。不知天下之人，听到了兼爱之说便都加以非议，这又是什么原因呢？

经典解读

非议兼爱的人认为兼爱之道是不可能实现的，就像提着泰山跨越江河一样困难，而墨子却认为兼爱之道是完全能够实现的。为何呢？因为古代的圣王就是以兼爱之道为政的，大禹、商汤、文王、武王都是如此，典籍上有明确的记载。先王能以兼爱之道，治理好天下，如今的人却说自己不能，这不是不能，而是不愿去做。并不是能力不足，而是见识不足，是想造福天下的心不够真诚，所以不愿去兼爱百姓，不愿引导百姓兼爱。

君主居于高位、享受民众的敬奉，兴起天下之利，除去天下之害是他们的职责，造福百姓、引领百姓走向正道是上天赐予他们的使命。知道了这样的道，却畏惧艰难，不愿去施行；知道了这样的道，却贪图自己的安逸，不愿带领百姓去做，这就是抛弃自己的职责，而违背上天的意愿，这样的君主怎么能称为是合格的君主呢？上有愧于苍天，下有愧于百姓，对不起前代圣王，对不起后世子孙，若那些追求功名、赞誉的君主们若能想到这一点，又怎么敢轻视兼爱之道，不去施行呢！

原文 4

　　然而天下之非兼者之言，犹未止曰：意不忠①亲之利，而害为孝乎？子墨子曰：姑尝本原之孝子之为亲度者。吾不识孝子之为亲度者，亦欲人爱利其亲与？意欲人之恶贼其亲与？以说观之，即欲人之爱利其亲也。然即吾恶先从事即得此？若我先从事乎爱利人之亲，然后人报我爱利吾亲乎？意我先从事乎恶人之亲，然后人报我以爱利吾亲乎？即必吾先从事乎爱利人之亲，然后人报我以爱利吾亲也。然即之交②孝子者，果不得已乎？毋先从事爱利人之亲者与？意以天下之孝子为遇③而不足以为正乎？姑尝本原之先王之所书，《大雅》之所道曰："无言而不雠④，无德而不报。投我以桃，报之以李。"即此言爱人者必见爱也，而恶人者必见恶也。不识天下之士，所以皆闻兼而非之者，其故何也。

　　意以为难而不可为邪？尝有难此而可为者。昔荆灵王好小要，当灵王之身，荆国之士饭不逾乎一，固据⑤而后兴，扶垣而后行。故约食为其难为也，然后为而灵王说之，未逾于世而民可移也，即求以乡其上也。昔者越王勾践好勇，教其士臣三年，以其知为未足以知之也。焚舟失火，鼓而进之，其士偃前列，伏水火而死，有不可胜数也。当此之时，不鼓而退⑥也，越国之士可谓颤矣。故焚身为其难为也，然后为之越王说之，未逾于世而民可移也，即求以乡上也。昔者晋文公好苴服⑦，当文公之时，晋国之士大布之衣，牂羊之裘，练帛之冠，且苴之屦，入见文公，出以践之朝。故苴服为其难为也，然后为而文公说之，未逾于世而民可移也，即求以乡其上也。是故约食、焚身、苴服，此天下之至难为也，然后为而上说之，

109

未逾于世而民可移也。何故也？即求以乡其上也。今若夫兼相爱、交相利，此其有利且易为也，不可胜计也。我以为则无有上说之者而已矣，苟有上说之者，劝之以赏誉，威之以刑罚，我以为人之于就兼相爱、交相利也，譬之犹火之就上、水之就下也，不可防止于天下。

故兼者圣王之道也，王公大人之所以安也，万民衣食之所以足也。故君子莫若审兼而务行之，为人君必惠，为人臣必忠，为人父必慈，为人子必孝，为人兄必友，为人弟必悌。故君子莫若欲为惠君、忠臣、慈父、孝子、友兄、悌弟，当若兼之不可不行也。此圣王之道而万民之大利也。

注　释

①忠：当作"中"，符合。

②交：交相。

③遇：当为"愚"，愚蠢。

④雠（chóu）：回应。

⑤据：拄杖。

⑥不鼓而退：应为"不鼓而不退"。

⑦苴（jū）服：麻质的衣服。

译　文

然而天下非难兼爱的言论，还没有停止。说道：或许兼爱之道不符合敬亲之义，有损于孝道吧？墨子说：姑且尝试推究孝子为双亲考虑的本心。我不知孝子为双亲考虑的，是希望别人都亲爱、惠利他的双亲呢？还是希望别人都厌恶、伤害他的双亲呢？按照常理来看，自然是希望别人都爱护、惠利他的双亲。那么自己应该先怎么做，才能得到这个呢？是我先去亲爱、惠利别人的亲人，然后别人才回报以亲爱、惠利我的双亲呢？还是我先去厌恶、伤害别人的亲人，然后别人才回报以亲爱、惠利我的双亲呢。则必然是我先去亲爱、惠利别人的双亲，然后别人才回报以亲爱、惠利我的双亲。然则这样相互为孝子的，果真是出于不得已，才致力于亲爱、惠利别人双亲的呢？还是以为天下的孝子都是愚人，不值得推行呢？姑且尝试着推究其本源。先王之书《大雅》中说："没有什么话，不被回答，没有什么恩德，不被回报。你投给我桃子，我就还给你李子。"这就是说爱别人的人，也必然会得到别人的爱，而厌恶别人的人，也必然会得到别人的厌恶。不知道天下之士，听到了兼爱之说便都非议它，这是什么原因呢？

是认为兼爱之道太难而不能施行吗？曾有比这更难而都施行了的。从前楚灵王喜欢细腰，在他为君的时候，楚国的士人每天吃饭不过一次，拄着拐杖才能站立，扶着墙才能行走。少吃食物本是人难以做到的，但楚灵王喜欢这样，所以没过多久士人就改变习惯了，以求取得君主的欢心。从前越王勾践好勇武，训练他的将士三年，认为自己还不知道效果如何。于是便放火烧船，击鼓命将士前进。他的将士争相向前，赴水火而死的不可胜数。当此之时，不击鼓他们也不会后退，越国的将士对政令可以说是十分畏惧了。所以说令火焚身是很难的事，然而这样做会让越王高兴，所以没过多久民众就改变习惯了，以求得君主的欢心。从前晋文公喜欢穿粗布衣服。在文公之时，晋国的士大夫都穿着大布衣服、羊皮敝裘，戴着练帛帽子，脚穿粗糙的鞋，无论进见国君，还是出上朝廷，都是如此。穿破衣服是难以做到的，然而晋文公喜欢这样，没过多久民众就改变了习惯，以求得君主的欢心。所以说，少吃食物、赴火焚身、穿破衣服都是难以做到的，然而人们这样做，其君主就会高兴，所以没过多久民众就改变了习惯，这是为何呢？就是为了求得其君的欢心罢了。若有居上者喜欢，以奖赏、赞誉劝勉，以刑罚来威慑，我认为民众对于相亲相爱、相互惠利，就如火向上，水就下一样，在天下都不能阻止。

所以说，兼爱是圣王之道，是王公大人得到安乐的原因，是天下百姓衣食富足的根源。所以君子莫如详审兼爱之道而致力于施行它。为人君者必须宽惠，为人臣者必须忠诚，为人父者必须慈爱，为人子者必须孝顺，为人兄者必须友善，为人弟者必须恭敬。所以，君子要想成为宽惠的君主、忠诚的臣子、慈爱的父亲、孝顺的儿子、友爱的兄长，恭敬的弟弟，对于兼爱之道不可不去施行。这是圣王之道，是万民的大利。

经典解读

墨子兼爱之说，最受世人非议的主张就是要无等差地去爱别人。爱人，是其他各家学说也同样主张的，但无等差地去爱则往往受到非议、攻击。如孟子就十分反对这种爱人的主张，认为墨家这样主张是"无父无君"的行为，不利于凸显人们对于自己亲人、对于君长的格外尊重。但墨子却认为，只有无等差地去爱别人，别人才能无等差地来爱你，人人都无等差地爱人爱己，天下才能充满互爱、互利。你怎么爱别人的亲人，别人就会怎么爱你的亲人；你怎么尊重别人的君长，别人就会怎么尊重你的君长。这是对自己的亲人，对君长更为有利的，又怎么会不利于爱亲敬长呢？

其实，墨子的论点和儒家所说的"爱人者人恒爱之，敬人者人恒敬之"，几乎是完全一致的。都是让人在爱自己的同时也想到爱别人，在爱自己的亲人的同时也想到爱别人的亲人，这种无私的博爱之心，是任何优秀的学说所共同主张的。而对于常人之情，大多都是能够爱自己、爱自己的亲人，而不能爱别人、爱别人亲人的。墨子的说法也只是因此常情而发，尽力劝勉人们去兼爱，避免世人的自私自利。而儒家对墨者的攻击，则是担心人们在追求博爱之时好高骛远，为了立刻做到爱人就如爱己，而存在助长、做作的虚伪现象。"兼爱"还是"爱有等差"的观点虽然不同，但都是因事而发，儒者的攻击恰好可以作为墨子兼爱主张的补充。人们无须因为儒者的反对，而怀疑兼爱主张的正确，只需要记得在追求兼爱之时，要真诚地发自内心，不虚伪做作，就可以了。

卷 五

非攻上

原文

今有一人，入人园圃，窃其桃李，众闻则非之，上为政者得则罚之。此何也？以亏人自利也。至攘①人犬豕鸡豚者，其不义又甚入人园圃窃桃李。是何故也？以亏人愈多，其不仁兹甚，罪益厚。至入人栏厩，取人马牛者，其不仁义又甚攘人犬豕鸡豚。此何故也？以其亏人愈多。苟亏人愈多，其不仁兹甚，罪益厚。至杀不辜人也，扡②其衣裘、取戈剑者，其不义又甚入人栏厩取人马牛。此何故也？以其亏人愈多。苟亏人愈多，其不仁兹甚矣，罪益厚。当此，天下之君子皆知而非之，谓之不义。今至大为攻国，则弗知非，从而誉之，谓之义。此可谓知义与不义之别乎？

杀一人谓之不义，必有一死罪矣。若以此说往，杀十人十重不义，必有十死罪矣；杀百人百重不义，必有百死罪矣。当此，天下之君子皆知而非之，谓之不义。今至大为不义攻国，则弗知非，从而誉之，谓之义，情不知其不义也，故书其言以遗后世。若知其不义也，夫奚说书其不义以遗后世哉？

今有人于此，少见黑曰黑，多见黑曰白，则以此人不知白黑之辩矣；少尝苦曰苦，多尝苦曰甘，则必以此人为不知甘苦之辩矣。今小为非，则知而非之；大为非攻国，则不知而非，从而誉之，谓之义。此可谓知义与不义之辩乎？是以知天下之君子也，辩义与不义之乱也！

注　释

　　①攘：偷窃，抢夺。

　　②杝：同"拖"，拉下，剥下。

译　文

　　现在假如有一个人，进入别人家的园圃，偷窃人家的桃李，众人得知就会指责他，执政的长官得知就会惩罚他。这是为何呢？因为他损害别人而自利。至于盗窃别人鸡犬牲畜的，其不义要更甚于进入园圃偷窃桃李的。这是为何呢？因为他损害人更多了。若其损害人更多，他的不仁也就更甚，罪过也就更大。至于进入别人的栏厩，盗取牛马的，其不仁义又甚于盗窃鸡犬牲畜的。这是为何呢？因为其损害人更多了。若其损害人更多，他的不仁也就更甚，罪过也就更大。至于杀害无辜之人，夺取他的衣裘、戈剑的，其不义又甚于入人栏厩盗取牛马的。这是为何呢？因为他损害人更多了。若其损害人更多，他的不仁也就更甚，罪过也就更大。对于这些，天下的君子都知道指责他们，称其为不义。然而当今最大的不义就是攻打他人的国家，却没有人知道去反对，反而跟着去赞誉，称其为为义。这算得上是明白义与不义的区别吗？

　　杀死一个人，称之为不义，必定要承受死罪。若按此法类推，杀十人，就有十倍的不义，一定要承受十倍的死罪；杀百人，则就有百倍的不义，一定要承受百倍的死罪。对于这些，天下的君子都之道指责，称之为不义。如今至于攻伐国家这种大不义之事，则不知道责备，反而跟着去称赞，称其为义。实在是不知道什么是义啊，所以记载那些称赞不义的话遗留给后世；若知道那些事是不义的，又怎么会记载那些不义的事来遗留给后世呢？

　　如今有这样的人，看到少许黑的就说是黑的，看到很多黑的就是白的，那么人们就会认为此人不明白黑白的分别。尝到了少量苦的就说是苦的，尝到很多苦的就说是甜的，那么人们就会认为此人不明白甜苦的分别。如今做了少量不义之事，知道是不义的；大到做攻打他国这样的不义之事，则不知道是不义的，反而跟着去称赞，称其为义。这能称为懂得义与不义的区别吗？所以我由此知道，天下的君子对于义与不义的分辨是多么混乱了。

经典解读

春秋之时，礼乐崩乱，诸侯之间相互攻伐，周天子不能制止。于是，大国为了得到更多的土地、人口而肆意侵犯小国；强大的诸侯为了争霸而穷兵黩武；弱小国家的君主为了得到个人的"功业"、名声也肆意发动战争。整个天下战争不断，士卒死于战争的不计其数；家园被战争毁坏，流离失所的民众不计其数；因为战争而失去父母亲人，生活在痛苦之中的不计其数……可以说战争带来的灾难是极为痛苦、惨烈的。

然而，君主们却毫不在意民众的疾苦，都将战争作为最重大的事情。他们将发动战争作为争得土地、人口、功名、声誉的最主要手段，而夺得土地、人口，获得功名、霸业以后，又发动新的战争。很多战争唯一的意义就是满足君主们的虚荣心，但却为民众带来了深重的灾难。《春秋》之中就记载了无数次这样的战争，有因为君主贪求别国的财物而发动的战争，有因为君主曾不受他国的礼遇而发动的战争，有因为会盟时别国的君主迟到了而进行的讨伐战争……那些战争的发动者，往往是为了发泄个人微不足道的一点儿私怨，就将整个国家、无数民众推入战争之中，使无数无辜的人因此而丧命，可以说是至为不仁的了。然而，社会上的很多学者，却对战争大加称赞，将通过战争扩大土地、获得财富、取得霸业的君主当作成功的典范。更有的学者甚至专门研究战争，专门研究新的攻战器械，研究新的杀人策略，他们以此来求取个人的富贵，以此来获得功业、名声。正是针对这些现象，墨子才高呼非攻的主张，来指出战争的不义，号召君主们停止战争，号召人士们反对战争，不要为虎作伥。

在本节内容中，墨子主要论述战争的非义，在他看来，战争就是偷盗、抢劫、杀戮的扩大版。偷盗、抢劫、杀戮的行为，小孩子都知道是不道义的，平庸的君主都知道惩罚这种事；而对于战争，人们却都不指责它的不义，不知道那些发动战争的人应该接受审判、惩处。这就是对义与不义不能明确分辨啊！君主都以仁义自居，士人都号称自己追求道义，以仁义自居，以追求道义为目标，却肆意发动战争，那他们的道德仁义也都是虚伪的！所以，墨子的这番论述，既指出了战争的不义，也揭露了那些发动战争却以仁义相标榜者的虚伪嘴脸。这在当时充斥着各种战争、人人以争霸为荣的春秋乱世中是十分难得的。

非攻中

<u>原文1</u>

子墨子言曰：古者①王公大人，为政于国家者，情欲誉之审②，赏罚之当，刑政之不过失③。

是故子墨子曰：古者有语：谋而不得，则以往知来，以见知隐。谋若此，可得而知矣。今师徒④唯毋兴起，冬行恐寒，夏行恐暑，此不可以冬夏为者也。春则废民耕稼树艺，秋则废民获敛。今唯毋废一时，则百姓饥寒冻馁而死者，不可胜数。今尝计军上，竹箭、羽旄、幄幕、甲盾、拨劫⑤，往而靡弊腑冷⑥不反者，不可胜数；又与其矛、戟、戈、剑、乘车，其列住碎折靡弊而不反者，不可胜数。与其牛马，肥而往，瘠而反，往死亡而不反者，不可胜数。与其途道之修远，粮食辍绝而不继，百姓死者，不可胜数也。与其居处之不安，食饭之不时，饥饱之不节，百姓之道疾病而死者，不可胜数。丧师多不可胜数，丧师尽不可胜计，则是鬼神之丧其主后，亦不可胜数。

国家发政，夺民之用，废民之利，若此甚众，然而何为为之？曰：我贪伐胜之名，及得之利，故为之。子墨子言曰：计其所自胜，无所可用也；计其所得，反不如所丧者之多。今攻三里之城、七里之郭，攻此不用锐⑦，且无杀而徒得此然也。杀人多必数于万，寡必数于千，然后三里之城、七里之郭，且可得也。今万乘之国，虚数于千，不胜而入；广衍⑧数于万，不胜而辟。然则土地者，所有余也；王民者，所不足也。今尽王民之死，严下上之患，以争虚城，则是弃所不足，而重所有余也。为政若此，非国之务者也。

注 释

①古者：或说当为"今者"，因为此段文字缺失较多，所以难以判断。

②誉之审：应为"毁誉之审"。

③此后文字缺失。

④师徒：军队。

⑤拨：同"瓯"，大盾；劫，当为刽，刀把。

⑥腐冷：腐烂。

⑦锐：精锐士卒。

⑧广衍：宽广绵长（的原野）。

译 文

墨子说：古代治理国家的王公大人，果真追求毁誉审实，赏罚得当，刑罚施政没有过失……

所以墨子说：古代有这样的话：若谋虑不到，就依据过去推知未来，依据明显之事推知隐微之事。如此谋略，就能够得到的。如今假若军队出征，冬天行军害怕寒冷，夏天行军害怕酷暑，此则说明不可以在冬夏两季出征。春天出征则耽误民众翻耕种植，秋天出征则耽误民众收获敛藏，此则说明不可以在春秋两季出征。如今耽误一时农时，则百姓饥寒冻饿而死的，就将不可胜数。如今尝试计算出兵时所使用的竹箭、羽旄、帐幕、铠甲、盾牌、刀柄，拿去使用以后破败、腐烂而不能带回的，也多得不可胜数；又其使用的矛、戟、戈、剑、乘车，拿去使用后破碎、敝坏而不能带回的，也多得不可胜数；又其牛马，去时肥壮，回来瘦弱，至于去后死亡而不能返回的，也是不可胜数；又其道路遥远，粮食断绝不继，百姓因此而死的，多得不可胜数；又其居处不安，饮食不时，饥饱不节，百姓在路上生病而死的，也多得不可胜数；战败丧师之事多得不可胜数；战败丧师中死亡将士不可胜计；先祖的鬼神因此而失去祭祀之人的也不可胜数。

国家发动战争，夺取民众的采用，损害民众的利益，像这样之多。然而为政者为何还要做这样的事呢？回答是：我贪图战胜的虚名和所抢得的利益，所以这样做。墨子说：计算他所取得的胜利，毫无用处；计算他所多得财物，反而不如战争中丧失的多。如今攻打三里之城、七里之郭，攻占它们，不动用精锐之师，且又不杀伤徒众，能够得到吗？杀人多的以万数，少的也达数千，然后才能占领三里之城、七里之郭。如今万乘大国，虚邑数以千计，入住都入住不过来；广阔平衍之地数以万计，开辟都开辟不完。所以，国家的土地是有余的，而民众却是不足的。如今让民众去战死，加重上下的灾患，用这个去争夺荒废的城市，这就是摒弃他所不足的而追求有余的。如此为政，不是治国的要务啊！

经典解读

《孙子兵法》中说，兵当"以利动"，的确，很多人发动战争就是以为有利可图；然而，人们需要之道，战争在可能带来利益的同时，也会带来无数的灾害。而发动战争的人，往往眼中只看到了利，却未能看到害，所以轻易地发动不该发动的战争，给自己和民众都带来无数灾害。孙子说："不尽知用兵之害者，则不能尽知用兵之利也。"墨子在此节文字中，就是对战争的利和害进行详细讨论，让那些想通过战争求利的人，好好看看战争的危害。

战争给士兵带来死亡，给民众带来沉重的劳役；战争耽误农时，使国家陷入饥荒；战争毁坏城郭、田舍，使民众的财产化为灰烬；战争使亲人离散，使父子不能相亲，使夫妻不能相聚；战争使家族破灭，使逝者祭祀断绝……可以说，无论对于个人、家族、还是国家，战争都会带来深重的灾难。所以，老子说："师之所处，荆棘生焉。大军之后，必有凶年。"历史上关于战争所带来灾祸的记载更是数不胜数，有流血漂杵的，有易子而食的，有析骨而炊的……即便能够战胜敌人，侥幸取胜者在战争之中的损失也大多是"伤亡过半"。战争所带来的只有灾难，所谓的利在人民遭到的疾苦面前都是微不足道的。墨子这番论述也就明确地指出：那些想通过战争而获利的想法、行为可以停止了！

原文 2

> 饰①攻战者言曰：南则荆、吴之王，北则齐、晋之君，始封于天下之时，其土地之方，未至有数百里也，人徒之众，未至有数十万人也。以攻战之故，土地之博至有数千里也，人徒之众至有数百万人。故当攻战而

不可为也。子墨子言曰：虽四五国则得利焉，犹谓之非行道也。譬若医之药人之有病者然：今有医于此，和合其祝药之于天下之有病者而药之，万人食此，若医四五人得利焉，犹谓之非行药也。故孝子不以食其亲，忠臣不以食其君。古者封国于天下，尚者以耳之所闻，近者以目之所见，以攻战亡者，不可胜数。何以知其然也？东方有莒之国者，其为国甚小，间于大国之间，不敬事于大，大国亦弗之从而爱利②。是以东者越人夹削其壤地，西者齐人兼而有之。计莒之所以亡于齐、越之间者，以是攻战也。虽南者陈、蔡，其所以亡于吴、越之间者，亦以攻战。虽北者且不一著何③，其所以亡于燕代、胡、貊之间者，亦以攻战也。是故子墨子言曰：古者王公大人，情欲得而恶失，欲安而恶危，故当攻战而不可不非。

饰攻战者之言曰：彼不能收用彼众，是故亡。我能收用我众，以此攻战于天下，谁敢不宾服哉？子墨子言曰：子虽能收用子之众，子岂若古者吴阖闾哉？古者吴阖闾教七年，奉甲执兵，奔三百里而舍焉。次注林，出于冥隘之径，战于柏举，中楚国④而朝宋与及鲁。至夫差之身，北而攻齐，舍于汶上，战于艾陵，大败齐人而葆之大山⑤；东而攻越，济三江五湖，而葆之会稽，九夷之国莫不宾服。于是退不能赏孤⑥，施舍群萌，自恃其力，伐其功，誉其智，怠于教。遂筑姑苏之台，七年不成。及若此，则吴有离罢⑦之心。越王勾践视吴上下不相得，收其众以复其仇，入北郭，徙大内⑧，围王宫，而吴国以亡。昔者晋有六将军，而智伯莫为强焉。计其土地之博，人徒之众，欲以抗诸侯，以为英名。功战之速，故差论其爪牙之士，皆列其舟车之众，以攻中行氏而有之。以其谋为既已足矣，又攻兹范氏而大败之，并三家以为一家，而不止，又围赵襄子于晋阳。及若此，则韩、魏亦相从而谋曰："古者有语：唇亡则齿寒。赵氏朝亡，我夕从之；赵氏夕亡，我朝从之。诗曰：'鱼水不务，陆将何及乎！'"是以三主之君，一心戮力，辟门除道⑨，奉甲兴士，韩、魏自外，赵氏自内，击智伯大败之。

是故子墨子言曰：古者有语曰："君子不镜于水而镜于人。镜于水，见面之容；镜于人，则知吉与凶。"今以攻战为利，则盖尝鉴之于智伯之事乎？此其为不吉而凶，既可得而知矣。

注 释

①饰：掩饰、辩解。

②不敬事于大，大国亦弗之从而爱利：应为"不敬事于大国，亦弗之从而爱利"，即：既不敬事大国，也不顺从大国，而唯利是图。

③且不一著何：应为"柤、不屠何"，北方燕代之地的两个小国名。

④中楚国：攻入楚国腹地。

⑤葆：通"保"，保全；大山：泰山。

⑥赏孤：赏赐、抚恤阵亡将士的孤寡。

⑦离罢：疲惫而离散。

⑧大内：应为"大舟"，吴王夫差建造供自己玩乐的大船。

⑨辟门除道：在城墙上开辟大门，清除道路。

译 文

那些替征战者辩解的人道：南方有楚国、吴国，北方有齐国、晋国，其初始受封时，土地方圆不过数百里，民众不过数十万。就是凭借攻战的缘故，土地广大到了数千里，民众多到了数百万。所以说，攻战是不可不进行的。墨子说：虽然这四五个国家因攻战而获利，也不能说它是可行的正道。就如医生给有病者开药一样，如今这里有个医生，调好他的药剂给天下有病的人服用。一万个病人服用这药剂，若只医好了四五个人，还不能说这药是可以通用的。所以，孝子不会拿它给自己的父母吃，忠臣不会拿它给自己的君主吃。古代天下的封国，远者由耳目所闻，近者亲眼看到，因为攻战而灭亡的，不可胜数。怎么知道如此呢？东方有个莒国，其国家很小，夹在大国之间，不敬事大国，也不顺从大国，也不跟从大国来谋得利益。所以东面的越国侵削它的疆土，西面的齐国兼并、占有了它。审察莒国之所以被齐国、越国灭亡的原因，就是因为攻战。南方的国家陈、蔡，之所以被吴国、越国灭亡的原因，也都是攻战。北方的国家柤、不屠何，之所以被燕、代、胡貉灭亡的原因，也都是攻战。所以墨子说：当今的王公大人，若确实想获得利益而厌恶损失，想得到安定而厌恶危亡，就不可不反对攻战。

那些替征战者辩解的人道：那些君主不能收揽、役使他们的民众，所以灭亡。我能够收揽、使用我的民众，以此攻战于天下，谁敢不臣服呢！墨子说：你虽然能收揽、使用你的民众，难道赶得上从前的吴王阖闾吗？从前吴王阖闾教化七年，士兵披甲执刃奔行三百里才需停下歇息。于是吴军停驻在注林，取道冥隘小路，和楚军大战于柏举，攻入楚国腹地，迫使宋国、鲁国入朝臣服。到了夫差为君时，吴人北上攻打齐国，驻扎在汶上，与齐军在艾陵大战，大败齐人，使之退保泰山。于是向东攻打越国，渡过三江五湖，迫使越人退保会稽。东南九夷之国没有不臣服的。夫差取胜以后不能赏赐阵亡将士的遗孤，不能向民众普施恩惠，自恃勇力，自矜功业，吹嘘自己的才智，怠慢对国人的教化。又兴建姑苏台，历时七年还没建成。这个时候，吴国民众就有了疲惫、离异之心。越王勾践看到吴国上下不合，便收聚他的士卒来复仇，越人从吴国北郭攻入，掠走吴王的大船，包围吴国王宫，而吴国竟以此灭亡。从前晋国有六位将军，而智伯最为强大。他估量自己的土地广大，人民众多，想要跟诸侯抗衡以获得英名。认为攻战的方式扩张最快，于是选拔将领士卒，陈列战船战车，以攻打中行氏，并占据其领地。他认为自己的谋略已经十分完备了，又进攻范氏，将其打得大败。合并三家为一家仍然不罢手，又将赵襄子围困在晋阳。这个时候，韩氏、魏氏相互商议道："古语说'唇亡齿寒'，赵氏若在早上灭亡，我们就将在晚上随后灭亡；赵氏若在晚上灭亡，我们便在早上随后灭亡。诗中说：'鱼不在水中快跑，到了路上还怎么来得及呢？'"于是三家君主，戮力同心，开辟城门、清除道路，聚起甲士，韩氏、魏氏从外面，赵氏从里面，内外夹击智伯，将其打得大败。

所以墨子说：古语曾说："君子不以水为镜，而以人为镜。以水为镜，能照见容貌；以人为镜，则能预知凶吉。"如今以攻战为利者，何不以智伯失败的事作为借鉴呢？这种事凶而不吉，已经能够得知了。

经典解读

世人往往只看到几个因战争而强大的国家，就认为战争是可取的，却不知道有更多的国家因战争而灭亡。东方的莒国，南方的陈国、蔡国，北方的柤国、不屠何等等都是因为攻战而灭亡的，那些主张战争的人，又怎么能够确定自己的国家是晋国、楚国，而不是陈国、莒国呢？周初分封数百诸侯，而春秋战国之时，诸侯不过数十个，大国不过五六个，那么多国家都灭亡了，这还不都是攻战的原因。所以，能够通过战争强大的国家少之又少，而以战争灭亡的国家是数不胜数的。这就如赌博一样，有人能够通过赌博发家致富，但那不过是百中有一、万中有一的事，而对于绝大多数情况，赌博都是和伤财败家相对应的。战争也是这样，有的国家通过战争可以获利，但对大多数国家来说，战争都是灾难；有时通过战争可以获利，但对大多数时候，战争所带来的都是灾祸。所以，与其追求和灾祸相比微不足道，且难以预测的利益，还不如根本不发动战争呢！

战争的灾祸是一点点积累而成的，很多通过战争而强大的人，表面上看起来获得了无数利益，却不知道灾祸也已经积累得很深了，只不过没有察觉罢了。所以，很多君主穷兵黩武地追求"利益"，到头来却忽然迎来败亡。夫差、智伯就是这样的典型。他们凭恃自己的强大，肆意侵伐别人，仿佛全天下都没有对手，可灾祸忽然爆发，顷刻之间便身死国破，被天下人所耻笑。这就足以作为天下好战君主的借鉴了，假若他们的势力没有夫差、智伯那样强大，他们的士卒没有夫差、智伯那样精锐，而他们的敌人却往往比夫差、智伯的对手更加强大，如此还想冒险发动战争来获利，岂不是愚蠢吗？与其自取祸患，还不如根本不发动战争呢！

非攻下

原文1

子墨子言曰：今天下之所誉善者，其说将何哉？为其上中①天之利，而中中鬼之利，而下中人之利，故誉之与？意亡非为其上中天之利，而中中鬼之利，而下中人之利，故誉之与？虽使下愚之人，必曰："将为其上中天之利，而中中鬼之利，而下中人之利，故誉之。"今天下之所同义者②，圣王之法也。今天下之诸侯将犹多皆免攻伐并兼③，则是有誉义之名，而不察其实也。此譬犹盲者之与人，同命白黑之名，而不能分其物也，则岂谓有别哉？是故古之知者之为天下度也，必顺虑其义，而后为之行。是以动则不疑，速通成得其所欲，而顺天鬼百姓之利，则知者之道也。是故古之仁人有天下者，必反大国之说④，一天下之和，总四海之内。焉率天下之百姓，以农臣事上帝山川鬼神。利人多，功故又大，是以天赏之，鬼富之，人誉之，使贵为天子，富有天下，名参乎天地，至今不废。此则知者之道也，先王之所以有天下者也。

今王公大人、天下之诸侯则不然。将必皆差论其爪牙之士，皆列其舟车之卒伍，于此为坚甲利兵，以往攻伐无罪之国，入其国家边境，芟刈⑤其禾稼，斩其树木，堕其城郭，以湮⑥其沟池，攘杀其牲牷，燔溃其祖庙，劲杀其万民，覆其老弱，迁其重器，卒进而柱乎斗⑦，曰："死命为上，多杀次之，身伤者为下。又况失列北桡⑧乎哉！罪死无赦！"以谞⑨其众。夫无兼国覆军，贼虐万民，以乱圣人之绪。意将以为利天乎？夫取天之人，以攻天之邑，此刺杀天民，剥振神之位，倾覆社稷，攘杀其牺牲，则此上不中天之利矣。意将以为利鬼乎？夫杀之人，灭鬼神之主，废灭先王⑩，贼虐万民，百姓离散，则此中不中鬼之利矣。意将以为利人乎？夫杀之人，为利人也博矣。又计其费，此为周生之本，竭天下百姓之财用，不可胜数也，则此下不中人之利矣。

今夫师者之相为不利者也，曰：将不勇，士不分，兵不利，教不习，师不众，率⑪不利和，威不圉⑫，害⑬之不久，争之不疾，孙⑭之不强，植心不坚，与国⑮诸侯疑。与国诸侯疑，则敌生虑而意赢矣。偏具此物，而致从事焉，则是国家失卒⑯，而百姓易务也。今不尝观其说好攻伐之国？若使中兴师，君子⑰庶人也，必且数千，徒倍十万，然后足以师而动矣。久者数岁，速者数月。是上不暇听治，士不暇治其官府，农夫不暇稼穑，妇人不暇纺绩织纴，则是国家失卒，而百姓易务也。然而又与其车马之罢弊也，幔幕帷盖，三军之用，甲兵之备，五分而得其一，则犹为序疏⑱矣。然而又与其散亡道路，道路辽远，粮食不继傺⑲，食饮之时，厮役以此饥寒冻馁疾病，而转死沟壑中者，不可胜计也。此其为不利于人也，天下之害厚矣。而王公大人，乐而行之，则此乐贼灭天下之万民也，岂不悖哉！今天下好战之国，齐、晋、楚、越，若使此四国者得意于天下，此皆十倍其国之众，而未能食其地也，是人不足而地有余也。今又以争地之故，而反相贼也，然则是亏不足，而重有余也。

注 释

①中：当，符合。

②同义者：共同认可的道义。

③将犹多皆免攻伐并兼："免"为衍字，指诸侯们多务力于相互攻伐兼并。

④大国之说：大国相互攻伐的主张。

⑤芟刈（shānyì）：割取。

⑥湮：填充、堵塞。

⑦卒进而柱乎斗："柱"当为"极"，通"及"。"乎"为衍文。译为：等到了战争的时候。

⑧失列北桡：落伍败北。

⑨谆：惮，使……畏惧。

⑩废灭先王：断绝先王的祭祀。

⑪率：同"帅"，将帅。

⑫圉：通"御"，抵御。

⑬害：当为"围"，被围困。

⑭孙：当为"系"，系累民众。

⑮与国：结交的国家。

⑯失卒：失去秩序。

⑰此处应有文字缺失，按上下意，应为"君子也必且数十"，或"君子也必且数百"。

⑱序疏：当为"厚余"。

⑲不继傺：谓"不接"。

译 文

墨子说：如今天下所称誉的人，该是怎样一种说法呢？是他在上能符合上天的利益，在中能符合鬼神的利益，在下能符合人民的利益，所以称誉他？还是他在上不能符合上天的利益，在中不能符合鬼神的利益，在下不能符合人民的利益，所以称誉他呢？即便是愚蠢之人，也会回答："因为他在上能符合上天的利益，在中能符合鬼神的利益，在下能符合人民的利益，所以称誉他。"如今被天下共同认可的道义，就是前代圣王的法则。现在天下诸侯，大多致力于相互攻伐征战和兼并别国，则是徒有称誉义的虚名，而不了解义的实情。这就如盲人和常人同样能说出黑白的名称，而不能分辨真正的黑白，这难道能说是可以分辨吗！所以，古代智者为天下谋划，一定要先考虑事情是否真的合乎道义，然后再去做。如此，行动便不会疑惑，且能迅速实现自己的愿望，又能顺应上天、鬼神、百姓的利益，这就是智者之道。所以，古代拥有天下的仁者，必然反对大国攻伐的主张，使全天下和睦一致，总领四海之内，率领天下百姓，务力农事以侍奉上帝、山川、鬼神。他们惠利的人多，而功劳又大，所以上天赏赐他们，鬼神富裕他们，百姓称誉他们，使他们贵为天子，富有天下，名声与天地齐同，至今不废。这就是智者之道，是先王之所以能拥有天下的原因。

如今的王公大人和天下诸侯却不这样。他们一定要选拔精兵猛将，陈列舟车士卒，用坚甲利兵，去攻打没有罪过的国家。侵入他国边境，收割其庄稼，砍伐其树木，拆毁其城郭，以填塞其沟池，抢夺、杀戮其牲畜，焚烧、毁坏其祖庙，滥杀其百姓，屠杀其老弱，搬走其宝器。到了战斗时，就下令说："为国家战死的人是最出色的战士，杀人多的稍微差一点，身负重伤的，只能算是最下等的士兵。至于落伍败北的呢？该当死罪，杀无赦！"如此来威吓士卒。兼并国家、覆没军队、残虐百姓，以扰乱圣人的功业。难道是认为这样有利于上天吗？取用上天的人民，以攻打上天的城邑，以此杀伤上天的子民，毁坏神位，倾覆社稷，夺杀牺牲祭品，如此在上则不合上天之利。难道认为这样是有利于鬼神吗？杀死人民，就灭掉了鬼神的祭主，废灭先王的祭祀，残虐天下万民，使百姓离散，如此在中则不合鬼神之利。难道认为这样有利于人民的利益？杀人以利人，利益又在哪里呢？再计算战争的耗费，这都是民众生存之本，用尽天下百姓的财用，损耗不可胜数，如此在下则不合人民的利益。

如今对于军队人们认为不利的事，都说：将领不勇敢，士兵不奋进，武器不锋利，训练不精熟，人数不众多，将帅不和睦，受到威胁不能抵御，遭到围困不能长守，争夺优势不能迅疾，将士决心不够坚固，结交的诸侯心存疑虑。结交的诸侯心生疑虑，那么隔阂就会产生，而共同御敌的意愿就会减弱。假若具备了这些不利条件，还竭力进行战争，那国家就会丧失秩序，而百姓也会耽误正常事业。如今何不尝试着看看那些喜欢攻伐的国家。若国中兴师出兵，君子需要数十，普通士人需要数千，负担劳役的人则需数十万，然后才足以组成军队出动。战争持久的要几年，迅速的也要几个月，此时居上位者无暇听政，士人无暇处理公务，农夫无暇从事农事，妇女无暇纺线织布。如此则国家丧失秩序，而百姓耽误正常事务。然而又有车马的损弊，帐幕帷盖、三军用度、兵甲设备等损耗，这些也就能保全五分之一，这还是粗略的估计。然而又有士卒在道路上走散死亡的，道路辽远，粮食不继，饮食不时，厮役们因此饥寒、冻饿、生病，辗转死于沟壑之中的，不可胜计。如此其不利于人民，有害于天下也十分严重了。而王公大人们都乐于实行，则这就是乐于残害天下的百姓，岂不荒唐！如今天下好战的国家，如齐、晋、楚、越，若让这四国得志于天下，那么都让它们的民众增加十倍，也不能充满它们全部的土地，则是人口不足而土地有余！如今又以争夺土地的缘故而相互残杀，就是亏损不足的而增加有余的了。

经典解读

　　统治者一进行战争，就宣称说是顺从上天、鬼神的命令，说是为了天下百姓的利益，然而战争真的有利于上天、鬼神吗？真的有利于天下百姓吗？在此节中墨子就证明，这些顺天利民的说法根本站不住脚。上天生养民众，抚育民众，而战争却让民众遭受苦难、死亡，战争是有悖于天道的。鬼神要受到民众的祭祀，要反过来佑护民众，而战争却让天下百姓流离失所、辗转死于沟壑，使鬼神断绝祭主，怎么能说它是鬼神的意愿呢？对于民众就更显而易见了，百姓都希望生活在安定繁荣的治世之中，谁会愿意去战场之上流血牺牲呢？谁愿意看着自己辛勤劳动创造的财富在战火中毁于一旦呢？所以说，统治者发动战争，并不是顺应上天、鬼神、民心的，他们只是为了满足自己的虚荣、夺取私人利益；以民众的牺牲来满足自己的私人意愿，这就是最大的不仁、最大的不义。

　　孟子说过："争地以战，杀人盈野；争城以战，杀人盈城。此所谓率土地而食人肉，罪不容于死。"肆意发动战争，导致百姓尸骨盈野，这比吃人的禽兽还要残暴不仁，这样的人罪不容诛。道路上争斗杀人的人，人们都知道他有罪，君主得知了一定要惩罚他；而君主们自己的过错往往比杀人者重千万倍，人们却看不到他有罪，他们自己也不知道反省，还继续犯着过错，甚至以犯过为荣，岂不是太荒唐了！有这样的行为，还想追求圣王的事业，怎么可能成功呢？有这样的过错，想躲避上天、鬼神的惩罚，又怎么能够呢？

原文 2

今逮①夫好攻伐之君，又饰其说以非子墨子曰：以攻伐之为不义，非利物与？昔者禹征有苗，汤伐桀，武王伐纣，此皆立为圣王，是何故也？子墨子曰：子未察吾言之类，未明其故者也。彼非所谓攻，谓诛也。昔者三苗大乱，天命殛②之，日妖宵出③，雨血三朝，龙生于庙，犬哭乎市，夏冰，地坼及泉，五谷变化，民乃大振④。高阳⑤乃命玄宫，禹亲把天之瑞令，以征有苗。四电诱祗⑥，有神人面鸟身，若瑾以侍⑦，搤矢有苗之祥⑧，苗师大乱，后乃遂几⑨。禹既已克有三苗，焉磨为山川⑩，别物上下，卿制大极⑪，而神民不违，天下乃静，则此禹之所以征有苗也。逮至乎夏王桀，天有酷命⑫，日月不时，寒暑杂至，五谷焦死，鬼呼国，鹤鸣十夕余。天乃命汤于镳宫，用受夏之大命："夏德大乱，予既卒其命于天矣，往而诛之，必使汝堪⑬之。"汤焉敢奉率其众，是以乡有夏之境，帝乃使阴暴⑭毁有夏之城。少少，有神来告曰："夏德大乱，往攻之，予必使汝大堪之。予既受命于天，天命融隆火⑮于夏之城间西北之隅。"汤奉桀众以克有夏，属⑯诸侯于薄，荐章⑰天命，通于四方，而天下诸侯莫敢不宾服，则此汤之所以诛桀也。逮至乎商王纣，天不序其德，祀用失时，兼夜中，十日，雨土于薄，九鼎迁止，妇妖宵出，有鬼宵吟，有女为男，天雨肉，棘生乎国道，王兄⑱自纵也。赤乌衔珪，降周之岐社，曰："天命周文王，伐殷有国。"泰颠来宾，河出《绿图》⑲，地出乘黄⑳。武王践功㉑，梦见三神曰："予既沈渍殷纣于酒德矣，往攻之，予必使汝大堪之。"武王乃攻狂夫，反商之周，天赐武王黄鸟之旗，王既已克殷，成帝之来㉒，分主诸神，祀纣先王，通维四夷，而天下莫不宾。焉袭汤之绪，此即武王之所以诛纣也。若以此三圣王者观之，则非所谓攻也，所谓诛也。

　　则夫好攻伐之君，又饰其说以非子墨子曰：子以攻伐为不义，非利物与？昔者楚熊丽㉒始讨此睢山之间；越王繄亏㉔；出自有遽，始邦于越，唐叔与吕尚邦齐、晋。此皆地方数百里，今以并国之故，四分天下而有之，是故何也？子墨子曰：子未察吾言之类，未明其故者也。古者天子之始封诸侯也，万有余，今以并国之故，万国有余皆灭，而四国独立。此譬犹医之药万有余人，而四人愈也，则不可谓良医矣。

　　则夫好攻伐之君又饰其说曰：我非以金玉、子女、壤地为不足也，我欲以义名立于天下，以德求诸侯也。子墨子曰：今若有能以义名立于天下，以德求诸侯者，天下之服可立而待也。夫天下处攻伐久矣，譬若傅子之为马㉖然。今若有能信效先利天下诸侯者，大国之不义也，则同忧之；大国之攻小国也，则同救之；小国城郭之不全也，必使修之；布粟之绝，则委之；币帛不足，则共之。以此效大国，则小国之君说。人劳我逸，则我甲兵强。宽以惠，缓易急，民必移㉖。易攻伐以治我国，攻必倍。量我师举之费，以争诸侯之毙，则必可得而序㉗利焉。督以正，义其名，必务宽吾众，信吾师，以此授㉘诸侯之师，则天下无敌矣，其为下不可胜数也。此天下之利，而王公大人不知而用，则此可谓不知利天下之巨务矣。

　　是故子墨子曰：今且天下之王公大人士君子，中情将欲求兴天下之利，除天下之害，当若繁为攻伐，此实天下之巨害也。今欲为仁义，求为上士，尚欲中圣王之道，下欲中国家百姓之利，故当若非攻之为说，而将不可不察者此也。

注　释

　　①遽：应为"逮"，等到。

　　②殛：诛杀。

　　③日妖宵出：太阳出现妖异，夜晚出现在天空。或说"妖"为衍文。

　　④振：通"震"，震怖。

　　⑤高阳：颛顼帝，禹为颛顼六世孙。

　　⑥四电诱祗：疑为"雷电㪍振"，"㪍"通"勃"，"振"通"震"。

⑦若瑾以侍：应为"奉圭以侍"。

⑧搄矢有苗之祥："祥"当为"将"字之误，文意应为：用箭射有苗的将帅。

⑨遂几：逐渐衰微。

⑩焉磨为山川："磨"当为"历"，即度量、划分山川。

⑪卿制大极：当为"乡制四极"，即为四方制定制度。

⑫辖命：即诰命，以上喻下称之为"诰"。

⑬堪：胜。

⑭阴暴：一说为神灵名字；一说"阴"当为"降"，阴暴即降下灾难。

⑮融：祝融；隆，当为"降"。

⑯属：召集。

⑰荐章：昭告。

⑱兄：通"况"，更加。

⑲《绿图》：箓图，即传说中的"河图"．

⑳乘黄：传说中的神马。

㉑践功：应为"践阼"。

㉒成帝之来："来"当为"赉"(lài)；即承受天帝的赏赐。

㉓熊丽：楚国先王，鬻熊的儿子。

㉔繄亏：越国先王，或说即越王无馀，不能确定。

㉕傅子之为马："傅"当为"僮"；即像役使牛马那样役使童子。

㉖移：迁徙，前来投奔。

㉗序：当为"厚"。

㉘授：抵御；或说应为"援"，援助。

译 文

至于好攻伐的君主，又掩饰他们的主张来非难墨子说：您认为攻伐是不义的，恐怕它是有利的吧？从前，禹征讨有苗，汤征讨夏桀，武王征讨殷纣，他们都被立为圣明的君王，这是什么原因呢？墨子回答：您还没明察我的说法，没明白我主张"非攻"的缘由。禹、汤、武王不是"攻打"，而是"诛灭"。从前三苗作乱，上天降命诛除他们，太阳晚上升起，连续三天降下血雨，宗庙中有龙出现，市场上有狗发出人的哭声，夏天水冻结成冰，大地裂开深及泉水，五谷变异，民心震怖。先祖颛顼帝于是在玄宫中向禹授命，大禹亲自拿着上天的符令，前往征讨有苗氏。当时雷电大震，有人面鸟身的神灵，握着玉圭侍立，用箭射死有苗的将领。有苗军队于是大乱，后来就衰微了。大禹征服有苗之后，于是划分山川，区别物类，规范四方，使神灵、百姓各归其道，天下于是安定下来，这就是禹征讨有苗的情况。到了夏王桀的时候，上天降下严命，日月失序、寒暑不调，五谷枯死，鬼怪高呼于国都之中，有鹤连续十个晚上鸣叫。上天就在镳宫向商汤降下命令，让他去接受夏桀的天命，说："夏王德行大乱，我已经在天上断绝了他的命运，前往攻伐他，我一定让你取得胜利。"商汤于是才敢率领他的徒众，向有夏的边境进发，天帝派遣阴暴毁坏有夏的城郭。不久，有神灵前来通告说："夏王德行大乱，前往攻打他，我一定让你取得胜利。我已经得到天命，天帝命令祝融在夏都西北角放下大火。"商汤获得夏民的支持而击败了桀，接着在薄地召集诸侯，昭告天命，通谕四方，天下诸侯没有敢不服从的，这就是商汤讨伐夏桀的情况。到了商纣王的时候，上天厌恶纣王之德，不按时进行祭祀，连续黑夜，一连十日土如雨下。九鼎移位，女妖夜出，鬼怪夜吟，有女人变为男子，上天降下肉雨，国道长满荆棘，而纣王却更加骄傲放恣。红色的鸟衔着玉珪，降临在周人的宗庙上，说："上天命令周文王讨伐殷商。"泰颠前来投奔，黄河中出现《绿图》，大地上出现乘黄神马。武王即位，梦到三位神祇，都说："我已经使纣王沉溺于酒色之中了，前往攻伐他，我一定让你取胜。"于是武王攻打狂夫纣，灭商兴周，上天于是赏赐武王黄鸟之旗。武王攻克殷商后，承受上天的赏赐，于是命令诸侯分祀诸神，并祭祀纣王的先祖，与四夷交通，天下没有不服从他的。于是他继承商汤的事业，这就是武王伐纣的情况。由这三位圣王的事业来看，他们的攻伐不能称为"攻打"，而是"诛灭"。

好攻伐的君主，又掩饰其说法来非难墨子说：您认为攻伐不利，大概它是有利的吧？从前楚国君主熊丽，开始在睢山之间征讨；越王繁亏出自有遽氏，开始到越地建国；唐叔和吕尚就封于齐、晋之地。他们的国家最初都不过数百里，如今以兼并其他国家的手段，几乎四分天下，这是什么原因呢？

墨子回答：您还没明察我的说法，没明白我主张"非攻"的缘由。古代天子最初分封诸侯，多达上万个。如今因为国家相互兼并的原因，万余国家都已经覆灭，只剩下这四个独立尚存。这就如医生给万余人吃药，而只有四个人痊愈一样，不可以称其为良医。

但爱好攻伐的君主又掩饰其说法说：我不是因为金玉、人口、土地的不足而发动战争，我是想以义立名于天下，以德收服诸侯。墨子说：当今若有能以义立名于天下，以德收服诸侯的，天下的归服就可以立刻得到。天下苦于攻伐很久了，就像将童子当作马来役使一样。如今若有能以信义交往、惠利天下诸侯的，大国行不义则共同为此忧虑；大国攻打小国，就前往救援；小国城墙不能保全，必定帮其修理好；布匹粮食匮乏，就相赠送；财货金钱不足，就来供给。这样与他国交往，大国、小国的君主都必然欢悦。别人劳顿而我安逸，则我的兵力也会强盛。宽厚而恩惠，把人民从危急中解救出来，民众必定前来归附。改变攻伐的政策，以治理自己的国家，功效必定加倍。计算我们兴师的损费，用来救济诸侯的疲蔽，那一定可以获得厚利。以正道引导他人，树立道义的美名，务必款待我的民众，取信我的军队，以此来对抗诸侯的军队，那就天下无敌了，这样做的好处不可胜数，这是天下的大利，而王公大人们却不知采用，则可以说他们不知惠利天下的最大要务了！

所以墨子说：如今天下的王公大人和士君子，果真想兴起天下之利，除去天下之害，那么，假若频繁攻伐，这就是天下的大害。如今想追求仁义，追求做高尚的士人，上追求符合圣王之道，下追求符合国家、百姓的利益，则对于"非攻"这样的主张，不可不深察的原因，就在于此。

经典解读

由本节内容可知，墨子所主张的"非攻"，并非是反对一切战争，而是反对那些不合道义的战争，反对那些为了争夺土地、财富，为了满足君主虚荣心的战争。以"侵略""掠夺"为目的而发动战争称为"攻"，这才是墨子"非攻"的主张所极力批判、反对的；而以拯救民众、诛除残暴为目的的战争叫作"诛"，"诛"是顺从天命的，墨子并不反对这种战争。

《吕氏春秋·荡兵》中说："古圣王有义兵而无有偃兵。"墨子当然也认识到了这一点，但为何还要大力宣传"非攻"呢？因为春秋之时的诸侯，在发动战争的时候都号称自己是义兵，号称自己是为了维护王室、匡正天下，比如齐桓公、晋文公等人，可事实真的是如此吗？显然不是。齐桓公逃亡的时候，谭国君主对他不够尽礼，齐桓公得势以后，就开战灭掉了谭国；齐桓公娶了蔡国女子为夫人，夫妻闹别扭，蔡姬回到娘家，蔡国也很生气，便将她嫁给了别人，齐桓公大怒，于是兴兵攻打蔡国；晋文公逃亡时郑国、曹国都对他不好，晋文公得势以后便首先攻打曹国、郑国；晋文公于楚国在城濮大战，也是仅仅为了争夺霸权……可见他们发动的战争根本不是商汤、武王那样为了诛除残暴、拯救百姓的战争，他们的"义"是建立在强权的基础之上的，根本不是真正的义，是不能顺应天道、民心的。有这样的"义兵"，还不如没有。孟子就说："春秋无义战。"墨子正是看到了诸侯战争的实质，知道那些君主不是商汤、武王，知道他们战争的真正目的，所以才主张"非攻"，反对战争的。

况且，那些发动战争的诸侯所追求的是什么呢？无非得到霸主的地位、获得美好的名声、增加自己的财富、人口……这些并不一定非得需要战争才能得到，将发动战争的精力物力用在治国养民之上，国家自然会富强，百姓自然会增多，美好的名声、霸主的地位也就会随之而来了。其实，这和儒家的主张几乎相同。就如孟子所说的："今夫天下之人牧，未有不嗜杀人者也，如有不嗜杀人者，则天下之民皆引领而望之矣。诚如是也，民归之，由水之就下，沛然谁能御之？"天下的君主都沉迷于相互攻伐兼并，所以他们的百姓都生活在水深火热之中，若君主能停止战争——也就是采用"非攻"的主张，尽力养护民众，那四方的百姓就会如流水就下一样归来，那时谁还能抵御？这就是"仁者无敌"的力量。

卷 六

节用上

　　圣人为政一国，一国可倍①也；大之为政天下，天下可倍也。其倍之非外取地②也，因其国家，去其无用之费，足以倍之。圣王为政，其发令兴事，使民用财也，无不加用而为者，是故用财不费，民德③不劳，其兴利多矣。

　　其为衣裘何？以为冬以圉④寒，夏以圉暑。凡为衣裳之道，冬加温、夏加清者，芊䵂⑤不加者去之。其为宫室何？以为冬以圉风寒，夏以圉暑雨，有盗贼加固者，芊䵂不加者去之。其为甲盾五兵何？以为以圉寇乱盗贼。若有寇乱盗贼，有甲盾五兵者胜。无者不胜，是故圣人作为甲盾五兵。凡为甲盾五兵，加轻以利、坚而难折者，芊䵂不加者去之。其为舟车何？以为车以行陵陆，舟以行川谷，以通四方之利。凡为舟车之道，加轻以利者，芊䵂不加者去之。凡其为此物也，无不加用而为者，是故用财不费，民德不劳，其兴利多矣。

　　有去大人之好聚珠玉、鸟兽、犬马，以益衣裳、宫室、甲盾、五兵、舟车之数，于数倍乎？若则不难，故孰为难倍？唯人为难倍。然人有可倍也。昔者圣王为法曰："丈夫年二十，毋敢不处家；女子年十五，毋敢不事人。"此圣王之法也。圣王既没，于民次⑥也。其欲蚤处家者，有所二十年处家；其欲晚处家者，有所四十年处家。以其蚤与其晚相践⑦，后圣王之法十年。若纯⑧三年而字，子生可以二三年矣。此不惟使民蚤处家，而可以倍与？且不然已。

今天下为政者，其所以寡人之道多。其使民劳，其籍敛⑨厚，民财不足，冻饿死者不可胜数也。且大人惟毋兴师以攻伐邻国，久者终年，速者数月，男女久不相见，此所以寡人之道也。与居处不安，饮食不时，作疾病死者，有与侵就儌襜⑩、攻城野战死者，不可胜数。此不令为政者所以寡人之道数术而起与？圣人为政特无此，不圣人为政，其所以众人之道亦数术而起与？故子墨子曰：去无用之费，圣王之道，天下之大利也。

注　释

①倍：财用倍增。

②外取地：向外攻略土地。

③德：通"得"，得以。

④圉（yǔ）：通"御"，抵御。

⑤芊鉏（qiān qū）：鉏为"鲜"字之误；芊鉏形容少；芊鉏不加，即什么也不增加。

⑥次：通"恣"，恣肆。

⑦相践：相平均。

⑧纯：皆。

⑨籍敛：税敛。

⑩侵就儌襜：被侵略、抵御攻击。襜，以举火攻城的器械。

译　文

圣人治理一国的政务，一国的财用便可倍增；大到治理天下的事务，天下的财用就可倍增。能够倍增，并非通过向外掠夺土地，只是根据其国家的具体情况，省去无用之费，这便足以使财利倍增。圣王为政，其发布政令、兴办事业、使用民财，无不是有利实际才去做的。所以，使用了财物并不会耗费，民众能够不劳苦，能够得到的利益也就多了。

他们对于衣服有什么原则呢？衣服，冬天用来御寒，夏天用来防暑。但凡制作衣服的原则，冬天要增加温暖、夏天要增加清凉，没有什么增益的就去掉。他们对于宫殿有什么原则呢？宫殿，冬天用来抵御寒风，夏天用来抵御炎热、下雨。

有盗贼前来，能增加防御的就加固它，没有增益的就去掉。他们对于甲盾、兵器有什么原则呢？甲盾、兵器是为了防御寇乱盗贼，若有寇乱盗贼，拥有甲盾、兵器的就能取胜，没有的就不能取胜，所以圣人才制造甲盾、兵器。但凡制造甲盾、兵器之道，能够增加其轻便、坚韧的就增益，不能增加的就去掉。他们对于车船有什么原则呢？他们制造车是为了在路上行进，制造船是为了在水道中行进，以此沟通四方之利。但凡为车船的原则，能够增加轻巧、方便的就增益，不能增加的就去掉。但凡他们制作这些东西，无一不是为了增加实用才去做的。所以财物不浪费，民众不劳苦，而获得的利益却很多。

再去掉王公大人所爱好搜集的珠宝玉器、鸟兽、犬马，以增加衣服、宫殿、甲盾、兵器、车船的数量，使之增加数倍，也没有什么难的。那什么是难以加倍的呢？只有人口是难以加倍的。然而，人口也是可以倍增的。从前圣王制定法令，规定："男子年满二十岁，不许不成家；女子年到十五岁，不许不嫁人。"这是圣王的法度。圣王已经没了，民众对此就随心肆意了。愿意早成家的，有二十便成家的；愿意晚成家的，有四十才成家的。早晚平均算来，也比圣王规定的年限晚了十年。若婚后都是三年生一个孩子，那么早成家十年就可以多生两三个孩子。这不是让百姓早成家就可以使人口倍增吗？然而执政的人不这样做罢了。

如今天下的为政者，他们使人口减少的原因有很多。他们使百姓劳累，他们赋敛沉重，百姓的财用不足，因此冻饿而死的不可胜数；且他们专力兴师动众去攻打邻国，久的持续一年，短的也要数月，夫妇长久不团圆，这都是减少人口的行为。再加上居处不定，饮食不时，生病而死的，以及被侵略杀害、攻城野战而死的，不可胜数。这不都是为政者实施减少人口的行为所导致的吗？所以，墨子说：去除无用的费用，是圣王之道，是天下最大的利益。

经典解读

所有的统治者都期望自己的国家富足、人口众多，然而国家却不能积聚下财富、人民也不见增多，这是为什么呢？墨子指出，之所以出现这样的情况，就在于统治者不知"节用"之道。统治者生活奢侈，将大量的钱财都用于建造宫室楼阁、吃喝享乐之上，那真正用在有利于民生之处的就很少了。于是，民众的生活没有保障，一旦遇到灾荒就会陷入到饥饿死亡之中。民众生活困苦，活着的都想离开，死亡又很多，国家的人口也就不可能增多了，人口不能增多，国家的财富又从何而来呢？国家越来越穷，民众日益离心，这样的政权也就逐渐走向灭亡了。

古人云："成由节俭，败由奢。"历史上无数统治者都是因为奢靡无度，致使百姓不堪重负而灭亡的，夏桀、殷纣、秦二世、隋炀帝都是这样的典型。他们无不大兴宫室、广建楼阁、搜集各种各样的珍奇异物、整日吃着山珍海味，而他们统治之下的民众却生活困苦，不仅要负担沉重的税赋，还要经常被征发服徭役，饥冻而死者不计其数。当人们无法忍受剥削，不满积累到一定程度之时，对统治者的怨恨就会猛烈地爆发，统治者也会在这种愤怒之中走向灭亡。

"水可载舟，亦能覆舟"，百姓是统治者需要爱护、养护的对象，而不是剥削、欺压的对象。爱护他们，他们就是自己的股肱干城，是维护自己统治的最有力力量；欺压他们，他们就会变为自己的仇敌，随时会颠覆自己的政权。所以说，统治者一定要珍视民众，珍惜民心，自己节俭生活，确保民众生活富足，使他们免除劳苦，感到幸福，如此民众才会支持自己，才能成就王者、霸者的伟业。

节用中

原　文

　　子墨子言曰：古者明王圣人，所以王天下、正诸侯者，彼其爱民谨忠，利民谨厚，忠信相连，又示之以利，是以终身不餍①，殁世而不卷②，古者明王圣人，其所以王天下、正诸侯者，此也。

　　是故古者圣王，制为节用之法，曰："凡天下群百工，轮、车、鞼、鞄③、陶、冶、梓、匠④，使各从事其所能。"曰："凡足以奉给民用，则止。诸加费不加于民利者，圣王弗为。

　　古者圣王制为饮食之法，曰："足以充虚继气，强股肱，耳目聪明，则止。"不极五味之调、芬香之和，不致远国珍怪异物。何以知其然？古者尧治天下，南抚交阯，北降⑤幽都，东西至日所出入，莫不宾服。逮至其厚爱，黍稷不二，羹胾⑥不重，饭于土塯⑦，啜于土形⑧，斗以酌。俯仰周旋威仪之礼，圣王弗为。

古者圣王制为衣服之法，曰：冬服绀緅之衣，轻且暖；夏服𫄨绤之衣，轻且清，则止。诸加费不加于民利者，圣王弗为。

古者圣人为猛禽狡兽暴人害民，于是教民以兵行，日带剑。为刺则入，击则断，旁击而不折，此剑之利也。甲为衣则轻且利，动则兵且从，此甲之利也。车为服重致远，乘之则安，引之则利，安以不伤人，利以速至，此车之利也。

古者圣王为大川广谷之不可济，于是利为舟楫，足以将之则止。虽上者三公诸侯至，舟楫不易，津人⑨不饰，此舟之利也。

古者圣王制为节葬之法，曰："衣三领，足以朽肉；棺三寸，足以朽骸，堀穴深不通于泉，流不发泄⑩则止。死者既葬，生者毋久丧用哀。"

古者人之始生，未有宫室之时，因陵丘堀穴而处焉。圣王虑之，以为堀穴，曰冬可以辟风寒；逮夏，下润湿，上熏烝，恐伤民之气，于是作为宫室而利。然则为宫室之法将奈何哉？子墨子言曰：其旁可以围风寒，上可以围雪霜雨露，其中蠲洁，可以祭祀，宫墙足以为男女之别，则止。诸加费不加民利者，圣王弗为。

注 释

①赡：满足。

②卷：当为"倦"，厌倦。

③鞼匏："匏"当为"鞄"；鞼鞄，皮匠。

④梓、匠：木匠。

⑤降：当为"际"，接、至。

⑥戴：切成大块的肉。

⑦土塯：盛饭的瓦器。

⑧土形："形"当为"铏"，承羹的器皿。

⑨津人：掌管渡船的小吏。

⑩流不发泄："流"当为"气"，即尸体腐烂的气息，不扩散到地表之上。

译 文

墨子说：古代明王圣人之所以能称王天下、匡正诸侯的原因，在于他们爱护民众竭尽忠心，惠利民众务力敦厚，以忠信之道亲和民众，又指给百姓利益所在，所以百姓对此终身都不满足，对他们终身都不厌倦。古代明王圣人之所以能够称王天下、匡正诸侯，就是因为这个原因。

所以古代圣王制定了节用的法则，规定："但凡天下百工，轮匠、车匠、制皮革匠、匏匠、烧陶器匠、铸王金匠、做木器匠等等，各人都从事自己所擅长的职业。"只要是能满足民众使用就可以了。那些增加费用却不增加民众便利的，圣王都不做。

古代圣王制定饮食的原则，规定：能够充实肠胃，增补血气，强壮手足，聪明耳目就可以了。不追求五味的调和、气味的芬香，不取用远国珍稀奇怪的食物。如何知道这些呢？古时尧治理天下，向南安抚交趾，向北降服幽都，东至日出、西达日落之处，没有不臣服的。但他所喜爱的事物，饭食只有一种，肉食也不多重，用瓦器吃饭，用瓦盆喝羹，用木勺饮水。那些俯仰周旋的礼仪，圣王都不去做。

古代圣王制定做衣服的原则，规定："冬天穿青帛做的衣服，轻便且暖和；夏天穿葛布做的衣服，轻便且凉爽，如此就可以了。"那些增加费用而不增加民众便利的，圣王不做。

古代圣人因为猛禽野兽侵害人民，所以教导人们带着兵器出行，白日带着剑。用剑刺则能刺入，用剑砍则能砍断，被别的兵器击打了也不会折断，这就是剑所需的好处。铠甲作为衣服轻巧且便利，动作自如，这就是甲衣所需的好处。车子能够载重行远，乘坐安稳，牵引便利，安稳则不伤人，便利且快速到达，这就是车所需的好处。

古代圣王因为宽广的河流不能渡过，于是制造船和桨来便利民众，足以载人就可以了。即便尊贵的诸侯三公到了，船和桨也不更换，渡船人也无须加以装饰，这就是舟船的好处。

古代圣王制订了节葬的原则，规定："衣服三套，足以使肉体腐烂在里面；棺木三寸，足以使骸骨腐烂在里面。掘墓穴深度不及泉水，确保腐气不发散于外，就足够了。死者已经埋葬，生者不用长久服丧哀悼。"

古代人类刚产生还没有宫室的时候，靠着丘陵挖洞穴居住。圣王对此忧虑，认为挖洞而居，冬天尚可躲避风寒；但到了夏天，地下潮湿，上面潮热蒸熏，恐怕伤害百姓的气血，于是建造宫室来便利人们。然而建造宫室的原则是怎样的呢？墨子说：旁边墙壁可以抵御风寒，上面屋盖可以抵御霜雪雨露，其中干净整洁，可以祭祀，内墙高度足以分别男女就可以了。那些增加费用而不增加百姓便利的，圣王都不去做。

经典解读

圣明的君王治理天下，不追求个人享乐，而务求百姓能够衣食富足，免除饥寒之苦。所以他们自己生活节俭，努力为国家积累财富，并将财富用于造福天下百姓之处，所以百姓富足，生活安定，拥护他们的统治。而那些昏庸的君主，则只顾自己奢靡享乐，为了满足自己的嗜欲而横征暴敛，奴役百姓，所以民众都生活在水深火热之中，怨恨官府、君主，国家混乱、上下离心，如此政权也就衰败灭亡了。所以，很多能够开创盛世的君主，无不以俭持身，以俭治国。

历史上，隋文帝就是坚持节俭的典型。隋文帝从小在寺庙中生活，就养成了食以素食，生活节俭的习惯。后来，虽然贵为天子，拥有天下，他依然保持着俭朴的美德。平时，他食不重肉，衣不重彩，宫中也不用金玉饰品。在他的引领下，宫中嫔妃们也都不作美饰，妆扮俭素；朝中大臣也都相互推崇节俭，不敢以奢侈相攀比；各地官员也都纷纷效仿，推崇节俭的生活，简约的政治。于是，一时间天下无不以节俭为美，官府廉洁、百姓安居乐业，官府的积蓄和户口都迅速增加。于是，天下安定，经济繁荣，百业俱兴。后人都将隋文帝为政之时称为"开皇之治"，将隋文帝视为明君圣主。

然而，隋文帝去世以后，隋炀帝即位。炀帝生活奢靡，大兴宫室，为了在长安、洛阳等地为自己建造离宫，他征发上百万农民服劳役，百姓因此耽误农时，加之灾异连连，天下各地饥荒不断。为了装饰宫室，隋炀帝又厚敛重赋，到处搜刮民间金玉异宝，又连连征选少女，填充后宫。在这样皇帝的引导之下，各地官员也都残酷地剥削、虐待百姓，竞相奢靡，于是，天下百姓无不视官府如仇雠，揭竿而起、相结造反的此起彼伏，很快强大、富饶的隋王朝就在天下百姓的反抗中灭亡了。隋炀帝也被部将杀死，后人无不将其视为昏君的典型。

一个人，节俭则身安，奢靡则身败；一个国家，节俭则国安，奢靡则国亡。自古以来，从来没有以节俭败亡，而以奢靡成功的。所以，作为统治者，一定要坚持、推崇节俭的美德，不仅自身以节俭立身，更要引领天下百姓节俭，使整个国家以节俭而强大、昌盛。

节葬下

原文 1

子墨子言曰：仁者之为天下度①也，辟②之无以异乎孝子之为亲度也。今孝子之为亲度也，将奈何哉？曰：亲贫则从事乎富之，人民寡则从事乎众之，众乱则从事乎治之。当其于此也，亦有力不足，财不赡③，智不智，然后已矣。无敢舍④余力，隐谋⑤遗利，而不为亲为之者矣。若三务者，孝子之为亲度也，既若此矣。虽仁者之为天下度，亦犹此也。曰：天下贫则从事乎富之，人民寡则从事乎众之，众而乱则从事乎治之。当其于此，亦有力不足，财不赡，智不智，然后已矣。无敢舍余力，隐谋遗利，而不为天下为之者矣。若三务者，此仁者之为天下度也，既若此矣。

今逮至昔者三代圣王既没，天下失义。后世之君子，或以厚葬久丧以为仁也，义也，孝子之事也；或以厚葬久丧以为非仁义，非孝子之事也。曰：二子者，言则相非，行即相反，皆曰："吾上祖述⑥尧舜禹汤文武之道者也。"而言即相非，行即相反。于此乎后世之君子，皆疑惑乎二子者言也。若苟疑惑乎之二子者言，然则姑尝传而为政乎国家万民而观之。计厚葬久丧，奚当此三利者？我意若使法其言，用其谋，厚葬久丧实可以富贫众寡、定危治乱乎，此仁也？义也，孝子之事也，为人谋者不可不劝也。仁者将兴之天下，谁贾⑦而使民誉之，终勿废也。意亦使法其言，用其谋，厚葬久丧实不可以富贫众寡、定危理乱乎，此非仁非义、非孝子之事也，为人谋者不可不沮也。仁者将求除之天下，相废而使人非之，终身勿为。

且故兴天下之利，除天下之害，令国家百姓之不治也，自古及今未尝之有也。何以知其然也？今天下之士君子，将犹多皆疑惑厚葬久丧之为中是非利害也。故子墨子言曰：然则姑尝稽⑧之。今虽毋法执厚葬久丧者言，以为事乎国家。此存乎王公大人有丧者，曰棺椁必重，葬埋必厚，衣衾必多，文绣必繁，丘陇必巨；存乎匹夫贱人死者，殆竭家室；乎⑨诸侯死者，虚车府，然后金玉珠玑比乎身，纶组节约⑩，车马藏乎圹，又必多为屋幕，鼎鼓、几梴、壶滥⑪、戈剑、羽旄、齿革，寝而埋之，满意，若送从⑫。曰：天子杀殉，众者数百，寡者数十；将军大夫杀殉，众者数十，寡者数人。

处丧之法将奈何哉？曰：哭泣不秩，声翁⑬，缕绖垂涕，处倚庐，寝苫枕块⑭，又相率强不食而为饥，薄衣而为寒，使面目陷陬⑮，颜色黧黑，耳目不聪明，手足不劲强，不可用也。又曰：上士之操丧也，必扶而能起，杖而能行，以此共三年。若法若言，行若道，使王公大人行此，则必不能蚤朝；五官六府⑯，辟草木，实仓廪；使农夫行此，则必不能蚤出夜入，耕稼树艺；使百工行此，则必不能修舟车为器皿矣；使妇人行此，则必不能夙兴夜寐，纺绩织纴。细计厚葬，为多埋赋之财者也。计久丧，为久禁从事者也。财以成者，扶⑰而埋之，后得生者，而久禁之，以此求富，此譬犹禁耕而求获也，富之说无可得焉。

注 释

①度：思虑、谋虑。

②辟：通"譬"，好比。

③赡：足够。

④舍：保留。

⑤隐谋：隐藏智谋，不相教导。

⑥祖述：遵循、效法。

⑦谁贾：当为"设置"。

⑧稽：考察。

⑨乎：当为"存乎"。

⑩纶组节约：以丝绵裹尸，再以丝带缠束。

⑪壶滥：盛水浆的器具名称。

⑫若送从：当为"送死若徙"，送葬死者就如送其远行一样。

⑬不秩：不时；"声翁"当为"声嗌"，即声音哽咽。

⑭寝苫枕块：睡草垫，枕土块。

⑮陷陬：面容瘦削。

⑯五官六府：当为"使士大夫行此，则必不能治五官六府。"

⑰扶：当为"抶"，穿地。

译 文

墨子说：仁义的人为天下谋虑，就如孝子为双亲谋虑一样无所区别。孝子为双亲谋虑，是怎么样呢？说：双亲贫穷就设法使他们富裕；人口少了，就设法使其增加；大众混乱就设法将其治理。在他这样做的时候，也有因为力量不足，财用不够，智慧不及，然后才会停止。但没有人敢保存余力，隐藏智谋，遗留财力，而不为双亲尽力做事的。这三种事，孝子为双亲谋虑，就是这样的。仁义的人为天下谋虑，也应该这样。说：天下贫穷，就设法使其富裕；人口稀少就设法使其增加；大众混乱就设法将其治理。当这样做的时候，也有力量不足，财用不够，智慧不及，然后才会停止。但没有人敢保存余力，隐藏智谋，遗留财力，而不为天下尽力做事的。这三种事，仁义的人为天下谋虑，就是这样的。

自三代圣王以后，天下的礼义就乱了。后世的君子，有认为厚葬久丧为仁义的，认为这是孝子应该做的事；有认为厚葬久丧为不仁义的，不是孝子应该做的。说：这两种人，在言论上相互非难，在行为上彼此相反，却都说："我是向上效仿尧、舜、禹、汤、文王、武王之道的。"但是他们言论上相互非难，行为彼此相反。于是后世的君子，都因为这两种主张而感到疑惑。若真的因为这两者的言论而感到疑惑，那么姑且尝试着将他们的主张用于治理国家和人民上，进行考察。看看厚葬久丧，能否符合以上的三种利益？假使效法他们的言论，采用他们的计谋，厚葬久丧果真可以使贫者富裕、寡者增加、安定危难、治理混乱，那这就是仁义的，是孝子该做的，为人谋虑的人不可不去勉励人去做。仁者将在天下兴起它，设法使民众赞誉它，始终不废弃它。假若效法他们的言论，采用他们的计谋，而厚葬久丧确实不可以使贫者富裕、寡者增加、安定危难、治理混乱。那这就不是仁义的，不是孝子该做的，为人谋虑的人不可不阻止人去做。仁者将在天下除去它，设法使民众废弃它，终身不要去做。

且兴起天下的大利，除去天下的祸害，而令国家、百姓不能得到治理的，从古至今，还未曾有过。如何知道这样呢？当今天下的士君子，大多对厚葬久丧的是非利害心存疑惑。所以墨子说：既然如此，那就姑且尝试着考察一下，如今就按照主张厚葬久丧者的言论，来治理国家。这在王公大人的丧事中，则说棺椁必须多重，埋葬必须深厚，死者衣服必须多件，装饰花纹必须繁富，坟墓必须高大。这在贫民百姓的丧事中，则说必须竭尽家财来安葬死者。诸侯死了，使府库贮财，为之一空，然后将珠宝金玉都装饰在死者身上，用丝带束缚起来，车马都埋入圹穴之中，又必须多造帷幕帐幔。钟鼎、鼓、几筵、酒壶、镜子、戈剑、羽旄、象牙、皮革等，都要置于死者寝宫之内埋掉，然后才满意。至于殉葬，天子杀死殉葬者，多的数百人，少的数十人。将军、大夫死后，杀死的殉葬者，多的数十人，少的也有几人。居丧的方法又将如何呢？即：要哭泣不停止，泣不成声，穿着孝衣流泪，倚在草庐之中，枕着土块睡在草垫之上，又竞相强忍饥饿而不进食，强忍着寒冷而穿单衣。使自己面颊陷下去、面色黑黄，耳目失聪敏，手足都没有力气，不可以做事情。又说：上等士人守丧，一定要别人扶着才能起身，拄着拐杖才能行走，这样生活三年。如果效法这种言论，施行这种主张，使王公大人依次而行，则必定不能上早朝；必定不能治理各官府、开辟草木，而充实仓廪；若使民众施行这种主张，则必定不能早出晚归，耕作种植；若使百工施行这种主张，则必定不能修理车船，制作器皿；若是妇人施行这种主张，则必定不能早起晚睡，纺线织布。细算厚葬之事，实在会埋葬大量的钱财。细算久丧之事，实在是会长期禁止人们做事。财富已经形成了，却放在棺材中埋掉；丧葬之后还要继续生活，却长久禁止人们做事，以这种方式追求富裕，犹如追求收获而禁止耕种一样，富贵是无法得到的。

经典解读

儒家十分看重丧葬之礼，认为这是子女孝心的集中体现，只要不违背礼制，怎样厚葬亲人都不为过。孟子安葬自己的母亲时，就采用十分豪华的棺木，并对提出疑问的弟子说："君子不以天下俭其亲。"而且，在丧葬之时，还一定要尽哀，使自己的哀伤能够配得上父母的养育之恩，这才是孝顺。如伯鱼的母亲去世了，过了丧期他还在痛哭；曾子为亲人服丧的时候，"水浆不入于口者七日"；孔子去世的时候，子贡在墓前结庐，为老师连续守了六年丧……这种厚葬久丧的丧葬理念影响极大，所以人们都以是否能厚葬亲人、是否在亲人去世时竭尽悲哀作为评判孝顺的标准。于是，有权势的帝王诸侯，一定要倾尽国力，营建陵墓；普通人也都耗尽家财，来为父母送葬；以至于因为安葬死者，而给后人的生活带来严重困难。

在墨子看来，这种厚葬久丧的送终方式是不可取的，一方面，过于奢侈会给国家、家庭带来沉重的经济负担，影响后者的生活；另一方面，丧葬时间过长，在上位者会耽误治理国家，在下位者也会耽误生产、生活，不利于整个社会的发展；再者厚葬久哀，容易使人推崇奢靡、重形式而轻实际，也不能完全合乎仁义之道。墨子的这种观点，有利于纠正奢靡厚葬的世风、有利于人口增加以及缓和统治者与普通民众之间的关系，在当时是有积极意义的。

原文2

是故求以富家，而既已不可矣，欲以众人民，意者可邪？其说又不可矣。今唯无以厚葬久丧者为政，君死，丧之三年；父母死，丧之三年；妻与后子①死者，五皆丧之三年；然后伯父叔父兄弟孽子②其；族人五月；姑姊甥舅皆有月数。则毁瘠必有制矣，使面目陷陬，颜色黧黑，耳目不聪明，手足不劲强，不可用也。又曰：上士操丧也，必扶而能起，杖而能行，以此共三年。若法若言，行若道，苟其饥约又若此矣。是故百姓冬不仞③寒，夏不仞暑，作疾病死者，不可胜计也。此其为败男女之交多矣。以此求众，譬犹使人负剑④，而求其寿也。众之说无可得焉。

是故求以众人民，而既以不可矣，欲以治刑政，意者可乎？其说又不可矣。今唯无以厚葬久丧者为政，国家必贫，人民必寡，刑政必乱。若法若言，行若道，使为上者行此，则不能听治；使为下者行此，则不能从事。上不听治，刑政必乱；下不从事，衣食之财必不足。若苟不足，为人弟者求其兄而不得，不弟弟⑤必将怨其兄矣；为人子者求其亲而不得，不孝子必是怨其亲矣；为人臣者求之君而不得，不忠臣必且乱其上矣。是以僻淫邪行之民，出则无衣也，入则无食也，内续奚吾⑥，并为淫暴，而不可胜禁也，是故盗贼众而治者寡。夫众盗贼而寡治者，以此求治，譬犹使人三睘⑦而毋负己也，治之说无可得焉。

是故求以治刑政，而既已不可矣，欲以禁止大国之攻小国也，意者可邪？其说又不可矣。是故昔者圣王既没，天下失义，诸侯力征。南有楚、越之王，而北有齐、晋之君，此皆砥砺其卒伍，以攻伐并兼为政于天下。是故凡大国之所以不攻小国者，积委多，城郭不修，上下调和，是故大国不耆⑧攻之；无积委，城郭不修，上下不调和，是故大国耆攻之。今唯无以厚葬久丧者为政，国家必贫，人民必寡，刑政必乱。若苟贫，是无以为积委也；若苟寡，是城郭沟渠者寡也；若苟乱，是出战不克，入守不固。

此求禁止大国之攻小国也，而既已不可矣，欲以干⑨上帝鬼神之福，意者可邪？其说又不可矣。今唯无以厚葬久丧者为政、国家必贫，人民必寡，刑政必乱。若苟贫，是粢盛酒醴不净洁也；若苟寡，是事上帝鬼神者寡也；

若苟乱，是祭祀不时度也。今又禁止事上帝鬼神，为政若此，上帝鬼神始得从上抚之，曰："我有是人也，与无是人也，孰愈？"曰："我有是人也，与无是人也，无择也。"则惟上帝鬼神降之罪厉⑩之祸罚而弃之，则岂不亦乃其所哉！

故古圣王制为葬埋之法，曰："棺三寸，足以朽体，衣衾三领，足以覆恶⑪。以及其葬也，下毋及泉，上毋通臭，垄若参耕之亩，则止矣。死则既以葬矣，生者必无久哭，而疾而从事，人为其所能，以交相利也。"此圣王之法也。

注 释

①后子：指长子。

②孽子：庶子。

③仞：通"忍"，忍受。

④负剑：当为"伏剑"。

⑤不弟弟：不悌弟，即不恭顺的弟弟。

⑥内续奚吾：应为"内积奚后"。"奚后"，即"谀诟"，耻辱之意。

⑦睘：通"還"，即"还"，转折。

⑧者：应为"嗜"，喜好。

⑨干：求得。

⑩厉：同"疠"，疾疫。

⑪覆恶：遮蔽死者遗体。死者为人所恶，所以说"覆恶"。

译 文

所以，要以厚葬久丧来追求国家富足已经是不可能的了。欲以其增加人口，或许可以吧？这种说法又是不可的！如今若务力以厚葬久丧的原则为政。国君死了，要为他服丧三年，父母死了，都要服丧三年，妻子，等长子死了，又都要服丧三年；然后伯父、叔父、兄弟、庶子等死了，都要服丧一年；其他亲族死了，服丧五个月；姑父母、姐妹、舅父母、外甥死了，都有一定的服丧月数，则哀毁瘦损也都有一定的制度规定，服丧使自己面颊陷下去，面色黑黄，耳目不灵敏，手足不强劲，因此不能做事。又规定：上等士人守丧，必须别人搀扶才能站起来，拄着拐杖才能行走，要这样坚持三年。若效法这种言论，施行这种主张，使他们饥饿简约达到这种地步。因此，百姓冬天忍不住寒冷，夏天忍不住酷暑，生病而死的不可胜计。这就会大大损害男女之间的交往。要以此追求人口增加，就好像让人伏身剑刃上却追求其长寿一样，人口众多的说法是不可能实现的。

所以，想要以厚葬久丧来追求增加人口已经是不可能的了，那么想要用这个来治理刑法和政务，或许可以吧？这种说法又是不可的，如今若以厚葬久丧的原则为政，国家必会贫穷，人口必会减少，行政必会混乱。若效法这种言论，施行这种主张，使居上位的人依此而行，则不能听政治国，使居下位的依此而行，则不能任职行事。在上者不能听政治国，行政必然混乱；在下者不能任职行事，衣食财用必然不足。假若衣食财用不足，做弟弟的向兄长索求而不得，不恭顺的弟弟必会怨恨其兄长；做儿子的向其亲人索求而不得，不孝顺的儿子必会怨恨其双亲；做臣子的向其君主索求而不得，不忠义的臣子必会叛乱他的君主。如果行为有不端的百姓出门没有衣穿，入内没有饭吃，他们内心积攒的耻辱，共行淫邪之事，禁止都禁止不过来了。于是，盗贼众多而治理的人不足。盗贼众多而治理的人不足，用这种方法追求治理，就如让人三次背叛而不辜负自己，使国家得到治理的说法是不可能实现的。

所以，要想以厚葬久丧来使行政治理已经是不可能的了。那么想要用来禁止大国攻伐小国，或许可以吧？这种说法又是不可的。从前圣王去世以后，天下礼义废弛，诸侯凭恃强力相互攻伐，南方有楚、越之王，北方有齐、晋之君，这些君主都训练他们的军队，靠着攻伐他国、兼并小国而为政于天下。所以，但凡大国不攻打小国的，都是因为小国积贮丰富，城墙修理得好，上下和睦，所以大国不愿攻打它们。若小国没有积贮，城郭不修固，上下不和睦，大国就喜欢攻打它们。如今若务求以厚葬久丧为政，国家必定贫弱，人口必定减少，国家没有积贮；若人口减少，那么修筑城郭、沟渠的人就少；如果为政再混乱，外出打仗就不能战胜敌人，在内防守也不能坚固。

要想以厚葬久丧来禁止大国攻打小国，已经是不可能的了。想要用这个来求得上帝、鬼神的赐福，或许可以吧？这种说法有是不可的。如今务求以厚葬久丧为政的，国家必然贫弱，人口必定减少，行政必然混乱。若贫穷，则祭祀酒食便不能洁净；若人口减少，则事奉上帝鬼神的人也减少；若行政混乱，则祭祀祭祀就不能准时。如今服丧期间又禁止祭祀上帝鬼神，如此为政，上帝鬼神就要从天上发问，说："我有这样的子民，和没有这样的子民，哪样更好呢？"然后说："我有这样的子民，和没有这样的子民，并无区别。"那么，即使上帝鬼神给他们降下灾祸、降下疠疫而抛弃他们，难道不也是应得的吗？

所以，古代圣王制定丧葬之法，说：棺木三寸，足以使骸骨腐烂在里面；衣服和被子各三件，足以遮蔽死者遗体。下葬的时候，向下挖掘墓穴，向下不达到黄泉，在上覆盖坟墓，不使腐气外散，坟地方圆三尺，就足够了。死者已经埋葬了，生者不要长久哭泣，赶快就业，各从事其所能，以相互惠利。这就是圣王的法则。

经典解读

本节文字是墨子通过反驳那些主张厚葬久丧者的观点，来证明应该推行节葬的原则。

厚葬久丧显然是不利于富国、富家、增加人口的。古代生产力本来就低下，人们努力劳动，满足正常的生活就不错了，若将大量钱财、精力用在丧葬之中，必然会有生人吃不饱、穿不暖。为了死者而忽略生者，这能够称为仁义吗？死者若有知，愿意子女这样吗？为政者长期服丧，就会耽误其治国；居下者长期服丧，就会耽误其生产；年轻男女连续服丧，也会耽误生儿育女。为政者不能治理国家，在下者不能尽力生产，年轻男女不能生儿育女，国家怎么能够富强呢？

厚葬久丧也不能禁止别人的侵略，更不能防止大国攻伐小国。国家富强才是避免别人侵犯的根本，若一个国家都将精力放在丧葬之上，必然国贫民疲，这只能招致更多的攻伐。《左传·宣公九年》就记载："宋人围滕，因其丧也。"吴王阖闾也曾趁越国国丧前往讨伐。这些都说明，想通过厚葬久丧而昭示仁义，免除他国的攻伐是不可能的。

厚葬久丧能够获得神灵的赐福吗？一个人是否能得上天的赐福，在于他是否有德，统治者能够爱护百姓就是最大的德行，普通人能够惠利他人就是最大的德行；对于亲人，生前孝顺才是有德，和死后是否厚葬久丧关系并不太大。若统治者为了厚葬亲人，而严苛地剥削、役使百姓；普通人为了厚葬亲人，而损害生人，这就谈不上有德了，上天、神灵怎么会赐福于他们呢？

所以，圣王制定的丧葬之法，都是能让人得到便利，兼顾生死两方面的，使死者得到合理安葬，又不影响生者生活就可以了。其实，孔子也说："礼，与其奢也，宁俭；丧，与其易也，宁戚。"丧礼与其过于奢侈，不如俭朴些，只要能尽到孝子的哀情就足够了，大肆铺张浪费，反而有违圣人制定丧葬礼仪的初衷。

原文 3

今执厚葬久丧者之言曰：厚葬久丧虽使不可以富贫众寡、定危治乱，然此圣王之道也。子墨子曰：不然。昔者尧北教乎八狄①，道死，葬蛩山之阴，衣衾三领，榖木之棺，葛以缄②之，既淠③而后哭，满埳无封。已葬，而牛马乘之。舜西教乎七戎，道死，葬南己之市，衣衾三领，榖木之棺，葛以缄之。已葬，而市人乘之。禹东教乎九夷，道死，葬会稽之山，衣衾三领，桐棺三寸，葛以缄之，绞之不合，通之不埳④，土地之深，下毋及泉，上毋通臭。既葬，收余壤其上，垄若参耕之亩，则止矣。若以此若三圣王者观之，则厚葬久丧果非圣王之道。故三王者，皆贵为天子，富有天下，岂忧财用之不足哉，以为如此葬埋之法？

今王公大人之为葬埋，则异于此。必大棺中棺⑤，革阓⑥三操，璧玉即具，戈剑鼎鼓壶滥，文绣素练，大鞅万领⑦，舆马女乐皆具，曰必捶涂差通⑧，垄虽凡山陵。此为辍民之事，靡民之财，不可胜计也，其为毋用若此矣。

是故子墨子曰：乡者，吾本言曰：意亦使法其言，用其谋，计厚葬久丧，请可以富贫众寡、定危治乱乎，则仁也，义也，孝子之事也，为人谋者，不可不劝也；意亦使法其言，用其谋，若人厚葬久丧，实不可以富贫众寡、定危治乱乎，则非仁也，非义也，非孝子之事也，为人谋者，不可不沮也。是故求以富国家，甚得贫焉；欲以众人民，甚得寡焉；欲以治刑政，甚得乱焉；求以禁止大国之攻小国也，而既已不可矣；欲以干上帝鬼神之福，又得祸焉。上稽之尧舜禹汤文武之道而政逆之，下稽之桀纣幽厉之事，犹合节也。若以此观，则厚葬久丧其非圣王之道也。

今执厚葬久丧者言曰：厚葬久丧果非圣王之道，夫胡说中国之君子，为而不已、操而不择哉？子墨子曰：此所谓便其习而义其俗者也。昔者越之东有輆沐之国者，其长子生，则解而食之，谓之"宜弟"，其大父⑨死，负其大母而弃之，曰，鬼妻不可与居处。此上以为政，下以为俗，为而不已，操而不择。则此岂实仁义之道哉？此所谓便其习而义其俗者也。楚之南有炎人国者，其亲戚死，朽⑩其肉而弃之，然后埋其骨，乃成为孝子。秦之西有仪渠之国者，其亲戚死，聚柴薪而焚之，燻上，谓之登遐，然后成为孝子。此上以为政，下以为俗，为而不已，操而不择，则此岂实仁义之道哉？此所谓便其习而义其俗者也。若以此若三国者观之，则亦犹薄矣；若以中国之君子观之，则亦犹厚矣。如彼则大厚，如此则大薄，然则葬埋之有节矣。故衣食者，人之生利也，然且犹尚有节；葬埋者，人之死利也，夫何独无节于此乎？子墨子制为葬埋之法，曰：棺三寸，足以朽骨；衣三领，足以朽肉；掘地之深，下无菹漏⑪，气无发泄于上，垄足以期⑫其所，则止矣。哭往哭来，反从事乎衣食之财，俌⑬乎祭祀，以致孝于亲。故曰子墨子之法，不失死生之利者，此也。

故子墨子言曰：今天下之士君子，中请将欲为仁义，求为上士，上欲中圣王之道，下欲中国家百姓之利，故当若节丧之为政，而不可不察此者也。

注　释

① 八狄：指八个北方的少数民族部落。

② 缄：捆绑、密封。

③ 沕：当为犯，"窆"字的假音。窆，埋葬。

④ 通之：指挖了墓道；不培，指墓道不深。

⑤ 大棺、中棺：内棺、外棺。古代贵者安葬多有两重或以上棺椁，有内外之分，不同等级，依礼法各有差别。

⑥ 革阓：通"鞼"绣有文彩的皮革棺饰。

⑦ 大鞅万领："大鞅""万领"意思不明，或说应为"衣衾万领"之误，

但不确定。

⑧捶埨差通："捶"当为"埵"，使泥土坚硬。"埨"当为涂，涂饰。

⑨大父：祖父。

⑩朽：当为"咼"，即剐。

⑪菹漏：潮湿渗漏。

⑫期：标志。

⑬佴：有助于。

译 文

如今主张厚葬久丧的人说：厚葬久丧虽然不能使贫者富裕、人口增加、转危为安、变乱为治，然而这是圣王之道。墨子说：不是这样的。从前尧到北方教化八狄，在路上去世，安葬在蛩山之北。只有三件衣服，使用普通楮木棺材，用葛藤束缚棺木，棺木入土以后才哭泣，圹穴填平没有起坟。葬毕，可以在上面放牧牛马。舜到西方教化七戎，在路上去世，安葬在南己的市场中。只有三件衣服，使用普通楮木棺材，用葛藤束缚棺木。葬毕，市人都可以在上面行走。禹到东方教化九夷，在路上去世，安葬在会稽山。只有三件衣衾，桐木棺材三寸厚，用葛藤束缚，缠紧了但并不密合，凿了墓道也并不深。墓穴的深度，向下不及泉水，上面的封土，不泄露腐气。安葬完毕，收集剩余泥土堆在上面，坟地方圆不过三尺，就行了。若以这三位圣王的丧葬来开，则厚葬久丧果然不是圣王之道，这三位圣王，都贵为天子，富有天下，难道是担忧财用不足吗？他们认为这样才是丧葬的原则。

如今王公大人对于丧葬，则与此不同。一定要大棺、中棺具备，并以饰有文彩的皮带再三捆扎，宝璧美玉已经具备，戈剑、鼎鼓、壶滥、文绣、素练、大鞅、万领、舆马、女乐这些都具备了，还要说：一定要将墓道捶实，坟墓高大的如同山陵。以此来荒废民众的事物，耗费民众的钱财，多得不可胜数，他们尽力这样来丧葬。

所以墨子说：从前我本说过，假如效法其言辞，施用其计谋，估量厚葬久丧，果能可以使贫者富裕、人口增加、转危为安、变乱为治，那它就是仁义之事，就是孝子所应该做的，为人谋划的人，不可不劝人施行。假若效法其言辞，施用其计谋，若厚葬久丧，真的不能使贫者富裕、人口增加、转危为安、变乱为治，那它就是不仁义的，就不是孝子所应该做的。为人谋划的人，不可不劝阻这种事。所以，用厚葬久丧来追求复国，反而会更加贫穷；来追求增加人口，人口反而会更加减少；来追求行政治理，行政反而会更加混乱；来禁止大国攻伐小国，也是不可能的；来求得上帝鬼神的赐福，反会获得灾祸。向上以尧、舜、禹、汤、文王、武王之道来考察它，则恰恰与之相反；向下以桀、纣、幽王、厉王之事来考察他，则刚好与之符合。由此来看，则厚葬久丧，并非圣王之道。

如今主张厚葬久丧的人说：厚葬久丧，若果非先王之道，那怎么解释中原的君子对他行之不已、坚守不弃呢？墨子说：这就是所谓的便于习惯、安于风俗。从前越国的东面，有个叫较沐的国家，第一个孩子出生了，就将其肢解吃掉，称这种做法有利于后面的孩子。祖父死了，就背着祖母，将其遗弃到荒野，说这是鬼妻，不能与之住在一起。在上位的人，以这种做法施政，在下面的人，以这种做法为俗，行之不已，坚守不弃。这难道是仁义之道吗？这就是所谓的便于习惯、安于风俗。楚国的南面，有个叫炎人的国家，亲戚死了，就将其肉剔下来丢掉，然后埋葬其遗骨，这样做的才算是孝子。秦国的西面，有个叫仪渠的国家，亲人死了，就聚柴焚烧其尸体，称烟气上升为登天，这样做的才是孝子。居上者以此为政，在下者以此为俗，行之不已，坚守不弃，这难道是仁义之道吗？这就是所谓的便于习惯、安于风俗。若以此三国的丧葬情况来看，人们对于丧葬也还是很微薄的。若以中原君子的丧葬情况来看，人们对于丧葬也是很厚重的。像这样就太厚重，像那样就太微薄，那么丧葬就应该有所节制。人的衣物食物，是人活着时的利益所在，然而犹且有节制；丧葬之礼，是人死后的利益之所在，为何对此却没有节制呢？于是，墨子制定了丧葬的法则，规定：棺木三寸，足以使骸骨腐烂在里面；衣服三件，足以使肉体腐烂在里面。掘墓穴的深度，以下面没有湿漏、腐气不泄出地面上为度，堆坟足以让人认识就行了。哭着送葬、哭着回来。回来以后就从事谋取衣食财用，以助给祭祀，以进致孝心。所以，墨子的丧葬法则，不损害生死两方面的利益，就是如此的。

所以墨子说：现在天下的士人君子，内心确实想行仁义，追求做上士，上欲符合圣王之道，下欲切合国家百姓的利益，就应该以节丧作为行政原则，而不可不审察此事，就是这个道理。

经典解读

有人认为厚葬久丧是圣王之道，是先贤们留传下来的，墨子对此提出了反驳。先代圣王莫过于尧、舜、禹，可尧、舜、禹去世以后，并未像当今的诸侯一样倾尽全国之力来安葬个人，相反他们的丧葬仪式都十分简单，并没有高大的陵墓、丰厚的陪葬品，也没有那么多烦冗的丧葬仪式。他们生前爱惜百姓，去世以后也不使百姓为自己劳苦，所以世人尊崇他们、怀念他们；相反，近世的君主，生前就剥削、奴役百姓，死后还要大兴坟墓使百姓劳苦，还要大肆搜刮珍宝金银作为陪葬，这样的君主即便丧礼再隆重，百姓也不会对他们有一丝尊崇，反而会更加厌恶、痛恨他们。

有人认为厚葬久丧是已成的风俗习惯，不应该更改，这更是荒谬了！众人做多了，便会形成风俗；风俗有好的，也有坏的，人应该有判断好坏和是非之心，好的风俗采取遵循，坏的风俗改变还来不及，怎么能去随波逐流呢！若明明知道厚葬久丧不利于富国富家、不利于人民生活、不利于社会安定，而仅仅因为它是风俗习惯而这样做，则过错就比那些认识有误的人更严重了。

墨子节葬的观点不仅在当时社会具有积极的意义，在当今也值得人们注意。如今的很多地方，丧葬仪式都过于奢侈，有的地方认为子女为父母操办的丧事越是隆重、花钱越多，就越是孝顺，所以人们争相攀比，甚至有人举债办丧事。还有的地方，十分迷信，丧事的讲究多得数不清，又是看风水，又是建豪华墓穴……人们都想通过办丧事来展现自己的孝心、炫耀自己的富贵、求得上天的赐福……其实，这些想法、行为都是错误的，墨子两千多年前就详细指出了，如今再犯这样的错误，可以说是愚昧无知了。

总之，推行墨子节葬的主张，有利于国家富强、有利于民众生活、有利于改变社会风俗习气、有利于人们追求真正的道德。在当今社会，墨子的这种主张也毫不过时，依然具有积极的意义。

卷 七

天志上

原文1

　　子墨子言曰：今天下之士君子，知小而不知大。何以知之？以其处家者知之。若处家得罪于家长，犹有邻家所避逃之。然且亲戚、兄弟所知识①，共相儆戒，皆曰："不可不戒矣！不可不慎矣！恶有处家而得罪于家长，而可为也！"非独处家者为然，虽处国亦然。处国得罪于国君，犹有邻国所避逃之。然且亲戚、兄弟所知识，共相儆戒皆曰："不可不戒矣！不可不慎矣！谁亦有处国得罪于国君，而可为也！"此有所避逃之者也，相儆戒犹若此其厚，况无所避逃之者，相儆戒岂不愈厚，然后可哉？且语言有之曰："焉而晏日，焉而得罪②，将恶避逃之？"曰：无所避逃之。夫天不可为林谷幽门③无人，明必见之。然而天下之士君子之于天也，忽然不知以相儆戒，此我所以知天下士君子知小而不知大也。

　　然则天亦何欲何恶？天欲义而恶不义。然则率天下之百姓以从事于义，则我乃为天之所欲也。我为天之所欲，天亦为我所欲。然则我何欲何恶？我欲福禄而恶祸祟。若我不为天之所欲，而为天之所不欲，然则我率天下之百姓以从事于祸祟中也。然则何以知天之欲义而恶不义？曰：天下有义则生，无义则死；有义则富，无义则贫；有义则治，无义则乱。然则天欲其生而恶其死，欲其富而恶其贫，欲其治而恶其乱，此我所以知天欲义而恶不义也。

曰：且夫义者，政也。无从下之政上，必从上之政下。是故庶人竭力从事，未得次己④而为政，有士政之；士竭力从事，未得次己而为政，有将军、大夫政之；将军、大夫竭力从事，未得次己而为政，有三公、诸侯政之；三公、诸侯竭力听治，未得次己而为政，有天子政之；天子未得次己而为政，有天政之。天子为政于三公、诸侯、士、庶人，天下之士君子固明知，天之为政于天子，天下百姓未得之明知也。故昔三代圣王禹汤文武，欲以天之为政于天子，明说天下之百姓，故莫不犓牛羊，豢犬彘，洁为粢盛酒醴，以祭祀上帝鬼神，而求祈福于天。我未尝闻天下之所求祈福于天子者也，我所以知天之为政于天子者也。

注　释

①知识：认识，相识。

②焉而：二字无意义，为衍文；晏日：晴天，即光天化日之意。

③幽门："门"当为"闲"；幽闲，即幽僻无人之处。

④次己："次"通"恣"；恣意妄为。

译　文

墨子说：如今天下的士君子，知道小道理而不知道大道理。如何知道这点呢？以其处身于家族中的情况就可以知道。处身家族之中，得罪了家长，还有其他家族可以逃避。然而，父母、兄弟和相识的人都会彼此儆诫，说："不可不儆诫啊！不可不谨慎啊！哪有处身家族之中而可以得罪家长的呢！"不仅仅处身家族中如此，立身国家也这样。立身于国中，得罪了国君，还有邻国可以逃避。然而，父母、兄弟和相识的人都会彼此儆诫，说："不可不儆诫啊！不可不谨慎啊！哪有立身于国中却可以得罪国君的呢！"这些有地方逃避的，还如此慎重地相互儆诫，更何况那些无所逃避的，相互儆诫岂不应更加慎重，然后才可以吗？且有这样的说法："得罪于光天化日之下，将往哪里逃避呢？"这就是说无所逃避啊！天不会忽略林谷幽僻无人的地方，它一定能清晰地看到。然而，天下的士君子对于上天，却忽然不知道相互儆诫，以此我知道天下的士君子知道小道理而不知道大道理。

然则，上天喜欢什么和厌恶什么呢？上天喜欢义而厌恶不义。既然如此，率领天下百姓而做符合道义的事情，则我就做着上天所喜欢的事。我做天所喜欢的事，上天也会回报我所喜欢的事。那么，我喜欢什么，厌恶什么呢？我喜欢得到福禄而厌恶灾祸。假若我不做上天所喜欢的，而去做上天所不喜欢的，则我就在率领天下百姓，做着招致祸患的事了。那么，如何道上天喜欢义而厌恶不义呢？回答是：天下之物，有义的就生存，无义的就死亡；有义的就富贵，无义的就贫贱；有义的就治理，无义的就混乱。这就说明，上天喜欢人生存而厌恶人死亡，喜欢其富贵而厌恶其贫贱，喜欢其治理而厌恶其混乱，因此我知道上天喜欢义而厌恶不义。

且义就是用来匡正人的。不能从下正上，一定要从上正下。所以，庶人竭力做事，而不能恣意妄为，有士人匡正他们；士人竭力做事，不能恣意妄为，有将军、大夫匡正他们；将军、大夫竭力做事，不能恣意妄为，有三公、诸侯匡正他们；三公、诸侯竭力听政，不能恣意妄为，有天子匡正他们；天子也不能恣意为政，有上天匡正他。天子施政于三公、诸侯、士、庶人，天下君子固然明白地之道；可天施政于天子，天下百姓还不能明知。所以，从前三代的圣王，禹、汤、文王、武王，想将天施政于天子的事，明白地告诉天下百姓，因此他们莫不蓄牛羊，养猪狗，洁净地置办祭祀酒食，来祭祀上帝鬼神，而祈福于上天。我从未听过上天向下祈福于天子的，因此我知道是上天管理天子。

经典解读

人们处于家族之中，无不知道家长的可畏，因为得罪了家长，便没法在家族中立足；人们处于国家之中，无不知道国君的可畏，因为得罪了国君，便没法在国家里立足。爱护兄弟的人，便会儆诫他的兄弟，不要去做得罪家长、国君的事；爱护子女的人，便会儆诫他的子女，不要去做得罪家长、国君的事。这都是担心他们得罪了家长、国君而没有立足之地，遭受惩罚灾祸啊！然而，人们却不知道，有比家长、国君更有威严的，其惩罚更加严厉、迅捷的，这就是上天。得罪了家长还能逃到别的国家，从而躲避惩罚；得罪了国君还能逃到其他国家，从而躲避惩罚；可得罪了上天，就无处可逃了。世上何处不在上天的覆盖之下呢？有什么能够比上天更为明察，有什么比上天的惩罚来得更为惨烈、快速的呢？

俗话说"天知地知"，上天没有什么是不知道的，人们所做的一切恶事在上天面前都无法隐瞒；孔子说："获罪于天无所祷也！"获罪于天，就一定要受到惩罚，无论尊卑贵贱、无论愚知巧拙。所以圣人做事一定要先考虑是否合乎天道，智者虑事一定要思量是否违背天意。他们顺从天道行事，所以无往而不利；他们从不违背天意，因此能够免受上天的责罚。然而，世俗之人往往认为上天可欺，对上天的警告视而不见，认为上天的责罚自己能侥幸逃过，这简直比掩耳盗铃的行为更加愚昧可笑。他们懂得畏惧家长、畏惧君主，却不懂得畏惧上天；他们能够敬事家长、敬事君主，却不能敬顺天意，这岂不就是愚蠢，就是知道小道理而不知道大道理！

原文 2

故天子者，天下之穷①贵也，天下之穷富也。故于富且贵者，当天意而不可不顺。顺天意者，兼相爱，交相利，必得赏；反天意者，别相恶，交相贼，必得罚。然则是谁顺天意而得赏者？谁反天意而得罚者？子墨子言曰：昔三代圣王禹、汤、文、武，此顺天意而得赏也；昔三代之暴王桀纣幽厉，此反天意而得罚者也。然则禹汤文武其得赏何以也？子墨子言曰：其事上尊天，中事鬼神，下爱人。故天意曰："此之我所爱，兼而爱之；我所利，兼而利之。爱人者此为博焉，利人者此为厚焉。"故使贵为天子，富有天下，业②万世子孙，传称其善，方施③天下，至今称之，谓之圣王。然则桀纣幽厉得其罚何以也？子墨子言曰：其事上诟天，中诟鬼，下贼人，故天意曰："此之我所爱，别而恶之；我所利，交而贼之。恶人者，此为之博也；贼人者，此为之厚也。"故使不得终其寿，不殁其世，至今毁之，谓之暴王。

然则何以知天之爱天下之百姓？以其兼而明之。何以知其兼而明之？以其兼而有之。何以知其兼而有之？以其兼而食焉。何以知其兼而食焉？曰：四海之内，粒食之民，莫不犓牛羊，豢犬彘，洁为粢盛酒醴，以祭祀于上帝鬼神。天有邑人，何用弗爱也？且吾言杀一不辜者必有一不祥。杀不辜者谁也？则人也。予之不祥者谁也？则天也。若以天为不爱天下之百姓，则何故以人与人相杀，而天予之不祥？此我所以知天之爱天下之百姓也。

顺天意者，义政也；反天意者，力政也。然义政将奈何哉？子墨子言曰：处大国不攻小国，处大家不篡小家，强者不劫弱，贵者不傲贱，多诈者不欺愚。此必上利于天，中利于鬼，下利于人，三利无所不利，故举天下美名加之，谓之圣王。力政者则与此异，言非此，行反此，犹幸驰④也。处大国攻小国，处大家篡小家，强者劫弱，贵者傲贱，多诈欺愚。此上不利于天，中不利于鬼，下不利于人，三不利无所利，故举天下恶名加之，谓之暴王。

子墨子言曰：我有天志，譬若轮人之有规。匠人之有矩，轮匠执其规矩，以度天下之方圆，曰："中者是也，不中者非也。"今天下之士君子之书，不可胜载，言语不可尽计，上说诸侯，下说列士，其于仁义则大相远也。何以知之？曰：我得天下之明法以度之。

注 释

①穷：极。

②业：指子孙继承遗业。

③方施：指施溥遍于天下。

④幸驰："幸"当为"僢"，僢驰，即相乖悖。

译 文

所以说，天子是天下极为尊贵、极为富有之人。所以，富贵之人，对于天意只可顺从而不可违逆，顺从天意的，相亲相爱，相互惠利，一定得到天的赏赐；违逆天意的，相互厌恶，相互贼害，一定会得到上天的惩罚。那有谁因顺从天意而得到上天的赏赐了呢？有谁因违逆天意而受到上天的惩罚了呢？墨子说：从前三代的圣王，禹、汤、文王、武王，这些都是顺从天意而得到上天赏赐的人。从前三代的暴王，桀、纣、幽王、厉王，这些都是为你天意而受到上天惩罚的。然则，禹、汤、文王、武王，是凭借什么得到上天赏赐的呢？墨子说：他们在上遵从天，在中侍奉鬼神，在下爱护人民，所以上天说："他们对于我所爱的，自己也兼而爱之；对我所惠利的，自己也兼而利之。爱护别人，他们是最为广博的；惠利别人，他们是最为深厚的。"所以使他们贵为天子，富有天下，传业于万世子孙，天下传其美名，教化普施，至今受人称赞，被尊为圣王。那么，桀、纣、幽王、厉王，是因为什么得到惩罚的呢？墨子说：他们在上辱骂上天，在中辱骂鬼神，在下残害人民。所以上天说："我所爱护的，他们反而去伤害；我所惠利的，他们交相去残害。厌恶别人，以此最广；残害别人，以此最重。"所以使他们不得寿终，不能正命，至今还被人唾骂，称他们为暴王。

那么，如何知道上天爱护天下百姓呢？因为它无不明察。如何知道它无不明察呢？因为它无不拥有。如何知道它无不拥有呢？因为它无不得到奉养。如何知道它无不得到奉养呢？四海之内，所有民众，无不蓄牛羊，养猪狗，洁净地准备祭祀酒食，以祭祀上天鬼神。上天拥有天下人，怎么会不爱护他们呢？且我曾说过，杀死一个无辜的人，一定要遭受一桩灾祸。杀害无辜者的是谁呢？是人。降下灾祸的是谁呢？是天。若认为上天不爱惜天下百姓，那为何人与人相残杀，而上天降下不祥？我以此而知道上天是爱惜天下百姓的。

顺从天意的，就是仁义政治；违逆天意的，就是暴力政治。那么，实施仁义政治具体如何呢？墨子说：执掌大国，不攻打弱小的国家；执掌大家族，不侵夺弱小的家族；强者不胁迫弱者，贵者不傲慢贱者，狡诈者不欺骗愚钝者。如此，在上必有利于上天，在中有利于鬼神，在下有利于民众，做到这三利，则无所不利。所以全天下的美名都汇聚而来，称他们为圣王。实施暴力政治则与此不同，言辞与此相非难，行为与此相违逆，如背道而驰。执掌大国，就攻打小国；执掌大家族就侵夺小家族，强者胁迫弱者，贵者傲视贱者，狡诈者欺骗愚钝者。这在上不利于天，在中不利于鬼神，在下不利于人民。有这三不利，也就没什么利了。所以，全天下的恶名都加在他的身上，称其为暴王。

墨子说：我得到了上天的意志，就如轮人有了规。匠人有了矩，轮匠拿着他们的规矩，以度量天下的方圆，说："符合的就是合格的，不符合的就是不合格的。"如今天下士君子的书籍不可胜数，言辞不可胜计，上说诸侯，下说士人，其和仁义相差得太远了。如何知道的呢？回答是：我得到了天下圣明的法则来衡量士人君子的言论。

经典解读

古代帝王为何要自称为"天子"呢？就是因为他们知道自己应该顺从天意而

行政，应该协助上天来爱护民众、治理民众，他们的权力由上天授予，他们是上天派遣到世间的代表。因为他们能够顺从天意，所以上天赐福他们，让他们最为尊贵、最为富有，能长期保有天下而不失去。三代圣王，尧、舜、禹、汤、文、武，都是如此的。然而，后世的帝王却忘了这个道理，不知道自己身为天子就应该顺从天意，就应该代替上天来保护、治民上天的子民，反而自认为至高无上，为所欲为，违背上天的意志、戕害上天的百姓。三代暴王，桀、纣、幽王、厉王，就都是如此的。所以，他们被人民所怨恨，被上天所抛弃，最终失去了天下，丢掉了尊贵、富有的地位，受到诛罚，连生命都丢掉了。

《尚书》中说："天视自我民视，天听自我民听。"任何人内心都应对上天存有敬畏，要知道天是有意志的，是能视、能听的，要时刻将自己置身于上天的监督之下，置身于百姓的监督之下，多做符合天道，有利于民众的事，如此才能得到上天的赐福，得到民众的拥护。反之，若自认为"我就是天"、"我意就是天意"，无所顾忌、肆意妄为，那就一定会失去民心，失去上天的眷顾，最终要承受灾祸。商王武乙、战国时的宋康王，都是这样没有敬畏之心的人，他们轻视天意、不敬鬼神，自以为可以胜过上天，结果丢掉了性命、丧失了国家。所以，《诗》中说："畏天之威，于时保之。"这就是先圣对后人的谆谆叮嘱，让人要敬畏天命，永保善道。

天志中

原文1

子墨子言曰：今天下之君子之欲为仁义者，则不可不察义之所从出。既曰不可以不察义之所欲出，然则义何从出？子墨子曰：义不从愚且贱者出，必自贵且知者出。何以知义之不从愚且贱者出，而必自贵且知者出也？曰：义者，善政也。何以知义之为善政也？曰：天下有义则治，无义则乱，是以知义之为善政也。夫愚且贱者，不得为政乎贵且知者，①然后得为政乎愚且贱者，此吾所以知义之不从愚且贱者出，而必自贵且知者出也。然则孰为贵？孰为知？曰：天为贵，天为知而已矣。然则义果自天出矣。

今天下之人曰：当若天子之贵诸侯，诸侯之贵大夫，傐②明知之。然吾未知天之贵且知于天子也。子墨子曰：吾所以知天之贵且知于天子者，有矣。曰：天子为善，天能赏之；天子为暴，天能罚之；天子有疾病祸祟，必斋戒沐浴，洁为酒醴粢盛，以祭祀天鬼，则天能除去之，然吾未知天之祈福于天子也，此吾所以知天之贵且知于天子者。不止此而已矣，又以先王之书驯③天明不解之道也知之。曰："明哲维天，临君下土。"则此语天之贵且知于天子。不知亦有贵知夫天者乎？曰：天为贵，天为知而已矣。然则义果自天出矣。是故子墨子曰：今天下之君子，中实将欲遵道利民，本察仁义之本，天之意不可不慎也。

既以天之意以为不可不慎已，然则天之将何欲何憎？子墨子曰：天之意不欲大国之攻小国也，大家之乱小家也，强之暴寡，诈之谋愚，贵之傲贱，此天之所不欲也。不止此而已，欲人之有力相营，有道相教，有财相分也。又欲上之强听治也，下之强从事也。上强听治，则国家治矣；下强从事，则财用足矣。若国家治、财用足，则内有以洁为酒醴粢盛，以祭祀天鬼；外有以为环璧珠玉，以聘挠四邻。诸侯之冤不兴矣，边境兵甲不作矣。内有以食饥息劳，持养④其万民，则君臣上下惠忠，父子弟兄慈孝。故唯毋明乎顺天之意，奉而光施之天下，则刑政治，万民和，国家富，财用足，百姓皆得暖衣饱食，便宁⑤无忧。是故子墨子曰：今天下之君子，中实将欲遵道利民，本察仁义之本，天之意不可不慎也。

且夫天子之有天下也，辟之无以异乎国君诸侯之有四境之内也。今国君诸侯之有四境之内也，夫岂欲其臣国万民之相为不利哉？今若处大国则攻小国，处大家则乱小家，欲以此求赏誉，终不可得，诛罚必至矣。夫天之有天下也，将无已异此。今若处大国则攻小国，处大都则伐小都，欲以此求福禄于天，福禄终不得，而祸祟必至矣。然有所不为天之所欲，而为天之所不欲，则夫天亦且不为人之所欲，而为人之所不欲矣。人之所不欲者何也？曰：病疾祸祟也。若己不为天之所欲，而为天之所不欲，是率天下之万民以从事乎祸祟之中也。故古者圣王明知天鬼之所福，而辟天鬼之所憎，以求兴天下之利，而除天下之害。是以天之为寒热也节，四时调，阴阳雨露也时，五谷孰，六畜遂，疾菑戾疫凶饥则不至。是故子墨子曰：今天下之君子，中实将欲遵道利民，本察仁义之本，天意不可不慎也！

且夫天下盖有不仁不祥者，曰：当若子之不事父，弟之不事兄，臣之不事君也。故天下之君子，与谓之不祥者。今夫天兼天下而爱之，撽遂⑥万物以利之，若豪之末，非天之所为也，而民得而利之，则可谓否矣。然独无报夫天，而不知其为不仁不祥也，此吾所谓君子明细而不明大也。

注 释

①此处应有"贵且智者"四字，原文缺失。

②偝：当为"碻"，形容确然可知。

③驯：通"训"，训释天之明道。

④持养：保养。

⑤便宁：安宁。

⑥撽遂：驱使成熟。

译 文

墨子说：如今天下的君子想推行仁义，就不可不考察义是从哪里来的。既然说不可不考察义是从哪里来的，那么仁义究竟来源何处呢？墨子说：仁义不从愚蠢且卑贱的人中产生，一定从尊贵且明智的人中产生。如何知道仁义不从愚蠢且卑贱的人中产生，而一定从尊贵且明智的人中产生呢？回答：实行义，就是好的政治。如何知道义就是好的政治呢？回答：天下有仁义则治理，无仁义则混乱，所以知道义就是好的政治。愚蠢且卑贱的人，不能施政于尊贵且明智的人；必须是尊贵且明智的人，然后才能施政于贫贱且卑贱的人。因此我知道义不从愚蠢且卑贱的人中产生，一定从尊贵且明智的人中产生。既然如此，那么谁是尊贵的？谁是明智的呢？回答：天是尊贵的，天是明智的，如此而已。那么，仁义果然是出于上天的了。

如今天下之人说：像天子比诸侯尊贵，诸侯比大夫尊贵，这些都是明确知道的。然而，我却不知道上天如何比天子尊贵、明智。墨子说：我之所以知道上天比天子尊贵、明智，是有理由的。即：天子为善，上天能够赏赐他；天子为恶，上天能够惩罚他；天子有了疾病祸祟，一定会斋戒沐浴，洁净地准备祭祀酒食，来祭祀天地鬼神，则上天能为他除去灾病，然而我却从未听过上天向天子祈福的。因此我知道上天要比天子尊贵、明智。不仅只此而已，又可以从先王之书训示上天高明不易解说的道理中也可知道。书中说："上天高明圣哲，光辉普照大地。"这就说明了上天比天子要尊贵、明智。不知道还有比上天更尊贵、明智的吗？回答：天是最为尊贵、最为明智的，如此而已。那么，仁义就果真是从天而生出的了。所以墨子说：当今天下的君子，若心中真的想遵从大道，惠利民众，考察仁义的根本，则对于天意不可不顺从。

既然认为天意不可不顺从，那么上天希望什么，憎恶什么？墨子说：天意不希望大国攻伐小国、大家族侵扰小家族、强大者凌暴弱小者、狡诈者欺骗愚鲁者、尊贵者傲慢卑贱者，这都是上天不希望的。不仅只此而已，天意还希望人们有力相互帮助，有道相互教导，有财富相互分享。又希望在上位的人努力听政治事，在下位的人努力从事劳作。在上位的人努力听政治事，那么国家就治理了；在下位的人努力从事劳作，那么财用就充足了。若国家治理、财用充足，则在内有能力洁净地准备祭祀酒食，以祭祀天地鬼神；在外有能力准备环璧珠玉，以聘问交接四邻。诸侯的仇怨就不会产生，边境的战事就不会发生了。在内有能力饥者得食、劳者得息，养护万民，则君惠臣忠上下和谐，父慈子孝兄弟睦洽。所以，只要务力于明白上天之意，奉行而施之于天下，则行政治理，万民和谐，国家富强，财用充足，百姓都能暖衣饱食，安宁无忧。所以墨子说：当今天下的君子，若心中真的想遵从大道，惠利民众，考察仁义的根本，则对于天意不可不顺从。

且天子拥有天下，就好比诸侯国君拥有四境之内一样没有分别。如今诸侯国君拥有四境之内，难道希望他的民众相互不利吗？如今执掌大国就攻伐小国，执掌大家族就侵扰小家族，要想以此求得赏誉，追究得不到，而且诛戮刑罚一定会到来。上天拥有天下，也与此无异。如今若执掌大国就攻伐小国，执掌大都城就侵伐小城，要想以此向上天求俘虏，福禄终究不能得到，而殃祸灾异一定会到来。若人不做上天所希望的，而做上天所不希望的，那上天也同样不做人所希望的，而做人所不希望的。人所不希望的是什么呢？是疾病灾祸。若自己不做上天所希望的，而做上天所不希望的，就是率领天下万民而从事招致灾祸之事。所以，古代圣王明知天地鬼神所降福的，而避免做上天鬼神所憎恶的，以求兴起天下之利，而除去天下之害。因此上天安排寒暑合节，四时调顺，阴阳雨露及时，五谷成熟，六畜顺利成长，疾病灾疫凶年饥荒都不到来。所以墨子说：当今天下的君子，若心中真的想遵从大道，惠利民众，考察仁义的根本，则对于天意不可不谨慎地顺从。

且天下存在不仁不祥的人，说：像儿子不侍奉父亲，弟弟不侍奉兄长，臣子不侍奉君主，所以天下的君子都称其为不祥之人。现在上天兼爱天下万民，育成万物而惠利他们，即便是像毫毛一样细小的，也莫非上天所为，人们所得到的惠利，可以是大了。然而，人民唯独没有回报上天的，也不知道这种行为是不仁不祥的。这就是我说君子明白细小的道理而不明白大道理啊！

经典解读

智者施政于愚者，尊者施政于贱者，就是匡正他们的行为，教他们仁义之道、相互惠利之道。而世上没有比上天更为明智、更为尊贵的了，上天支配天下万物，比天子、诸侯更为尊贵，比圣人、智者更为明智，那它自然也希望世人遵守仁义之道，能够相互惠利了。所以，若人能够行仁义，惠人利人，那他就是合乎天道的，就一定能够得到上天的赐福；若人违背仁义，杀人害人，那他就是违背上天之道的，就必然要遭受上天的惩罚。

天下的统治者无不自称受命于天，施政时无不说自己顺从天意，攻伐别国的时候无不说自己是代替上天惩罚无道，可他们往往自己却做出不符合上天意愿的事情，却又不察觉。他们口中说顺从天命，却残害上天创造的生命，挥霍上天赐给民众的衣食财用，违背上天安排的时令，扰乱上天制定的阴阳、男女关系……他们这样还妄想着得到上天的赐福，岂不是糊涂！所以，那些大兴宫室而使民众没有住所的统治者，那些吃着山珍海味却使民众不能填饱肚子的统治者，那些大量征选嫔妃、宫女，导致天下阴阳失调的统治者，都是在违背上天的意愿，都有愧于"天子"的称号。他们自以为身居高位、尊贵无比，却终将会受到上天的惩罚。

原文 2

　　且吾所以知天之爱民之厚者有矣。曰：以磨①为日月星辰，以昭道之；制为四时春秋冬夏，以纪纲之；雷降雪霜雨露，以长遂五谷麻丝，使民得而财利之；列为山川豁谷，播赋②百事，以临司③民之善否；为王公侯伯，使之赏贤而罚暴；贼④金木鸟兽，从事乎五谷麻丝，以为民衣食之财。自古及今，未尝不有此也。今有人于此，驩若爱其子，竭力单⑤务以利之。其子长，而无报子求父，故天下之君子与谓之不仁不祥。今夫天兼天下而爱之，撽遂万物以利之，若豪之末，非天之所为，而民得而利之，则可谓否矣。然独无报夫天，而不知其为不仁不祥也，此吾所谓君子明细而不明大也。

　　且吾所以知天爱民之厚者，不止此而足矣。曰：杀不辜者，天予不祥。不辜者谁也？曰：人也。予之不祥者谁也？曰：天也。若天不爱民之厚，夫胡说人杀不辜，而天予之不祥哉？此吾之所以知天之爱民之厚也。且吾所以知天之爱民之厚者，不止此而已矣。曰：爱人利人，顺天之意，得天之赏者有之；憎人贼人，反天之意，得天之罚者亦有矣。

　　夫爱人利人，顺天之意，得天之赏者，谁也？曰：若昔三代圣王尧舜禹汤文武者是也。尧舜禹汤文武焉所从事？曰：从事兼，不从事别。兼者，处大国不攻小国，处大家不乱小家，强不劫弱，众不暴寡，诈不谋愚，贵不傲贱。观其事，上利乎天，中利乎鬼，下利乎人，三利无所不利，是谓天德。聚敛天下之美名而加之焉，曰：此仁也，义也，爱人利人，顺天之意，得天之赏者也。不止此而已，书于竹帛，镂之金石，琢之槃盂，传遗后世子孙。曰：将何以为？将以识夫爱人利人，顺天之意，得天之赏者也。《皇矣》道之曰："帝谓文王，予怀明德，不大声以色，不长夏以革⑥，不识不知，顺帝之则⑦。"帝善其顺法则也，故举殷以赏之，使贵为天子，富有天下，名誉至今不息。故夫爱人利人，顺天之意，得天之赏者，既可得留而已。夫憎人贼人，反天之意，得天之罚者谁也？曰：若昔者三代暴王桀纣幽厉者是也。桀纣幽厉焉所从事？曰：从事别，不从事兼。别者，处大国则攻小国，处大家则乱小家，强劫弱，众暴寡，诈谋愚，贵傲贱。下不利观其事，上不利乎天，中不利乎鬼，乎人。三不利无所利，是谓天贼。聚敛天下之丑名而加之焉，曰：此非仁也，非义也，憎人贼人，反天之意，得天之罚者也。不止此而已，又书其事于竹帛，镂之金石，琢之槃盂，传遗后世子孙。曰：将何以为？将以识夫憎人贼人，反天之意，得天之罚者也。《大誓》之道之曰："纣越厥夷居，不肯事上帝，弃厥先神祇不祀，乃曰：吾有命，无廖僇务⑧。天下⑨。天亦纵弃纣而不葆。"察天以纵弃纣而不葆者，反天之意也。故夫憎人贼人，反天之意，得天之罚者，既可得而知也。

是故子墨子之有天之，辟人⑩无以异乎轮人之有规，匠人之有矩也。今夫轮人操其规，将以量度天下之圆与不圆也，曰：中吾规者谓之圆，不中吾规者谓之不圆。是以圆与不圆，皆可得而知也。此其故何？则圆法明也。匠人亦操其矩，将以量度天下之方与不方也，曰：中吾矩者谓之方，不中吾矩者谓之不方。是以方与不方，皆可得而知之。此其故何？则方法明也。故子墨子之有天之意也，上将以度天下之王公大人为刑政也，下将以量天下之万民为文学、出言谈也。观其行，顺天之意，谓之善意行；反天之意，谓之不善意行。观其言谈，顺天之意，谓之善言谈；反天之意，谓之不善言谈。观其刑政，顺天之意，谓之善刑政；反天之意，谓之不善刑政。故置此以为法，立此以为仪，将以量度天下之王公大人卿大夫之仁与不仁，譬之犹分黑白也。是故子墨子曰：今天下之王公大人士君子，中实将欲遵道利民，本察仁义之本，天之意不可不顺也。顺天之意者，义之法也。

注 释

①磨：当为"历"。

②播赋：播布。

③临司：下临监察。

④贼：当为"赋"，收敛。

⑤单：通"殚"，竭尽。

⑥不长夏以革：夏，诸夏；革，变革。即：不因为成为诸夏之长，就私

意变革先王的法度。

⑦不识不知，顺帝之则：不识古、不知今，顺从天帝的法则而行事。形容天道贵诚、道法自然。

⑧无廖僄务：当为"无缪其务"，即不尽心于其政务。

⑨天下：天下前缺失文字，应为"残贼天下""扰乱天下"等。

⑩辟人：当为"辟之"；辟，通"譬"。

译　文

且我所以知道上天厚爱民众也是有原因的。即：上天分别日月星辰，以照耀天下；制定春秋四时，以为纪纲；降下雨露霜雪，让五谷麻丝生长成熟，使民众得以供给财用；列出山川溪谷，以广布各种事业，用以监察民之善恶；设立王公侯伯，使他们尚贤罚暴，征收金木鸟兽，督促民众从事五谷、丝麻的生产，以为百姓衣食之用。从古至今，未尝不是这样的。如今有这样的人，高兴地真爱自己的孩子，竭尽全部精力、一切事务来惠利孩子，他的孩子长大了，却不报答父亲，所以天下的君子都会说他不仁不义。如今上天对天下万民兼而爱之，长养万物来惠利民众，即便秋毫之末，也无非上天之所以，民众因此得到的惠利可以说是大了。然而，人们却唯独不知回报上天，却不知道这是不仁不义的事。这就是我说君子明白细小的道理而不知道大道理。

且我所以知道上天厚爱民众，还不止于此。即：杀害无辜之人，上天必定降下不祥予他。无辜被杀的是谁呢？说：是人。降下不祥的是谁呢？说：是上天。若上天不厚爱民众，那为什么说有人杀了无辜之人，上天就会降下不祥给他呢？这就是我知道上天厚爱民众的原因。且我所以知道上天厚爱民众，还不止于此。即：爱人利人，顺应天意，得到上天赏赐的人是存在的；憎人害人，违逆天意，得到上天惩罚的人也是存在的。

爱人利人，顺应天意，而得到上天赏赐的有谁呢？回答是：从前三代的圣王，尧、舜、禹、汤、文王、武王。尧、舜、禹、汤、文王、武王施行些什么呢？回答是：施行"兼"，而不施行"别"。兼，就是执掌大国而不攻伐小国，执掌大家族而不侵扰小家族，强大者不挟制弱小者，人数多的不侵暴人数少的，狡诈的不图谋愚鲁的，尊贵的不傲视卑贱的。察其行事，对上有利于上天，对中有利于鬼神，对下有利于人民，有此三利则无所不利，这就是"天德"。人们将天下的美名聚拢起来，加到他们头上，说：这就是仁，是义，是爱人利人，是顺应天意，得到上天赏赐的人。不止如此而已，又将他们的事迹书于竹帛，镂于金石，刻于盘盂之上，传示于子孙后代。这是为什么呢？是为了让人记住爱人利人，顺应天意，就能得到上天赏赐。《皇矣》中说道："天帝告诉文王，我思念有明德之人，他不虚张声势，不肆意变革先王法度。不识古、不知今，谨遵天帝的法则而行事。"天地赞赏文王顺从其法则，所以将殷商的天下赏赐给他，使他贵为天子，富有天下，名声至今不息。所以，爱人利人，顺从天意，得到上天赏赐的人，已经可以知道了。那憎人害人，违逆天意，得到上天惩罚的都有谁呢？回答是：从前三代的暴王，桀、纣、幽王、厉王就是。桀、纣、幽王、厉王施行些什么呢？回答：施行"别"，而不施行"兼"。别，就是执掌大国则攻伐小国，执掌大家族则侵扰小家族，强大的挟制弱小的，人数多的侵暴人数少的，狡诈的图谋愚鲁的，尊贵的傲视卑贱的。察其行事，对上不利于上天，对中不利于鬼神，对下不利于人民，有此三不利，也就没什么利了，这就是"天贼"。人民将天下的丑名聚拢起来，加到他们头上，说：这就是不仁，这就是不义。是憎人害人，违逆天意，得到上天惩罚的人。不止如此而已，又将他们的事迹书于竹帛，镂于金石，刻于盘盂之上，传示于后世子孙。这是为什么呢？是为了让人记住憎人害人，违逆天意，就会得到上天的惩罚。《泰誓》中说："纣傲慢不恭，不肯事奉上帝，遗弃他的先祖和神祇不祭祀，还说：我有天命，不勤于政务，残害天下，上天也抛弃纣而不去保佑他。"考察上天抛弃纣而不去保佑他的原因，是他违逆了天意。所以，憎人害人，违逆天意，而得到上天惩罚的人，已经可以知道了。

所以墨子认为有天志，就如轮匠有圆规，木匠有方尺一样。如今轮匠拿着他的圆规，用以度量天下的圆与不圆，说：与我圆规相符合的就是圆，不符合的就是不圆。因此圆与不圆，就都可以知道了。这是什么缘故呢？因为确定圆的规则很明确。木匠也拿着他的方尺，用以度量天下的方与不方。说：与我的方尺相符合的就是方，不符合的就是不方。因此方和不方，就都可以知道了。这是什么缘故呢？因为确定方的规则很明确。所以墨子认为有天意，在上它将用以度量天下王公大人的施政行事，在下他将用以度量天下万民的文辞与言谈。观察人们的行为，顺从天意的，就称之为好行为，违逆天意的，就称之为不好行为；观察人们的言谈，顺从天意的，就称之为好言谈，违逆天意的，就称之为不好言谈；观察人们的施政，顺从天意的，就称之为好行政，不顺从天意的，就称之为不好行政。所以将天志立为法则，置为标准，用它来度量天下王公大人卿大夫的仁与不仁，就像分辨黑白一样简单明了。所以墨子说：如今天下的王公大人士君子，若心中真的想遵从大道，惠利民众，考察仁义的根本，则对于天意不可不顺从。顺从天意，就是仁义的法则。

经典解读

老子认为上天对人没有特殊的感情，既谈不上厌恶、也谈不上喜爱，即"天地不仁，以万物为刍狗"；但在墨子看来却恰恰相反，上天是有意志、有感情的，它对天下民众是十分珍爱的。天有日月星辰，有寒暑四时，有雨露霜雪，有五谷、丝麻等等，这些都是上天为了养育人类而创造出的，是上天对人的馈赠，体现了其对人的爱护。墨子之所以有这样的观点，并不是他"迷信"，而是他想通过这种天地观来劝诫统治者爱护百姓。当时很多人能够知道天命的可畏，知道上天可以为世人降下吉凶祸福，却不知道如何才是顺应天意，如何才能够得到上天的赐福。墨子在此就告诉人们，天意就是施行仁义的政治、爱惜百姓、惠利百姓。

并且墨子指出，天意是王公大人士君子行事的根本原则，它对于士君子而言，就如圆规对应于轮匠，方尺对应于木匠。有了圆规方尺，轮匠、木匠才能从事自己的事业，制作合格的车轮、木工；同样，了解了天意、知道遵守天意，士君子才能胜任自己的事业，治理好天下国家。古代的圣王之所以能治理好天下，就是因为他们顺从天意，以天意为规矩，按照上天的要求爱惜民众、惠利民众；而古代的暴王为何失去天下呢？就是因为他违逆天意，不以天意为规矩，残害民众、轻视民众。所以说，天意是士君子的行事原则，是士君子的安身之本，人要想称为上士，有所作为，必须严格遵从天道。

天志下

原文 1

　　子墨子言曰：天下之所以乱者，其说将何哉？则是天下士君子，皆明于小而不明于大。何以知其明于小不明于大也？以其不明于天之意也。何以知其不明于天之意也？以处人之家者知之。今人处若家得罪，将犹有异家所，以避逃之者。然且父以戒子、兄以戒弟，曰："戒之慎之，处人之家，不戒不慎之，而有①处人之国者乎？"今人处若国得罪，将犹有异国所，以避逃之者矣，然且父以戒子，兄以戒弟，曰："戒之慎之，处人之国者不可不戒慎也！"今人皆处天下而事天，得罪于天，将无所以避逃之者矣。然而莫知以相极戒②也，吾以此知大物则不知者也。

　　是故子墨子言曰：戒之慎之，必为天之所欲，而去天之所恶。曰：天之所欲者何也？所恶者何也？天欲义而恶其不义者也。何以知其然也？曰：义者，正③也。何以知义之为正也？天下有义则治，无义则乱，我以此知义之为正也。然而正者，无自下正上者，必自上正下。是故庶人不得次己而为正，有士正之；士不得次己而为正，有大夫正之；大夫不得次己而为正，有诸侯正之；诸侯不得次己而为正，有三公正之；三公不得次己而为正，有天子正之；天子不得次己而为政，有天正之。今天下之士君子，皆明于天子之正天下也，而不明于天之正天子也。是故古者圣人，明以此说人曰："天子有善，天能赏之；天子有过，天能罚之。"天子赏罚不当，听狱不中，天下疾病祸福④，霜露不时，天子必且犓豢其牛羊犬彘，洁为粢盛酒醴，以祷祠祈福于天。我未尝闻天之祷祈福于天子也，吾以此知天之重且贵于天子也。是故义者不自愚且贱者出，必自贵且知者出。曰：谁为知？天为知。然则义果自天出也。今天下之士君子之欲为义者，则不可不顺天之意矣。

曰：顺天之意何若？曰：兼爱天下之人。何以知兼爱天下之人也？以兼而食之也。何以知其兼而食之也？自古及今，无有远灵⑤孤夷之国，皆犓豢其牛羊犬豕，洁为粢盛酒醴，以敬祭祀上帝山川鬼神，以此知兼而食之也。苟兼而食焉，必兼而爱之。譬之若楚、越之君，今是楚王食于楚之四境之内，故爱楚之人；越王食于越，故爱越之人。今天兼天下而食焉，我以此知其兼爱天下之人也。

且天之爱百姓也，不尽物⑥而止矣。今天下之国，粒食之民，杀一不辜者，必有一不祥。曰：谁杀不辜？曰：人也。孰予之不辜？曰：天也。若天之中实不爱此民也，何故而人有杀不辜而天予之不祥哉？且天之爱百姓厚矣，天之爱百姓别⑦矣，既可得而知也。

何以知天之爱百姓也？吾以贤者⑧之必赏善罚暴也。何以知贤者之必赏善罚暴也？吾以昔者三代之圣王知之。故昔也三代之圣王尧舜禹汤文武之兼爱之天下也，从而利之，移其百姓之意焉，率以敬上帝山川鬼神，天以为从其所爱而爱之，从其所利而利之，于是加其赏焉，使之处上位，立为天子以法也，名之曰"圣人"，以此知其赏善之证。是故昔也三代之暴王桀纣幽厉之兼恶天下也，从而贼之，移其百姓之意焉，率以诟侮上帝山川鬼神。天以为不从其所爱而恶之，不从其所利而贼之，于是加其罚焉，使之父子离散，国家灭亡，扗失⑨社稷，忧以及其身。是以天下之庶民属而毁之，业万世子孙继嗣，毁之贲不之废⑩也，名之曰"失王"⑪，以此知其罚暴之证。今天下之士君子欲为义者，则不可不顺天之意矣。

注 释

①有：当为"可"。

②极戒：当为"儆诫"。

③正：匡正。

④疾病祸福：当为"疾病祸祟"。

⑤远灵：灵，当为"雾"，远雾，即"远方"。

⑥不尽物：当为"不尽此"。

⑦别：当为"遍"。

⑧贤者：按照文意，此处两个"贤者"当为"天"。

⑨扤失：损失、颠损。

⑩毁之责不之废：应为"毁之者不废"。

⑪失王：按前文，当为"暴王"。

译　文

墨子说：天下之所以混乱，其原因是什么呢？就是天下的士君子，都只明白小道理而不明白大道理。如何知道他们明白小道理而不明白大道理呢？从他们不明白天意就可知道。如何知道他们不明白天意呢？从他们处于家族之中的状况可知。如今有人处于家族之中，得罪了（家长），还有其他家族可以逃避，然而父亲以此告诫儿子、兄长以此告诫弟弟，说："警戒啊！谨慎啊！处于家族之中，都不警戒不谨慎，如何能立身国中呢？"如今有人处于国中，得罪了（君主），还有其他的国家可以逃避，然而父亲以此告诫儿子、兄长以此告诫弟弟，说："警戒啊，谨慎啊，处于国中，不可不警戒、谨慎啊！"如今所有人都处于天下而事奉上天，得罪于上天，将无所逃避。然而，没有知道相互儆诫的，我以由此知道他们对于大道理是不明白的。

所以墨子说：警戒啊！谨慎啊！一定要做天所希望的，而除去天所厌恶的。天所希望的是什么呢？所厌恶的是什么呢？天希望义而厌恶不义。如何知道这样呢？因为义就是正道。如何知道义就是正道呢？天下有义则治理，无义则混乱，我因此知道义就是正。然而，正，没有自下正上的，一定是自上正下。所以庶人不得恣意去匡正自己，一定有士人来匡正他；士人不得恣意匡正自己，一定有大夫来匡正他；大夫不得恣意匡正自己，一定有诸侯来匡正他；诸侯不得恣意匡正自己，一定有三公来匡正他；三公不得恣意匡正自己，一定有天子来匡正他；天子不得恣意匡正自己，一定要上天来匡正他。如今天下的士君子，都明白天子能够匡正天下，而不明白上天会匡正天子。所以古代的圣人，明白地将这道理告诉民众，说："天子有了善行，上天能赏赐他；天子有了过错，上天能惩罚他。"天子赏罚不当，行政不公，天下就会暴发疾病灾害，霜雪雨露不按时。这时天子必须蓄养牛羊猪狗，洁净地准备酒食祭祀，以向上天祈福。我从未听闻过上天需要向天子祈福的，因此，我知道天比天子要更为尊贵、庄重。因此，义不从愚蠢且卑贱的人中产生，一定会从尊贵且明智的人中产生。谁最明智呢？天最为明智。由此可见，义果真是出自于上天的。如今的士君子想要追求义的，不可不顺从天意啊！

顺从天意应该怎么做呢？答曰：要兼爱天下之人。怎么知道兼爱天下之人是顺应天意的呢？因为上天得到天下所有人的奉养。如何知道上天得到天下所有人的奉养呢？自古及今，无论如何遥远偏僻的国家，都蓄养牛羊猪狗、洁净地准备祭祀酒食，恭敬地祭祀上帝、山川、鬼神，由此可知上天得到天下所有人的奉养。若上天得到天下所有人的奉养，一定会兼爱天下所有人。就如楚国、越国的君主，如今楚王在楚国四境之内得到奉养，所以他爱惜楚国人；越王在越国四境之内得到奉养，所以他爱惜越国人。如今上天得到天下所有人的奉养，我因此知道他兼爱天下所有人。

上天爱护百姓，不仅如此而已。如今天下所有国家，所有民众，杀了无辜的人，一定会遭受一种不祥的事情。杀无辜的是谁呢？是人。谁降下不祥呢？是上天。若上天心中确实不爱惜这些民众，为何有杀无辜的人，上天就给他不祥呢？且上天爱护百姓是很厚重的，是很普遍的，这已经可以知道了。

还能通过什么知道上天爱护百姓呢？我从上天必定要赏善罚恶中得知。怎么知道上天必定要赏善罚恶呢？我从前三代圣王的事迹中得知。从前三代的圣王，尧、舜、禹、汤、文王、武王都兼爱天下百姓，从而惠利民众，改变百姓的心意，率领他们敬事上帝、山川、鬼神，上天认为他们亲爱自己所亲爱的人，惠利自己所惠利的人，对他们加以奖赏，使他们处于上位，立为天子，供世人效法，称他们为"圣人"。从这可以知道善的证据。从前三代的暴王，桀、纣、幽王、厉王等，厌恶天下所有百姓，因此贼害他们，改变百姓的心意，率领他们侮慢上帝、山川、鬼神，上天认为他们不跟从自己所爱而厌恶他们，不跟从自己所利而贼害他们，于是对他们加以惩罚，使他们父子离散，国家灭亡，社稷倾覆，忧及自身。所以天下的民众也都责骂他们，到了子孙万世以后，对他们的责骂还未停止，称他们为"暴王"。从这就可以知道罚暴的证据。如今天下的士君子，要想追求仁义，就不可不顺从上天的意愿。

经典解读

上天希望人们遵守道义，厌恶人们反对道义，希望人们相亲相爱，厌恶人们相互残害，希望父慈子孝、君惠臣忠，厌恶夫子不亲、君臣不合……所以，人们要想让天下治平，只需要遵从天道就足够了。不用记着那么多规矩、条例，做事的时候只要先想想自己是否符合天道就足够了，符合天道的就去做，违背天道的就赶紧停下来，这样又怎么会犯错误呢？又怎么会得不到上天的赐福呢？

古代的圣王之所以能够得到上天的赐福，得到百姓的敬爱、后人的怀念，就是因为他们能够顺应天道，而仁爱、惠利民众，当今的王公大人士君子应该以他们作为自己行事的规矩。古代的暴王之所以遭受上天的惩罚，被百姓所厌恶，被后人所耻笑，就是因为他们不顺从天道，残害民众、行为邪僻，当今的王公大人士君子都应当以他们为前车之鉴。能以圣王作为榜样，以暴王作为警戒，王公大人士君子也就知道该如何治理天下，该如何顺从天道了。

原文2

> 曰：顺天之意者，兼也；反天之意者，别也。兼之为道也，义正①；别之为道也，力正。曰：义正者何若？曰：大不攻小也，强不侮弱也，众不贼寡也，诈不欺愚也，贵不傲贱也，富不骄贫也，壮不夺老也。是以天下之庶国，莫以水火毒药兵刃以相害也。若事上利天，中利鬼，下利人，三利而无所不利，是谓天德。故凡从事此者，圣知也，仁义也，忠惠也，慈孝也，是故聚敛天下之善名而加之。是其故何也？则顺天之意。曰：力正者何若？曰：大则攻小也，强则侮弱也，众则贼寡也，诈则欺愚也，贵则傲贱也，富则骄贫也，壮则夺老也。是以天下之庶国，方以水火毒药兵刃以相贼害也。若事上不利天，中不利鬼，下不利人，三不利而无所利，是谓之贼。故凡从事此者，寇乱也，盗贼也，不仁不义，不忠不惠，不慈不孝，是故聚敛天下之恶名而加之。是其故何也？则反天之意也。

故子墨子置立天之②，以为仪法，若轮人之有规，匠人之有矩也。今轮人以规，匠人以矩，以此知方圆之别矣。是故子墨子置立天之，以为仪法，吾以此知天下之士君子之去义远也。何以知天下之士君子之去义远也？今知氏大国之君宽者然曰③："吾处大国而不攻小国，吾何以为大哉！"是以差论蚤牙之士④，比列其舟车之卒，以攻罚无罪之国，入其沟境，刈其禾稼，斩其树木，残其城郭，以御⑤其沟池，焚烧其祖庙，攘杀其牺牲，民之格者，则劲拔⑥之，不格者，则系操⑦而归，丈夫以为仆圉胥靡，妇人以为舂酋⑧。则夫好攻伐之君，不知此为不仁义，以告四邻诸侯曰："吾攻国覆军，杀将若干人矣。"其邻国之君亦不知此为不仁义也，有具其皮币，发其绶处，使人赊贺焉。则夫好攻伐之君，有重不知此为不仁不义也，有书之竹帛，藏之府库。为人后子者，必且欲顺其先君之行，曰："何不当发吾府库，视吾先君之法美⑨？"必不曰文、武之为正者若此矣。曰：吾攻国覆军杀将若干人矣。则夫好攻伐之君，不知此为不仁不义也，其邻国之君不知此为不仁不义也，是以攻伐世世而不已者，此吾所谓大物则不知也。

所谓小物则知之者，何若？今有人于此，入人之场园，取人之桃李瓜姜者，上得且罚之，众闻则非之，是何也？曰：不与其劳，获其实，已非其有所取之故。而况有逾于人之墙垣，担格⑩人之子女者乎？与角人之府库，窃人之金玉蚤絫者乎？与逾人之栏牢，窃人之牛马者乎？而况有杀一不辜人乎？今王公大人之为政也，自杀一不辜人者；逾人之墙垣，担格人之子女者；与角人之府库，窃人之金玉蚤絫者；与逾人之栏牢，窃人之牛马者；与入人之场园，窃人之桃李瓜姜者，今王公大人之加罚此也。虽古之尧舜禹汤文武之为政，亦无以异此矣。今天下之诸侯，将犹皆侵凌攻伐兼并，此为杀一不辜人者，数千万矣；此为逾人之墙垣，格人之子女者，与角人府库，窃人金玉蚤絫⑪者，数千万矣；逾人之栏牢，窃人之牛马者，与入人之场园，窃人之桃李瓜姜者，数千万矣，而自曰义也。故子墨子言曰：是蒉⑫我者，则岂有以异是蒉蒉黑白甘苦之辩者哉！今有人于此，少而示之黑谓之黑，多示之黑谓白，必曰：吾目乱，不知黑白之别。今有人于此，能少尝之甘谓甘，多尝谓苦，必曰吾口乱，不知其甘苦之味。今王公大人之政也，或杀人，其国家禁之，此蚤越⑬有能多杀其邻国之人，因以为文义，此岂有异贲白黑、甘苦之别者哉？

故子墨子置天之，以为仪法。非独子墨子以天之志为法也，于先王之书《大夏》之道之然："帝谓文王：予怀明德，毋大声以色，毋长夏以革。不识不知，顺帝之则。"此语文王之以天志为法也，而顺帝之则也。且今天下之士君子，中实将欲为仁义，求为上士，上欲中圣王之道，下欲中国家百姓之利者，当天之志而不可不察也。天之志者，义之经也。

注 释

①正：当为"政"。

②之：当为"志"。

③今知氏大国之君宽者然曰：应为"今是大国之君者嚣然曰"。"知"为衍文；"氏"当为"是"；"宽"当为"嚣"。

④蚤牙之士：当为"爪牙之士"。

⑤御：当为"堙"。

⑥劲拔：当为"劲杀"。

⑦系操：当为"系累"。

⑧春酋：指春米、掌酒的奴婢。

⑨法美：当为"法仪"。

⑩挹格：抢掠。

⑪蚤枭：当为"布枭"，即布帛。

⑫贲：通"棼"，扰乱，混淆。

⑬此蚤越：疑当为"以斧钺"，指以斧钺之威来禁人杀人。

译 文

顺从天意，就是要施行"兼"；违逆天意，就是施行"别"。兼，就是义政；别，就是力政。义政是什么样的呢？回答是：大国不攻伐小国，强者不欺侮弱者，人数多的不残害人数少的，狡诈的不欺骗愚笨的，尊贵的不傲视卑贱的，富有的不骄慢贫穷的，壮年人不抢夺老年人。所以天下众国，不以水火、毒药、兵刃相互残害。如此行事，对上有利于上天，对中有利于鬼神，对下有利于民众，有此三利而无往不利，这就是天德。所以，但凡施行此道的，就是圣智、仁义、忠惠、慈孝的，所以人民聚集天下所有的美名加在他们身上。这是什么缘故呢？就是顺从天意。力政又是什么样的呢？回答是：大国攻伐小国，强者欺侮弱者，人数众的残害人数少的，狡诈的欺骗愚鲁的，尊贵的傲视卑贱的，富贵的骄慢贫穷的，壮年人抢夺老年人。所以天下众国，都以水火、毒药、兵刃相互残害。如此行事，对上不利于上天，对中不利于鬼神，对下不利于人民，有此三不利，也就没有什么利了，这就是天贼。所以，但凡施行此道的，就是寇乱、盗贼、不仁不义、不忠不惠、不慈不孝，所以人们聚集天下的恶名加在他们身上。这是什么缘故呢？就是违逆了上天的意愿。

所以，墨子设立天志作为准则，就像轮匠有了圆规，木匠有了方尺一样。如今轮匠凭借圆规、木匠凭借方尺，来辨别方圆；墨子也设立天志，来作为准则。我因此知道天下的士君子离义很远。如何知道天下的士君子离义很远呢？现在大国的君主，嚣然自负地说："我执掌大国而不攻伐小国，我怎么能称为大国呢！"于是，选拔爪牙之士，陈列舟车士卒，进攻无罪的国家，入其边境，割其庄稼，砍伐其树木，摧毁其城郭以填充其沟池，焚烧其祖庙，掠杀其牲畜。有敢于抵抗的民众，就将其杀死；不抵抗的，就捆绑着抓回去，男的用作奴仆、马夫，女的让其舂米、掌酒。喜欢攻伐的君主，不知道这是不仁义的，通报四邻诸侯说："我攻打他国，覆灭他们的军队，杀了将领多少人。"其邻国的君主，也不知道这是不仁义的，又准备皮币、拿出府库中的积蓄，派人前去犒劳庆贺。那些喜好攻伐的君主，又不知道这是不仁不义的，将其书写在竹帛之上，收藏在府库之中。作为后世子孙的，必定要顺从其先君而行事，说："为什么不打开府库，看看我们先君留下的法则呢？"那上面必定不会写着文王、武王是怎么为政的，而是记载着"我攻打他国，覆灭他们的军队，杀了将领多少人"等等。则那些好攻伐的君主，不知道这是不仁不义的，其邻国的君主也不知道这是不仁不义的，所以相互攻伐世世代代不止。所以我说天下的士君子对于大道理是不明白的。

所谓小事知道，是怎么样的呢？如今有人进入别人的园子，偷窃别人的瓜果蔬菜等，上面的人知道了就会惩罚他，众人听说了就会责骂他，这是为何呢？因为他不参加劳动种植，却获取果实，拿取不属于自己所有的东西的缘故。更何况那些翻越人家的院墙，抢夺别人子女的人呢？更何况穿逾人家府库，窃取别人金玉布帛的呢？更何况跨越人家栏杆，盗窃别人牛马的呢？更何况杀死一个无辜之人的呢？如今王公大人为政，杀死一个无辜之人的，翻越院墙抢夺别人子女的，穿逾府库窃取金玉布帛的，跨越栏杆盗窃牛马的，对于进入园子偷取瓜果蔬菜，现在的王公大人对这些进行惩罚，即便古代圣王如尧、舜、禹、汤、文王、武王也不会与此有所不同。现在天下的诸侯，都在相互攻伐兼并，这与杀死一个无辜的人相比，罪过已经是千万倍了；与犯过人家院墙，抢夺别人子女的，与穿逾人家府库，窃取别人金玉布帛的，与跨越人家栏杆，盗窃别人牛马的，与进入人家园子，偷取别人瓜果蔬菜的相比，罪过已经是千万倍了。而又自称为义，所以墨子说：这是对我混淆概念进行狡辩，这和将黑白甘苦混淆起来，狡辩它们彼此相同又有什么区别呢！如今有这样的人，少许给他看一点儿黑色，他说是黑的；多给他看些黑色，他就说是白的。人们质疑他，他一定会狡辩说："我眼睛昏乱了，不知道黑白的分别。"有这样的人，少许给他一点儿甜的，他说是甜的；多给他一点甜的，他就会说是苦的。人们质疑他，他一定会狡辩说："我口味乱了，不知道甜和苦的区别。"现在的王公大人施政，有人杀了人，他的国家便禁止，若有人拿着兵器多多杀掉邻国的人，反而认为这是义，这和混淆黑白、甘苦的人有什么区别呢？

所以墨子设立了天志，把它作为奉行的法则。不仅仅墨子以天志为行事准则，就是先王之书《大夏》上也这么说过："天帝告诉文王，我思念有明德之人，他不虚张声势，不肆意变革先王法度。不识古、不知今，谨遵天帝的法则而行事。"这就是告诫文王以天志为法度，顺从天帝的法则。所以，如今天下的士君子，心中若果真想追求仁义，求做上士，在上想符合圣王之道，在下想符合百姓的利益，对于天志就不可不详察。上天的意志，就是义的原则。

经典解读

无规矩不成方圆，人们没有统一的规矩，就会恣意妄为，就会随意为了私人的利益而弃道义于不顾。大国穷兵黩武，随意侵凌小国，残暴的君主骄奢淫逸，肆意残害民众，奸恶邪僻之人，为所欲为，残害他人……这些都是因为人们行事没有规矩。为了消除这些现象，就要为天地之间设立一种规矩，而在墨子看来"天志"就是世人行事最好的规矩。天志推崇"兼"而反对"别"，国与国之间兼爱，就不会相互攻伐、杀戮；家与家之间兼爱，就不会相互侵凌、争斗；人与人之间兼爱，就不会相互残害、抢夺……天志推崇仁爱，而反对暴虐；天志推行节俭而反对骄奢；天志推行利人而反对害人；天志推行廉直而反对巧佞……在墨子的眼中，上天就是一切善的根源，天志就是要追求一切善，反对一切恶。

其实，墨子天志的思想和儒家的"存天理""存良知"等思想都是一样的，都是让人一心向善，要有明确的是非观，对天道充满敬畏。多做符合天理良知之事，禁止违背天理良知的事。显然，这对于治平乱世，对于社会和谐安定是有积极意义的。

卷 八

明鬼下

　　子墨子言曰：逮至昔三代圣王既没，天下失义，诸侯力正①。是以存夫为人君臣上下者之不惠忠也，父子弟兄之不慈孝弟长贞良也。正长之不强于听治，贱人之不强于从事也。民之为淫暴寇乱盗贼，以兵刃毒药水火退无罪人乎道路率径②，夺人车马衣裘以自利者，并作由此始，是以天下乱。此其故何以然也？则皆以疑惑鬼神之有与无之别，不明乎鬼神之能赏贤而罚暴也。今若使天下之人偕若信鬼神之能赏贤而罚暴也，则夫天下岂乱哉！

　　今执无鬼者曰：鬼神者，固无有。旦暮以为教诲乎天下，疑天下之众，使天下之众皆疑惑乎鬼神有无之别，是以天下乱。是故子墨子曰：今天下之王公大人士君子，实将欲求兴天下之利，除天下之害，故当鬼神之有与无之别，以为将不可以不明察此者也。

　　既以鬼神有无之别，以为不可不察已，然则吾为明察此，其说将奈何而可？子墨子曰：是与天下之所以察知有与无之道者，必以众之耳目之实知有与亡为仪者也。请惑闻之见之，则必以为有；莫闻莫见，则必以为无。若是，何不尝入一乡一里而问之，自古以及今，生民以来者，亦有尝见鬼神之物，闻鬼神之声，则鬼神何谓无乎？若莫闻莫见，则鬼神可谓有乎？

今执无鬼者言曰：夫天下之为闻见鬼神之物者，不可胜计也，亦孰为闻见鬼神有无之物哉？子墨子言曰：若以众之所同见，与众之所同闻，则若昔者杜伯是也。周宣王杀其臣杜伯而不辜，杜伯曰："吾君杀我而不辜，若以死者为无知，则止矣；若死而有知，不出三年，必使吾君知之。"其三年，周宣王合诸侯而田于圃，田车数百乘，从数千，人满野。日中，杜伯乘白马素车，朱衣冠，执朱弓，挟朱矢，追周宣王，射之车上，中心折脊，殪车中，伏弢③而死。当是之时，周人从者莫不见，远者莫不闻，着在周之《春秋》④。为君者以教其臣，为父者以警⑤其子，曰："戒之慎之！凡杀不辜者，其得不祥，鬼神之诛，若此之憯遬⑥也！"以若书之说观之，则鬼神之有，岂可疑哉？

非惟若书之说为然也。昔者郑穆公⑦当昼日中处乎庙，有神入门而左，鸟身，素服三绝⑧，面状正方。郑穆公见之，乃恐惧奔，神曰："无惧！帝享女明德，使予锡女寿十年有九，使若国家蕃昌，子孙茂，毋失。"郑穆公再拜稽首曰："敢问神名？"曰："予为句芒⑨。"若以郑穆公之所身见为仪，则鬼神之有，岂可疑哉？

非惟若书之说为然也。昔者，燕简公杀其臣庄子仪而不辜，庄子仪曰："吾君王杀我而不辜，死人毋知亦已；死人有知，不出三年，必使吾君知之。"期年，燕将驰祖⑩，燕之有祖，当齐之社稷，宋之有桑林，楚之有云梦也，此男女之所属而观也。日中，燕简公方将驰于祖涂，庄子仪荷朱杖而击之，殪之车上。当是时，燕人从者莫不见，远者莫不闻，着在燕之《春秋》。诸侯传而语之曰："凡杀不辜者，其得不祥，鬼神之诛，若此其憯遬也！"以若书之说观之，则鬼神之有，岂可疑哉？

非惟若书之说为然也。昔者宋文君鲍之时，有臣曰祏观辜，固尝从事于厉。祩子杖揖出，与言曰："观辜，是何珪璧之不满度量，酒醴粢盛之不净洁也？牺牲之不全肥，春秋冬夏选⑪失时，岂女为之与？意鲍为之与？"观辜曰："鲍幼弱，在荷襁之中，鲍何与识焉。官臣观辜特为之。"祩子举揖而槀之，殪之坛上。当是时，宋人从者莫不见，远者莫不闻，著在宋之《春秋》。诸侯传而语之曰："诸不敬慎祭祀者，鬼神之诛，至若此其憯遬也！"以若书之说观之，鬼神之有，岂可疑哉？

非惟若书之说为然也。昔者，齐庄君之臣有所谓王里国、中里徼者，此二子者，讼三年而狱不断。齐君由谦⑫杀之恐不辜；犹谦释之，恐失有罪。乃使之人共一羊，盟齐之神社，二子许诺。于是泏洫摮羊而漉其血⑬。读王里国之辞既已终矣，读中里徼之辞未半也，羊起而触之，折其脚，祧神之而稾之⑭，殪之盟所。当是时，齐人从者莫不见，远者莫不闻，着在齐之《春秋》。诸侯传而语之曰："请品先不以其请者，鬼神之诛，至若此其憯遬也。"以若书之说观之，鬼神之有，岂可疑哉？

是故子墨子言曰：虽有深谿、博林，幽涧毋人⑮之所，施行不可以不董⑯，见有鬼神视之。

注 释

①正：通"征"。

②退，当为"迫"，劫掠、胁迫；率径，即"术径"，道路。

③弢：装弓的袋子。

④《春秋》：各国史籍。

⑤警：通"儆"，儆诫。

⑥憯遬：惨痛迅速。

⑦郑穆公：根据其他相关典籍记载，应为"秦穆公"。

⑧素服三绝：应为"素服玄纯"，即白衣黑帽。

⑨句芒：相传为掌管农事的神明，太昊氏佐官，位于东方，又称"春官""木官"。

⑩祖：当为"沮"，泽名，为燕国祭祀、游览之处。

⑪选：当为"馔"。

⑫谦：通"兼"，一起。

⑬泏洫摮，羊而漉其血：在祭坛前挖沟，杀死羊，将其血淋在沟中起誓。漉，当为"洒"；摮，当为"剉"，到。

⑭祧神之而稾之：文字有缺失，疑应为"跳神之社而槁之"，即跳神的祝史用木杖击打他。

⑮幽涧毋人：幽僻无人。

⑯董：当为"董"，通"谨"。

译　文

墨子说：自从三代圣王去世以后，天下就丧失了道义，诸侯凭借暴力为政，所以存在着君臣上下不忠不惠，父子兄弟不慈不孝、不悌不长、不贞不良，行政长官不努力听政治国，贫贱百姓不努力做事等现象。人们从事淫乱、凶暴、寇乱、盗贼之事，用兵刃、毒药、水火在大小道路上阻劫无辜之人，抢夺别人车马衣裘来自利。由此开始，天下大乱。是什么缘故导致这些现象出现的呢？那就是大家都对鬼神是否存在心有怀疑，不明白鬼神能够赏贤罚暴。如今若使天下之人，都相信鬼神能够赏贤罚暴，那天下又怎么会混乱呢！

如今坚持没有鬼神主张的人说：鬼神本来就是不存在的。早晚都以这些道理来教诲天下，惑乱天下民众，使天下民众都怀疑鬼神的存在与否，所以天下才大乱。所以墨子说：如今天下的王公大人士君子，若确实想谋求天下的利益，除去天下的祸害，那么对于鬼神有无与否的问题，我认为不能不考察清楚。

既然对于鬼神有无与否的问题，不可不明察，那么我们就在此明白考察这个问题，其说法应该怎样才可以呢？墨子说：天下用来考察有与无的方法，必须以大众耳目实际的见闻作为知道有无的标准。果真有人亲耳所闻，亲眼所见，那就必然认为是有的，没有人听到见到，则必然认为是无的。既然这样，何不尝试着进入一乡一里去询问呢？若从古至今，有生民以来，确实有人曾经见过鬼神之物，听过鬼神之声，那怎么能说没有鬼神呢？若从未有人见过、听过鬼神，那怎么能说鬼神存在呢？

如今坚持没有鬼神主张的人说：天下的人说听到见到鬼神声音、形状的，多得不可胜计，可哪一个能够作为证明鬼神有无的凭据呢？墨子说：若以众人之所同见，众人之所共闻，能够证明鬼神存在的，从前杜伯的例子就是。周宣王杀死无辜的臣子杜伯，杜伯说："君主杀死我，而我并无罪过。假若死者无知，那就罢了；假若死者有知，不出三年，我一定让君主知道后果。"第三年，周宣王会合诸侯在圃地狩猎，猎车数百乘，随从数千，人群布满山野。日中之时，杜伯乘着白马素车，红衣红冠，手持红弓红箭，追赶周宣王，在车上射他，射中宣王心脏，使他脊骨折断，伏倒在弓袋上，死于车中。那个时候，周人跟随的没有未看到的，远处的人没有未听闻的，这记载在周朝的史书之上。做君主的以此教导臣子，做父亲的以此儆诫儿子，说："警戒啊，谨慎啊！但凡杀害无辜之人的，一定承受不祥，鬼神将诛杀他。惩罚来得就像这样惨痛、迅速！"照这书中的说法来看，鬼神的存在，难道可以怀疑吗！

不仅仅这一记载的说法这样。从前秦穆公正午日中时处于庙堂之中，有神入门向左走，他长着鸟的身体，穿白衣戴黑帽，脸的形状是正方的。秦穆公见到，恐惧逃奔。神说："不要害怕！上帝享用你的明德，派我来赐你十九年阳寿，使你的国家昌盛繁荣，子孙兴旺，永不丧失社稷。"秦穆公稽首行再拜礼，问："敢问尊神的名字？"神回答："我是句芒。"若以秦穆公亲身所见为标准，鬼神的存在，难道可以怀疑吗？

不仅仅这一记载的说法这样。从前燕简公杀死了他无辜的臣子庄子仪，庄子仪说："君主杀我，而我无罪。若死者无知，那就罢了，若死者有知，不出三年，我一定让君主知道后果。"一年以后，燕人驰往沮泽祭祀——燕国有沮泽，就如齐国有社稷，宋国有桑林，楚国有云梦一般，都是男女聚会游览之处。太阳当顶的时候，燕简公正在驰往沮泽的途中，庄子仪扛着红色木杖打击他，简公死在车上。那个时候，燕国跟随的人没有没看到的，远方的人没有没听到的，这件事记载在燕国的史籍《春秋》之上。诸侯相互转告说："但凡杀害无辜之人的，一定会承受不祥，鬼神将诛杀他，惩罚来得就像这样惨痛、迅速！"以这本书的说法来看，则鬼神的存在，难道可以怀疑吗？

不仅仅这一记载的说法这样。从前宋文君鲍在位之时，有个臣子叫观辜，曾经主持祭祀之事，有神附在祝史身上，对他说："观辜，为何祭祀的珪璧不合规格？祭祀的酒食不洁净？牺牲牲畜不纯色、不肥壮？春秋冬夏的祭祀都不按时？这是你干的呢？还是鲍干的？"观辜说："宋文公鲍年纪幼弱，还在襁褓之中，他怎么会知道呢。这是我观辜这样做的。"祝史举起木杖击打他，将他打死在祭坛上。那个时候，宋人跟随的没有没看到的，远方的人没有没听到的，这件事记录在宋国的史籍《春秋》之上。诸侯相互转告说："那些对于祭祀不够恭敬谨慎的人，鬼神将诛杀他。惩罚来得就像这样惨痛、迅速。"以这本书的说法来看，鬼神的存在，难道可以怀疑吗？

不仅仅这一记载的说法这样。从前，齐庄君的臣子，有称为王里国、中里徼的，这两个人争讼了三年，而狱官不能判决。齐君想要将他们都杀了，又担心杀害无辜；想将他们都放了，又担心错过有罪。于是，让两人用一头羊，在齐国神社中盟誓，两人许诺了。于是，在神社中挖了小沟，割断羊的头，把血洒在地上。读王里国的誓词已经完了，没有什么事情发生；读中里徼的誓词还不到一半，羊跳起来顶撞他，撞断了他的脚，跳神的祝史用木杖敲打他的脑袋，将其打死在祭坛之上。那个时候，齐国随从的人没有没看到的，远方的人没有没听到的，这件事记录在齐国史籍《春秋》之上。诸侯相互转告说："发誓不以实情的人，鬼神将诛杀他。惩罚来得就像这样惨痛、迅速。"以这本书上的说法来看，鬼神的存在，难道可以怀疑吗？

所以，墨子说：即便在深溪老林，幽僻无人之处，行为也不可不谨慎，因为有鬼神正在监视着呢。

经典解读

在本节文字中，墨子通过列举前代留传下来的种种事例，来说明鬼神是明明白白存在的，且其能明察世人的正邪对错，能掌握世人的祸福、生死。多行善事，敬畏上天、鬼神的人，就会得到鬼神的赐福，如秦穆公以身有明德而获得国家昌盛、子孙兴旺的善报。反之妄行恣肆、轻视鬼神的人，就会受到鬼神的惩罚，如滥杀忠臣的周宣王、燕简公，不敬鬼神的观辜，欺骗鬼神的中里徼，都遭受鬼神的惩罚而丢掉了性命。

所以说，鬼神是明明白白存在的，是无所不在、无所不察的，世人要想得到赐福而免除祸患，就应该心怀敬畏，多行善事以取悦鬼神；切不可认为鬼神无知而轻视鬼神，更不能认为鬼神无知，自己行恶不会受到惩罚而肆意作奸犯科。

原文2

　　今执无鬼者曰：夫众人耳目之请，岂足以断疑哉？奈何其欲为高君子于天下，而有复信众之耳目之请哉？子墨子曰：若以众之耳目之请，以为不足信也，不以断疑。不识若昔者三代圣王尧舜禹汤文武者，足以为法乎？故于此乎，自中人以上皆曰：若昔者三代圣王，足以为法矣。若苟昔者三代圣王足以为法，然则姑尝上观圣王之事。昔者，武王之攻殷诛纣也，使诸侯分其祭①曰："使亲者受内祀，疏者受外祀②。"故武王必以鬼神为有，是故攻殷伐纣，使诸侯分其祭。若鬼神无有，则武王何祭分哉？

　　非惟武王之事为然也。故圣王其赏也必于祖，其僇也必于社。赏于祖者何也？告分之均也。僇于社者何也？告听之中也。

　　非惟若书之说为然也，且惟昔者虞夏商周三代之圣王，其始建国营都日，必择国之正坛③，置以为宗庙；必择木之修茂者，立以为菆位④；必择国之父兄慈孝贞良者，以为祝宗；必择六畜之胜腯肥倅⑤，毛⑥以为牺牲；珪璧琮璜，称财为度；必择五谷之芳黄，以为酒醴粢盛，故酒醴粢盛，与岁上下也。故古圣王治天下也，故必先鬼神而后人者，此也。故曰：官府选效，必先祭器祭服，毕藏于府，祝宗有司毕立于朝，牺牲不与昔聚群。故古者圣王之为政若此。古者圣王必以鬼神为，其务鬼神厚矣。又恐后世子孙不能知也，故书之竹帛，传遗后世子孙。咸恐其腐蠹绝灭，后世子孙不得而记，故琢之盘盂，镂之金石，以重之。有恐后世子孙不能敬若以取羊⑦，故先王之书，圣人一尺之帛，一篇之书，语数鬼神之有也，重有重之。此其故何？则圣王务之。今执无鬼者曰：鬼神者，固无有。则此反圣王之务。反圣王之务，则非所以为君子之道也！

　　今执无鬼者之言曰：先王之书，慎无一尺之帛，一篇之书，语数鬼神之有，重有重之，亦何书之有哉？子墨子曰：周书《大雅》有之。《大雅》曰：文王在上，于昭于天，周虽旧邦，其命维新。有周不显，帝命不时⑧。文王陟降，在帝左右。穆穆文王，令问不已。若鬼神无有，则文王既死，彼岂能在帝之左右哉？此吾所以知周书之鬼也。

　　且周书独鬼，而商书不鬼，则未足以为法也。然则姑尝上观乎商书，曰："呜呼！古者有夏，方未有祸之时，百兽贞虫，允及飞鸟，莫不比方。矧佳⑨人面，胡敢异心？山川鬼神，亦莫敢不宁。若能共允，佳天下之合，下土之葆。"察山川鬼神之所以莫敢不宁者，以佐谋禹也。此吾所以知商书之鬼也。

　　且商书独鬼，而夏书不鬼，则未足以为法也。然则姑尝上观乎夏书《禹誓》曰："大战于甘，王乃命左右六人，下听誓于中军，曰：有扈氏威侮五行，怠弃三正，天用剿绝其命。有曰：日中，今予与有扈氏争一日之命。且尔卿大夫庶人，予非尔田野葆士⑩之欲也，予共行天之罚也。左不共于左，右不共于右，若不共命；御非尔马之政，若不共命。"是以赏于祖而僇于社。赏于祖者何也？言分命之均也。僇于社者何也？言听狱之事也。故古圣王必以鬼神为赏贤而罚暴，是故赏必于祖而僇必于社。此吾所以知夏书之鬼也。故尚者夏书，其次商周之书，语数鬼神之有也，重有重之，此其故何也？则圣王务之。以若书之说观之，则鬼神之有，岂可疑哉？于古曰：吉日丁卯，周代祝社方⑪，岁于社者考⑫，以延年寿。若无鬼神，彼岂有所延年寿哉！

　　是故子墨子曰：尝若鬼神之能赏贤如罚暴也。盖本施之国家，施之万民，实所以治国家、利万民之道也。若以为不然，是以吏治官府之不絜廉，男女之为无别者，鬼神见之；民之为淫暴寇乱盗贼，以兵刃毒药水火退无罪人乎道路，夺人车马衣裘以自利者，有鬼神见之。是以吏治官府不敢不絜廉，见善不敢不赏，见暴不敢不罪。民之为淫暴寇乱盗贼，以兵刃毒药水火退无罪人乎道路，夺车马衣裘以自利者，由此止。是以莫放幽闲，拟乎鬼神之明显，明有一人畏上诛罚，是以天下治。

注　释

　　①使诸侯分其祭：武王克商以后，命令诸侯分掌殷商祭祀。

　　②内祀，即在宗庙之中进行的祭祀；外祀，即在外面进行的郊祀、望祀等。

③正坛：正中之位。《吕氏春秋》中记载："古之王者，择天下之中而立国，择国之中而立宫，择宫之中而立庙。"

④菆位：当为"菆社"，即丛社。

⑤胜：通"盛"。倅：通"粹"，毛纯色。胜脂肥倅，形容牲畜肥壮而纯色。

⑥毛：选择毛色。

⑦莙：通"威"；羊：通"祥"。敬莙以取羊，即恭敬而求得吉祥。

⑧不显，即显；不时，即时。"不"，无意义。

⑨隹：即"惟"。

⑩葆士：当为"葆玉"，即宝玉。

⑪周：当为"用"，助词。代祝社方，即臣子代替君王祭祀四方神灵。

⑫岁于社者考：当为"岁于祖若考"，指祭祀神灵先祖，至于父、祖。

译　文

如今坚持不存在鬼神主张的人说：众人耳目所见所闻的情况，怎么能够断定疑难呢？那些想成为天下高明君子的人，为何又去相信众人的耳目见闻呢？墨子说：若以为众人的耳目见闻，不足可信，不能断定疑难。不知道从三代圣王尧、舜、禹、汤、文王、武王，足以作为法度吗？对于这个问题，中等资质以上的人都会说：像从前的三代圣王，足以作为法度了。若从前三代圣王足以作为法度，那么姑且尝试着回顾圣王的事迹。从前，武王攻打殷朝诛灭纣王，使诸侯分掌众神祭祀，说："亲近的神灵在祖庙内接受祭祀，疏远的神灵接受郊祀、望祀。"所以，武王一定认为鬼神是存在的，所以攻殷伐纣，让诸侯分掌众神祭祀。若鬼神不存在，那武王为何要让诸侯分掌祭祀呢？

不仅仅武王的事是这样的，古代圣王行赏一定要在祖庙之中，其实行惩罚也一定要在社庙之内。在祖庙中行赏是为何呢？向先祖汇报分赏得均匀。在社庙内行刑是为何呢？向神灵报告断决的公允。

不仅仅这一记载的说法这样，而且从前虞夏、商、周三代的圣王，他们开始营建国都之日，一定要选择国都的正坛，设立作为宗庙；一定要选择树木高大茂盛的地方，设立丛祠；一定选择国内父兄辈慈孝贞良的人，作为太祝和宗伯；一定要选择肥壮纯色的六畜，作为牺牲祭品；根据财力情况，准备珪、璧、琮、璜等礼仪玉器；选择黄色、芳香的五谷，作为祭祀酒食，因而祭祀酒食的好坏多少，随着年成情况而增减。所以古代圣王治理天下，必须先要祭祀鬼神然后才考虑人的问题。原因就在于此。所以说：官府备置供具，必定先祭器祭服，使之尽藏于府中，太祝、太宗等礼官都在朝廷就位，选为祭品的牲畜不再与其他牲畜关在一起。古代圣王施政就是这样的。古代圣王一定认为鬼神是存在的，所以他们务力侍奉鬼神很厚重。他们又害怕后世子孙不知道这个道理，所以书写在竹帛上，传给后世子孙；又担心竹帛被腐蚀虫蛀而绝传，后世子孙无法获得记录，于是又雕琢在盘盂，铭刻在金石之上，以示重要；又害怕后世子孙不能敬顺以获吉祥，所以先王的书籍、圣人的言语，即使一尺之帛、一篇之书，也要多次提及鬼神的存在，重复了又重复。这是什么原因呢？因为圣王务力于此。如今坚持不存在鬼神主张的人说：鬼神本来就是没有的。这就是违反圣明的君王所要尽力做的事。违反圣明的君王所要尽力做的事，就不是君子所行的道了！

如今坚持不存在鬼神主张的人说：先王之书，即便是一尺之帛、一篇之书，多次提到鬼神存在，重复了又重复，哪本书中是这样的呢？墨子说：周代的书《诗经·大雅》就是这样的。《大雅》中说："文王高居在上，功德昭著于天。周虽然是古老的国家，但它接受的天命却是新的。周朝德行十分显著，上帝的授命来得及时。文王去世以后，在上帝左右升降。静穆端庄的文王，他的美名流传不止。"若鬼神不存在，那文王已经去世，又如何能够在上帝左右呢？这就是我所知道的周代书籍《诗经·大雅》中的鬼神。

若只有周代书籍中有鬼神记载，而商代书籍中没有鬼神记载，那还不足以作为法则。那么就姑且尝试着回顾一下商代书籍，其中这样说："呜呼！古代的夏朝，在没有灾祸之时，百兽爬虫，以及各种飞鸟，没有不比附的。何况是人类呢，怎敢心怀异心？山川鬼神，也没有敢不安宁的。若能恭敬诚信，则天下和谐，永葆国土。"考察山川鬼神之所以没有敢不安宁的，就是为了辅佐禹，为禹谋划。这就是我所知道的商代书籍中的鬼神记载。

若只有商代书籍中有鬼神的记载，而夏代书籍中没有鬼神记载，那还不足以作为法则。那么就姑且尝试着观看夏代书籍《禹誓》中所记载的禹的誓词，说："大战于甘地，夏王命令左右留任，下到军中去听宣誓。夏王说：有扈氏辱慢五行，废弃三正，上天因而断绝他们的性命。又说：太阳以中。我和有扈氏今日一决生死。你们这些卿大夫、庶人，我不是要得到土地和珍宝，我是在恭行上天的惩罚。左边的不尽力进攻左边，右边的不尽力进攻右边，那就是你们不听命。驾车的不将马驾好，那就是你们不听命。"所以在祖庙中颁赏而在社庙中行刑。在祖庙中颁赏是为何呢？为了向先祖汇报赏赐的公平。在社庙中行刑是为何呢？为了向神灵汇报判决的情况。所以古代圣王必定认为鬼神是赏贤而罚暴的，所以行赏一定在祖庙中，而行刑一定要在社庙之中。这就是我所知道夏代书籍中的鬼神。所以，远到夏代的书籍，其次商代、周代的书籍，都多次说道鬼神的存在，重复了又重复，这是什么原因呢？那就是因为圣明的君王致力于鬼神的事。以这些记载的说法来看，则鬼神的存在，难道可以怀疑吗？古代的记载说：丁卯吉日，代王祭祀四方神灵，馈食于神灵、先祖，以使王延年益寿。若没有鬼神，又怎么能延年益寿呢！

所以墨子说：应该相信鬼神是能够赏贤罚暴的。这本是应该施行于国家、万民，确实可以治国家、利万民的大道。所以，官吏为官不廉洁，男女混杂无分别的，鬼神也都看得见；民众做淫暴寇乱盗贼之事，用兵刃、毒药、水火在道路上劫掠无罪之人，夺取人家车马衣裘而自利的，鬼神都看得见。于是，官吏为官不敢不廉洁，见善不敢不赏赐，见恶不敢不惩罚。民众做淫暴寇乱盗贼之事，用兵刃、毒药、水火在道路上劫掠无罪之人，夺取人家车马衣裘而自利的，也就都停止了。所以鬼神的明察，不会因为幽涧而被遮蔽，鬼神的明察所以让人们害怕上天的诛罚，因此，天下也就得到治理了。

经典解读

考虑到有人或许认为众人的耳目见闻，不足以作为鬼神明明白白存在的证据，于是墨子再次列举三代圣王的事迹，列举经典典籍之中有关鬼神的记录，来证明鬼神的存在。墨子在列举了种种事例，也就是向当今之人提出了这样的一些问题：前代的圣王、圣人都是最明智、最有远见的人，连他们都对鬼神充满敬畏，都谨慎地祭祀先祖神灵，若没有鬼神存在，他们又为何这样做呢？世人不如前代的圣王、圣人，不急着去效法他们敬畏鬼神的行为，却妄自怀疑鬼神的存在与否，怎么能够算是明智呢？当今的统治者，无不追求达到前代圣王的治理水平，却不继承圣王对鬼神的敬畏之道，又如何能够实现目标呢？

　　所以说，前代圣王无不相信鬼神的存在，无不用心敬事鬼神；当今之人敬畏鬼神，就是敬畏圣王之道；敬事鬼神，就是遵从圣王的教导。只有如此，才能达到前代圣王的治理水平，才能成就治平天下的大业。

原文3

　　故鬼神之明，不可为幽闲、广泽、山林、深谷，鬼神之明必知之；鬼神之罚，不可为富贵众强，勇力强武，坚甲利兵，鬼神之罚必胜之。若以为不然，昔者夏王桀，贵为天子，富有天下，上诟天侮鬼，下殃傲①天下之万民，祥上帝伐元山帝行②，故于此乎，天乃使汤至明罚焉。汤以车九两，鸟陈雁行③，汤乘大赞④，犯遂下众，人之螭遂⑤，王乎禽推哆大戏⑥。故昔夏王桀贵为天子，富有天下，有勇力之人推哆、大戏，生列⑦兕虎，指画杀人，人民之众兆亿，侯盈厥泽陵，然不能以此围鬼神之诛。此吾所谓鬼神之罚，不可为富贵众强、勇力强武、坚甲利兵者，此也。

　　且不惟此为然。昔者殷王纣贵为天子，富有天下，上诟天侮鬼，下殃傲天下之万民，播弃⑧黎老，贼诛孩子，楚毒无罪，刳剔孕妇，庶旧鳏寡，号咷无告也。故于此乎，天乃使武王至明罚焉。武王以择车百两，虎贲之卒四百人，先庶国节窥戎⑨，与殷人战乎牧之野，王乎禽费中、恶来⑩，众畔百走。武王逐奔入宫，万年梓株，折纣而系之赤环，载之白旗，以为天下诸侯僇。故昔者殷王纣贵为天子，富有天下，有勇力之人费中、恶来、崇侯虎，指寡杀人，人民之众兆亿，侯盈厥泽陵，然不能以此围鬼神之诛。此吾所谓鬼神之罚，不可为富贵众强、勇力强武、坚甲利兵者，此也。且《禽艾》之道之曰："得玑⑪无小，灭宗无大。"则此言鬼神之所赏，无小必赏之；鬼神之所罚，无大必罚之。

今执无鬼者曰：意不忠亲之利，而害为孝子乎？子墨子曰：古之今之为鬼，非他也，有天鬼，亦有山水鬼神者，亦有人死而为鬼者。今有子先其父死，弟先其兄死者矣，意虽使然，然而天下之陈物⑫曰"先生者先死"，若是，则先死者非父则母，非兄而姒⑬也。今洁为酒醴粢盛，以敬慎祭祀，若使鬼神请有，是得其父母姒兄而饮食之也，岂非厚利哉？若使鬼神请亡，是乃费其所为酒醴粢盛之财耳。自夫费之，非特注之污壑而弃之也，内者宗族，外者乡里，皆得如具饮食之。虽使鬼神请亡，此犹可以合驩聚众，取亲于乡里。今执无鬼者言曰：鬼神者固请无有，是以不共其酒醴粢盛牺牲之财。吾非乃今爱其酒醴粢盛牺牲之财乎？其所得者臣⑭将何哉？此上逆圣王之书，内逆民人孝子之行，而为上士于天下，此非所以为上士之道也。

是故子墨子曰：今吾为祭祀也，非直注之污壑而弃之也，上以交鬼之福，下以合驩聚众，取亲乎乡里。若神有，则是得吾父母弟兄而食之也，则此岂非天下利事也哉？是故子墨子曰：今天下之王公大人士君子，中实将欲求兴天下之利，除天下之害，当若鬼神之有也，将不可不尊明也，圣王之道也。

注　释

①殃傲：应为"殃杀"。

②祥上帝伐元山帝行：此句文字有误，按上下文应为"悖逆上帝意愿，违逆上帝命令"之类的话。

③鸟陈、雁行：兵法中有"鸟云之阵""雁行之阵"，都是古代作战的阵法。

④大赞：或说当为"大辇"，或说"大赞"为地名。

⑤此两句应为"犯逐下之，入之郊遂"。

⑥推哆、大戏：二者都是夏桀手下的勇士。

⑦列：通"裂"，分解。

⑧播弃：摒弃。

⑨庶国节：持节召集诸侯；窥戎，观兵。

⑩费中、恶来：费中，多记为"费仲"；二者都是纣王宠幸的佞臣，有勇力。

⑪得玑 (jī)：当为"德几"，即以德获福。

⑫陈物：陈说事物，即常理。

⑬姒 (sì)：年长的好，这里指嫂子。

⑭臣：衍字，误出。

译　文

所以对于鬼神的明察，人们不能因为处于幽僻、广泽、山林、深谷之处便为非作恶，鬼神之明必能洞知；对于鬼神的惩罚，人们不能凭恃身份富贵、人数众多、勇猛顽强等抵御，鬼神的惩罚一定能够战胜这些。若不认为是这样的，那从前夏王桀，贵为天子，富有天下，却在上诉天侮鬼，在下殃祸万民，忤逆上帝的命令、违背神灵的意志，所以上天就使商汤对其加以明罚。汤以战车九辆，布下鸟阵、雁行的兵阵，在大赞这个地方，追逐夏军，进入夏都近郊，亲自将推哆、大戏擒住。所以从前夏王桀，贵为天子，富有天下，有勇将推哆、大戏，能够撕裂犀牛和老虎，手指一点就能杀人，他的民众亿万之多，布满山林水泽，却不能凭借这些抵御鬼神的诛罚。这就是我所说的，鬼神的诛罚，不能凭借身份富贵、人数众多，勇敢凶猛、铠甲坚固、兵器尖利而被阻止，就是这样。

且不仅夏桀是这样的。从前殷王纣，贵为天子，富有天下，却对上辱骂天、对中侮辱鬼神，对下殃祸万民，抛弃父老，残害孩童，用酷刑毒杀无罪之人，剖割孕妇之胎，庶民鳏寡者大声号啕却无所申诉。于是，上天命令武王给予惩罚。武王选车百辆，虎贲之士四百人，先召集诸侯观兵誓师，然后与殷人在牧野大战，武王于是擒获费仲、恶来，殷众叛逃败走。武王追逐他们进入殷宫，用万年梓木斩断纣王头颅，将其系在赤环之上，用白旗载着，以向天下诸侯昭示纣王的罪过、刑罚。从前殷王纣，贵为天子，富有天下，有勇猛之人费仲、恶来、崇侯虎，都能杀人于指点之间，他的民众亿万之多，布满山林水泽，然而却不能以此来抵御鬼神的诛罚。这就是我所说的，鬼神的诛罚，不能凭借身份富贵、人数众多、勇猛顽强等抵御。且《禽艾》中说："积善得福，不管他的职位多么微小；为恶灭族，不管他的权位多么大。"这就是说鬼神所应赏赐的，无论多么微贱都能得到赏赐；鬼神所应惩罚的，无论多么强大都将得到惩罚。

如今坚持不存在鬼神主张的人说：主张有鬼神花费财物，大概不符合双亲的利益，有碍做孝子吧？墨子说：古往今来所说的鬼神，没有别的，有天神，也有山水之神，也有人死而化为鬼者。如今有儿子先于父亲死的，弟弟先于兄长死的，虽然存在这样的实情，然而就天下常理来说还是"先生者先死"。这样，则先死的不是父亲就是母亲，不是兄长就是嫂子。如今洁净地准备酒食祭祀，恭敬谨慎地祭祀，若鬼神真的存在，这就是让自己的父母兄嫂得到饮食，难道不是厚利吗？若鬼神真的不存在，也只不过是浪费了祭祀酒食那点儿资财罢了。而且这种浪费，也不是扔到沟壑中抛弃它们，在内宗族、在外相邻，都可以请他们前来饮食。即便真的没有鬼神，这也可以聚众欢会，亲和乡里。如今坚持不存在鬼神主张的人说：鬼神本来就是没有的，所以不用供给那些祭祀酒食、牺牲之财。我如今并非是爱惜那些祭祀酒食、牺牲财物，而是祭祀到底能够得到些什么呢？这种想法在上违逆圣王之书，在内不合孝子的行为，却想做天下之上士，这不是做上士的道理啊！所以墨子说：如今我们祭祀，并不是将食物倒在沟壑中丢弃，而是上以邀求鬼神的赐福，下以聚众欢会，亲和乡里。若鬼神存在，则我们逝去的父母亲人也就享用到了这些酒食。这难道不是天下大利之事吗！所以墨子说：如今天下的王公大人士君子，心中若真的想兴起天下之利，除去天下之害，对于鬼神的存在，不能不重视和确信、尊崇，这是圣王之道。

经典解读

在本节文字中，墨子首先指出鬼神之惩罚的不可逃避、不可抵御。鬼神的明察无所不在，不管是深山老林、幽僻无人之处，还是深宫大院、闾里闹市，鬼神都能洞察一切。有人做了善事，鬼神不会遗漏；有人做了恶事，鬼神也不会忽略，所以世人想要欺瞒鬼神，是不可能做到的。不守正道之人，无论富有天下，还是贵为天子，鬼神的惩罚都一定会降临在他的身上，从前桀、纣，都是因为不守正道而受到鬼神诛罚的典型。他们自以为身份最为尊贵，便可为所欲为，但当鬼神的惩罚降临之时，他们所拥有的一切都会失去，社稷倾覆、人民背离、身死人手、为世人所耻笑……贵为天子行不善之事，都要受到如此严厉的惩罚，更何况身份、地位不如他们的人呢？又怎敢不敬畏鬼神，不恪守正道！

非乐上

原文 1

　　子墨子言曰：仁之事者^①，必务求兴天下之利，除天下之害，将以为法乎天下。利人乎，即为；不利人乎，即止。且夫仁者之为天下度也，非为其目之所美，耳之所乐，口之所甘，身体之所安，以此亏夺民衣食之财，仁者弗为也。

　　是故子墨子之所以非乐者，非以大钟、鸣鼓、琴瑟、竽笙之声以为不乐也；非以刻镂华文章之色以为不美也；非以犓豢^②煎炙之味以为不甘也；非以高台厚榭邃野^③之居以为不安也。虽身知其安也，口知其甘也，目知其美也，耳知其乐也，然上考之不中圣王之事，下度之不中万民之利，是故子墨子曰：为乐非也。

　　今王公大人，虽无^④造为乐器，以为事乎国家，非直掊潦水、折壤坦^⑤而为之也，将必厚措敛乎万民，以为大钟、鸣鼓、琴瑟、竽笙之声。古者圣王亦尝厚措敛乎万民，以为舟车，既以成矣，曰："吾将恶许用之？曰：舟用之水，车用之陆，君子息其足焉，小人休其肩背焉。"故万民出财赍而予之，不敢以为戚恨^⑥者，何也？以其反中民之利。然则乐器反中民之利亦若此，即我弗敢非也。然则当用乐器譬之若圣王之为舟车也，即我弗敢非也。

　　民有三患：饥者不得食，寒者不得衣，劳者不得息，三者民之巨患也。然即当为之撞巨钟、击鸣鼓、弹琴瑟、吹竽笙而扬干戚，民衣食之财将安可得乎？即我以为未必然也。意舍此。^⑦今有大国即攻小国，有大家即伐小家，强劫弱，众暴寡，诈欺愚，贵傲贱，寇乱盗贼并兴，不可禁止也。然即当为之撞巨钟、击鸣鼓、弹琴瑟、吹竽笙而扬干戚，天下之乱也，将安可得而治与？即我未必然也。是故子墨子曰：姑尝厚措敛乎万民，以为大钟、鸣鼓、琴瑟、竽笙之声，以求兴天下之利，除天下之害，而无补也。
是故子墨子曰：为乐非也。

注　释

①仁之事者：当为"仁者之事"。

② 豢：饲养牲畜。

③邃野：邃宇，深广的屋宇。

④虽，相当于"惟"；无，同"务"。

⑤掊潦水、折壤坦："坦"，当为"垣"。"掊潦水、折壤垣"，即捧起水潦中的积水，拆毁土墙，指简易而不损害什么。

⑥戚恨：忧恨。

⑦意舍此：意，通"抑"；表转折，姑且不谈此事，转论他事。

译　文

墨子说：仁者要做的事，一定务求兴起天下之利，除去天下之害，将以此作为天下法则。有利于人的，就去做；不利于人的，就停止。且仁者为天下谋虑，并不是为了追求眼中的美色，耳中的美乐，口中的美味，身体的安适，为了这些而损害掠夺民众的衣食财产，仁者是不会去做的。

故墨子之所以反对音乐，并不是认为大钟、鸣鼓、琴瑟、竽笙等声音不能使人感到愉悦；并不是认为雕刻、文饰的色彩不能让人觉得美好；并不是认为煎炙的牲畜肉不能让人觉得可口；并不是认为高台亭榭、深广屋宇不能让人住的安适。虽然身体知道安适，嘴巴知道可口，眼睛知道美好，耳朵知道愉悦，然而向上考察，不符合圣王之事，向下考虑，不符合万民之利，所以墨子说：从事音乐是错误的。

如今的王公大人，唯务制造乐器，以此作为治理国家的大事，且制造乐器并不是像捧取积水、拆毁土墙那样简单且不损害什么，而必须向民众征收大量税赋，才能制造出大钟、鸣鼓、琴瑟、竽笙等声音。古代的圣王也曾向民众征收大量税赋，造成车船，支撑以后，说："我将在哪里使用它们呢？——船用于水上，车用于陆上，凭借它们，君子可以休息双脚，小人可以休息肩背。"所以万民都将拿出钱财献给他，而心中不怀忧恨，这是为什么呢？因为它反而符合民众的利益。若乐器也像这样厚敛于民反而符合民众利益的话，我则也不敢反对；若当今居上位者制造、使用乐器也都如圣王用制造、使用车船一样，我则也不敢反对。

民众有三种忧患：饥饿的人得不到食物，寒冷的人得不到衣服，劳苦的人得不到休息，这三者是民众最大的忧患。那么为他们撞击大钟、敲击鸣鼓、弹奏琴瑟，吹响竽笙而舞动干戚，民众的衣食财物就可以得到了吗？我认为不是这样的。舍此而言。如今大国攻伐小国，大家族侵夺小家族，强者劫掠弱者，人数众的凌暴人数少的，狡诈的欺骗愚笨的，尊贵的傲视卑贱的，寇乱盗贼并起，不可禁止。那么为此撞击大钟、敲击鸣鼓、弹奏琴瑟，吹响竽笙而舞动干戚，天下的大乱，就能够得到治理了吗？我认为不是这样的。所以墨子说：且向民众征收大量税赋，来制作大钟、鸣鼓、琴瑟、竽笙等声音，以求兴起天下之利，除去天下之害，这是于事无补的。因此墨子说：制作音乐是错误的。

经典解读

墨子在此指出了自己提倡"非乐"主张的缘由：墨子并非不知道钟鼓、音乐、舞蹈能给人带来享受，能让人的耳朵、眼睛、身体感到舒适；只不过钟鼓和音乐这些身体、耳目之上的享受，只能给个人带来一时的快乐，并无大功于天下、国家。圣人在位，应该将治理天下国家、惠利万民百姓当作自己的要务，有利于天下国家的、有利于世间万民的事情，就应该努力去做；无利于天下国家的、无利于天下万民的就应该停止。

乐民之乐者，民亦乐其乐；忧民之忧者，民亦忧其忧。有没有音乐听，有没有钟鼓敲打，这并非是人民所忧虑的。民众所忧虑的是什么？是粮食是否充足，能否填饱肚子；衣物是否充足，能否抵挡严寒；安全是否有保障，是不是会受到强者的欺凌……这些与人们生活息息相关的事情，才是他们每日所忧虑的。统治者要想得到民众的拥护、敬爱，就必须关心民众所关心的这些问题。将精力放在这些事情之上，才是明王、君子所应该做的；将精力放在这些事上，哪还有时间去沉溺于音乐呢？所以墨子提倡"非乐"的主张，就是让统治者少些个人享乐，多关心民生，多造福民众。

原文 2

　　今王公大人，唯毋处高台厚榭之上而视之，钟犹是延鼎①也。弗撞击，将何乐得焉哉？其说将必撞击之。惟勿撞击，将必不使老与迟者。老与迟者耳目不聪明，股肱不毕强，声不和调，明不转朴②。将必使当年，因其耳目之聪明，股肱之毕强，声之和调，眉之转朴。使丈夫为之，废丈夫耕稼树艺之时；使妇人为之，废妇人纺绩织纴之事。今王公大人唯毋为乐，亏夺民衣食之财，以拊乐③如此多也。是故子墨子曰：为乐非也！

　　今大钟、鸣鼓、琴瑟、竽笙之声既已具矣，大人锈然④奏而独听之，将何乐得焉哉？其说将必与贱人，不与君子。与君子听之，废君子听治；与贱人听之，废贱人之从事。今王公大人唯毋为乐，亏夺民之衣食之财，以拊乐如此多也。是故子墨子曰：为乐非也。

　　昔者齐康公兴乐万，万人⑤不可衣短褐，不可食糠糟。曰：食饮不美，面目颜色不足视也；衣服不美，身体从容丑羸，不足观也。是以食必粱肉，衣必文绣，此掌不从事乎衣食之财，而掌食乎人者也。是故子墨子曰：今王公大人，惟毋为乐，亏夺民衣食之财以拊乐如此多也。是故子墨子曰：为乐非也。

　　今人固与禽兽、麋鹿、蜚鸟、贞虫异者也。今之禽兽、麋鹿、蜚鸟、贞虫，因其羽毛以为衣裘，因其蹄蚤⑥以为绔屦，因其水草以为饮食。故唯使雄不耕稼树艺，雌亦不纺绩织纴，衣食之财固已具矣。今人与此异者也：赖其力者生，不赖其力者不生。君子不强听治，即刑政乱；贱人不强从事，即财用不足。今天下之士君子，以吾言不然，然即姑尝数天下分事，而观乐之害。王公大人蚤朝晏退，听狱治政，此其分事也；士君子竭股肱之力，亶其思虑之智，内治官府，外收敛关市、山林、泽梁之利，以实仓廪府库，此其分事也；农夫蚤出暮入，耕稼树艺，多聚叔⑦粟，此其分事也；妇人夙兴夜寐，纺绩织纴，多治麻丝葛绪细布缦，此其分事也。今唯毋在乎王公大人说乐而听之，即必不能蚤朝晏退，听狱治政，是故国家乱而社稷危矣；今惟毋在乎士君子说乐而听之，即必不能竭股肱之力，亶⑧其思虑之智，内治官府，外收敛关市、山林、泽梁之利，以实仓廪府库，是故仓廪府库不实。今惟毋在乎农夫说乐而听之，即必不能蚤出暮入，耕稼树艺，多聚叔粟，是故叔粟不足；今惟毋在乎妇人说乐而听之，即不必能夙兴夜寐，纺绩织纴，多治麻丝葛绪细布缭，是故布缭不兴。曰：孰为大人之听治而废国家之从事？曰：乐也。是故子墨子曰：为乐非也。

何以知其然也？曰先王之书，汤之《官刑》有之，曰："其恒舞于宫，是谓巫风。其刑，君子出丝二卫⑨，小人否，似二伯。"《黄经》乃言曰："呜乎！舞佯佯⑩，黄言孔章⑪。上帝弗常，九有⑫以亡；上帝不顺，降之百殃⑬，其家必坏丧。"察九有之所以亡者，徒从饰乐也。于《武观》⑭曰："启子淫溢康乐，野于饮食，将将铭，筦磬以力⑮，湛浊于酒，渝食于野，万舞翼翼，章闻于大，天用弗式。"故上者天鬼弗戒，下者万民弗利。

是故子墨子曰：今天下士君子，请将欲求兴天下之利，除天下之害，当在乐之为物，将不可不禁而止也。

注 释

①延鼎：倒扣着的鼎。

②明：当为"音"；朴：当为"抃"，通"变"。"明不转朴"，即音节不婉转多变。

③拊乐：击乐、奏乐。

④锈然：肃然。

⑤万人：演奏万乐的人。

⑥蹄蚤：蹄爪。

⑦叔：同"菽"，豆类的总称。

⑧亶：尽。

⑨卫：当为"纬"，古代布匹单位。

⑩佯佯：即"洋洋"，众多。

⑪黄言孔章：应为"其言孔章"，孔章，又作"孔彰"，形容十分显明、美好。

⑫九有：九州。

⑬祥：即"祥"，此处为殃祸之意。

⑭《武观》：当为《五观》；五观为夏启的儿子，以其名为书名。

⑮此处文字疑有缺失，或为"将将锽锽，筦磬以方"，即将将金石，筦磬以力之意。

译　文

如今王公大人，身处在高台厚榭上娱乐，从上面望去，大钟就如倒扣着的鼎一样，不撞击它，能有什么乐处呢？这就是说一定要撞击它。撞击它，必定不会选用年老和反应迟钝的人，年老或反应迟钝的人，耳目不聪明，四肢不强壮，撞击的音调不和调，声音不婉转。一定要选用年轻力壮之人。若让男子去撞钟，则男子就要荒废耕稼种植的时间；若让女子去撞钟，则女子就要荒废纺线织布的时间。如今王公大人为了作乐沉迷音乐，不惜亏损掠夺民众的衣食财用，所以演奏音乐的人如此之多。所以，墨子说：制作音乐是错误的。

现在大钟、鸣鼓、琴瑟、竽笙等乐声已经具备了，王公大人们奏响音乐独自去听，能够得到什么乐趣呢？这就是说，他们不是和君子一起听，就是和百姓一起听。和君子一起听，就会荒废君子听政治事；和百姓一起听，就会荒废百姓从事生产。如今王公大人制作以音乐为乐，亏损掠夺民众的衣食财用，所以演奏音乐的人如此之多。所以墨子说：制作音乐是错误的。

从前齐康公制作了一种叫乐万的音乐，演奏乐万的人，不能穿粗布短衣，不能吃粗疏的饭食。说：饮食不美好，面目颜色就不值得观看了；衣服不华美，身体动作也就不值得观看了。所以吃饭一定吃精美的饭菜，穿衣一定穿绣有花纹的衣服。这些人常年不从事衣食财用的生产，却常常吃别人生产的东西。所以墨子说：如今的王公大人以音乐为乐，亏损掠夺民众的衣食之财，所以演奏音乐的人如此之多。所以墨子说：制作音乐是错误的。

人本就与禽兽、麋鹿、飞鸟、爬虫不同。禽兽、麋鹿、飞鸟、爬虫等，将其羽毛作为衣服，将其蹄爪作为裤子、鞋子，将水草作为饮食。所以即便雄性的不耕稼种植，雌性的不纺线织布，其衣食财用也已经具备了。人于此则不同，依赖自己的力气而生存，不依赖自己的力气就不能生存。君子不努力治理政务，行政就会混乱；百姓不努力从事生产，财用就会不足。如今天下的士君子，认为我的话不对，那就姑且尝试着列数天下各种分内之事，来察看沉溺音乐的危害。王公大人早上上朝、晚上退朝，听狱治国，这是其分内之事；士君子竭尽全身力气，用尽智力，在内治理官府，在外征敛关市、山林、川泽的税赋，以充实仓廪府库，这是其分内之事；农夫早出晚归，耕稼种植，多收粮食豆谷，这是其分内之事；妇人早起晚睡，纺线织麻，多多料理麻、丝、葛、苎麻，将其织成布匹，这是其分内之事。如今王公大人喜欢音乐而去听它，则必定不能早晨上朝、晚上退朝、听狱治国；如今士君子喜欢音乐就去听它，则必定不能竭尽全身力气，用尽智力思虑，在内治理官府，在外征敛市、山林、川泽的税赋，以充实仓廪府，所以仓廪府库不充实；如今农夫喜欢音乐就去听它，则必定不能早起晚归，耕稼种植，多收粮食豆谷，所以豆谷不足。如今妇女喜欢音乐就听它，则必定不能早起晚睡，纺线织麻，多多料理麻、丝、葛、苎麻，将其织成布匹，所以布匹就不丰盛。所以，若问：是什么令王公大人们听狱治国却荒废了国家政事呢？回答是：是音乐。所以墨子说：制作音乐是错误的。

怎么知道是这样的呢？回答：先王之书，商汤的《官刑》中说："常常在宫中跳舞，这叫作巫风。惩罚是：君子罚二束丝，百姓没有这种刑罚。"《黄径》中记载："呜呼！舞蹈繁多，声音响亮。上帝不佑护，九州将失亡；上帝不顺从，降下百种灾殃，这样的家族必定要败亡。"考察九州之所以灭亡的原因，就是因过于修饰音乐啊。《武观》中说："夏启淫逸奢靡，在野外大吃大喝。锵锵为乐，管磬并作，沉湎于酒，田猎无度，万舞场面浩大，声音上传于天，上天不以其为法度。"所以，音乐这种东西在上不能作为天地鬼神的法度，在下不能合乎万民的利益。

所以墨子说：如今天下的士君子，果真要追求兴起天下之利，除去天下之害，对于音乐这样的东西，是不能不加以禁止的。

经典解读

能带来感官享乐的美好之物，世上的任何人都喜欢，但智者不会沉溺于其中，他们接触到这些东西的时候，就能想到其中的害处，想到可能带来的灾祸。所以，他们能够在美色、美声、美食、美景面前控制自己的欲望，避免自己沉溺其中。大禹喝了仪狄敬献的美酒，连醉三天三夜，醒来后便感慨，将来一定有以酒亡国之人，于是疏远了仪狄，不再饮酒；晋文公得到美女南之威，与其淫乐，连续三日不上朝，醒悟后感慨，将来一定有以美色亡国的，于是便疏远了美女；楚庄王游玩于强台，看到山河壮丽、景色秀美，流连忘返，多日没有理政，醒悟后便感慨，将来一定有因为楼阁池台而亡国的，于是便不再到处游览……这些君主，都能够控制自己的欲望，所以成就了王者、霸者的大业。相反，其他的一些君主，如沉溺于舞乐、美色之中的夏桀、商纣、陈后主、隋炀帝等人，无不丢掉了国家社稷，身受大辱，被天下所耻笑。

　　而音乐正是能够让人欢愉，容易使人沉溺于其中的东西。古代的圣王、圣人在欣赏音乐之时，也都能认识到其中的害处，所以才制订刑罚来惩治沉溺音乐的行为，才对音乐进行删减、修订，除去郑卫淫狎之音。然而，墨子所处的时代，圣人的大道已经被人遗忘，当世的统治者无不在钟鼓轰鸣、靡靡音声中追求享乐；在享乐之中荒废了国政，使国家混乱；又残酷地剥削民众来满足自己腐化的生活。正是针对这些现象，墨子才大力倡导"非乐"的主张。

卷 九

非命上

原　文

子墨子言曰：古者王公大人为政国家者，皆欲国家之富，人民之众，刑政之治。然而不得富而得贫，不得众而得寡，不得治而得乱，则是本失其所欲，得其所恶，是故何也？子墨子言曰：执有命者以杂于民间者众。执有命者之言曰："命富则富，命贫则贫；命众则众，命寡则寡；命治则治，命乱则乱；命寿则寿，命夭则夭。命虽强劲，何益哉？"以上说王公大人，下以驵①百姓之从事，故执有命者不仁。故当执有命者之言，不可不明辨。

然则明辨此之说将奈何哉？子墨子曰：必立仪②。言而毋仪，譬犹运钧③之上而立朝夕者也，是非利害之辨，不可得而明知也。故言必有三表。何谓三表？子墨子曰：言有本之者，有原之者，有用之者。于何本之？上本之于古者圣王之事。于何原之？下原察百姓耳目之实。于何用之？废④以为刑政，观其中国家百姓人民之利。此所谓言有三表也。

然而今天下之士君子，或以命为有。盖尝尚观于圣王之事：古者桀之所乱，汤受而治之；纣之所乱，武王受而治之。此世未易、民未渝，在于桀纣则天下乱；在于汤武则天下治。岂可谓有命哉！

203

然而今天下之士君子，或以命为有。盖尝尚观于先王之书？先王之书，所以出国家、布施百姓者，宪也。先王之宪，亦尝有曰"福不可请，而祸不可讳，敬无益，暴无伤"者乎？所以听狱制罪者，刑也。先王之刑亦尝有曰"福不可请，祸不可讳，敬无益，暴无伤"者乎？所以整设师旅，进退师徒者，誓也。先王之誓亦尝有曰"福不可请，祸不可讳，敬无益，暴无伤"者乎？是故子墨子言曰：吾当未盐⑤数，天下之良书不可尽计数，大方论数，而五者⑥是也。今虽毋求执有命者之言，不必得，不亦可错乎？

注　释

①驵（zǔ）：通"阻"，妨碍。

②仪：准则。

③钧：制陶时所使用的轮子。"运钧之上而立朝夕"。即将测量时间的晷表放在不断转动的轮子之上，是不可能测准的。

④废：当为"置"。

⑤盐：当为"尽"。

⑥五者：当为"三者"。

译　文

墨子说：古代治理国家的王公大人，都希望国家富裕，人民众多，政治治理。然而，国家不能富裕反而贫穷，人民不能众多反而减少，政治不能治理反而混乱，则是从根本上失去了所希望的，而得到所厌恶的，这是为何呢？墨子说：就是因为主张有天命的人太多了。主张有天命的人说："命里富贵则富贵，命里贫穷则贫穷；命里众多则众多，命里稀少则稀少；命里治理则治理，命里混乱则混乱；命里长寿则长寿，命里短寿则短寿。命就是如此，虽然强力作为又有什么好处呢？"他们用这话在上游说王公大人，在下阻碍百姓生产做事，所以主张有天命的人是不仁义的。对于主张有天命者的言论，不能不加以明辨。

然而应该如何明辨这些言论呢？墨子说：言论必须确立准则，没有准则的言论，就好比在陶轮之上树立晷表来测时间，是非利害的分别是不能够弄明白的。故发表言论必定要有三种原则。什么是三种原则呢？墨子说：言论有作为本源的，有用来推究的，有用于实践的。什么是作为本源的呢？向上以古代圣王之事作为本源的。什么是用来推究的呢？向下考察百姓的日常见闻。什么是用于实践的呢？将它用作刑法政令，看其是否合乎国家百姓的利益。这就是所谓的发表言论有三种原则。

然而当今天下的士君子，有的以为天命是有的。何不向上考察圣王之事呢？古时，夏桀乱国，商汤接受并治好了天下；殷纣乱国，武王接受并治好了天下。在这些时候，天下未曾改变、人民未曾改变，在桀纣手中，天下就混乱，在汤、武王手中，天下就治理，怎么能说治乱有命呢？

然而当今天下的士君子，有的以为天命是有的。何不向上看看先王之书？先王之书中，用来治理国家、惠利百姓的，是宪法。先王的宪法中，也曾有过"福不可请来，祸不可避免；恭敬没有好处，凶暴没有坏处"这样的话吗？用来断决狱讼，评定罪刑的，是刑律。先王的刑律中，也曾有过"福不可请来，祸不可避免；恭敬没有好处，凶暴没有坏处"这样的话吗？用来整治军队，指挥士卒的，是誓言。先王的誓言中也曾有过"福不可请来，祸不可避免；恭敬没有好处，凶暴没有坏处"这样的话吗？所以墨子说：我还未全部统计，天下的好书不可能统计完全，大概而论，就这三种。如今务力在七种寻找主张有天命者的言论，必然不能找到，那么这些言论难道不可以批驳吗？

经典解读

一种学说主张是否有道理，不在于它是否容易被人接受，也不在于持有这种主张的人是否能言善辩，而要深入考虑这种主张的推行是否对天下国家、对世间民众有利，看它向哪里引导民众。对于有天命的主张，就应该如此分析。这种主张的确能很容易被民众接受，对处于贫困、逆境之中的人也有一定的安慰作用，但从长远上看，过于相信命运，是不利于社会的安定、不利于引导民众向善的。

统治者如果过于相信命运，就会认为天下的安危兴亡都是命运注定的，就不会再努力地去治理国家，去造福民众、争取民心。统治者不努力为政治国，不关心民众，就会将精力耗费在吃喝享乐之上，为了满足自己的欲望而大兴土木，大兴舞乐，这势必会危害国家、危害民众。普通人如果过于相信命运，就认为自己的贫穷富贵都是命中注定的，就不愿再付出努力，就会贪图享乐，就会为所欲为。如此，他看到为善困难，便不再为善；看到为恶容易，就会毫无忌惮地为非作歹……民众若人人如此，天下也就彻底混乱了。

所以，在墨子看来，这种有天命的主张正是天下混乱、民众堕落的根源，是有志的君子所应该批驳的，是圣王所应该消除的。

原文 2

今用执有命者之言，是覆天下之义。覆天下之义者，是立命者也，百姓之诽①也。说百姓之诽者，是灭天下之人也。然则所为欲义在上者，何也？曰：义人在上，天下必治，上帝山川鬼神必有干主，万民被其大利。何以知之？子墨子曰：古者汤封于亳，绝长继短，方地百里，与其百姓兼相爱，交相利，移则分②。率其百姓，以上尊天事鬼，是以天鬼富之，诸侯与之，百姓亲之，贤士归之，未殁其世，而王天下，政诸侯。昔者文王封于岐周，绝长继短，方地百里，与其百姓兼相爱、交相利，则。是以近者安其政，远者归其德。闻文王者，皆起而趋之。罢③不肖股肱不利者，处而愿之曰："奈何乎使文王之地及我吾，则吾利，岂不亦犹文王之民也哉。"是以天鬼富之，诸侯与之，百姓亲之，贤士归之，未殁其世，而王天下，政诸侯。乡者言曰：义人在上，天下必治，上帝山川鬼神必有干主，万民被其大利。吾用此知之。

是故古之圣王发宪出令，设以为赏罚以劝贤，是以入则孝慈于亲戚，出则弟长于乡里，坐处有度，出入有节，男女有辨。是故使治官府，则不盗窃，守城则不崩叛，君有难则死，出亡则送。此上之所赏，而百姓之所誉也。执有命者之言曰："上之所赏，命固且赏，非贤故赏也；上之所罚，命固且罚，不暴故罚也。"是故入则不慈孝于亲戚，出则不弟长于乡里，坐处不度，出入无节，男女无辨。是故治官府则盗窃，守城则崩叛，君有难则不死，出亡则不送。此上之所罚，百姓之所非毁也。执有命者言曰："上之所罚，命固且罚，不暴故罚也；上之所赏，命固且赏，非贤故赏也。"以此为君则不义，为臣则不忠，为父则不慈，为子则不孝，为兄则不良，为弟则不弟，而强执此者，此特凶言之所自生，而暴人之道也。

然则何以知命之为暴人之道？昔上世之穷民，贪于饮食，惰于从事，是以衣食之财不足，而饥寒冻馁之忧至，不知曰"我罢不肖，从事不疾"，必曰"我命固且贫"。昔上世暴王不忍其耳目之淫、心涂之辟，不顺其亲戚，遂以亡失国家，倾覆社稷，不知曰"我罢不肖，为政不善"，必曰"吾命固失之"。于《仲虺之告》曰："我闻于夏人矫天命，布命于下，帝伐之恶，龚丧厥师。"此言汤之所以非桀之执有命也。于《太誓》曰："纣夷处，不肯事上帝鬼神，祸厥先神禔不祀，乃曰吾民有命，无廖排漏①，天亦纵弃之而弗葆。"此言武王所以非纣执有命也。今用执有命者之言，则上不听治，下不从事。上不听治，则刑政乱；下不从事，则财用不足。上无以供粢盛酒醴，祭祀上帝鬼神，下无以降绥天下贤可之士，外无以应待诸侯之宾客，内无以食饥衣寒，将养老弱。故命上不利于天，中不利于鬼，下不利于人，而强执此者，此特凶言之所自生，而暴人之道也。

是故子墨子言曰：今天下之士君子，忠实欲天下之富而恶其贫，欲天下之治而恶其乱，执有命者之言，不可不非，此天下之大害也。

注　释

①谇：责骂。

②移则分："移"当为"财"，即财多了就与百姓分享。

③罢：疲弱不能任事的。

④无廖排漏：当为"毋僇其务"，不尽心于自己的职责。

译　文

如今取用主张有天命者的言论，是倾覆天下的道义；倾覆天下道义的，就是那些确立有天命主张的人，这样的人在上位正是百姓所应责骂的。将百姓所应责骂的事当成乐事，就是背弃、祸害天下之人。人们都希望恪守道义的人处于上位，这是为何呢？回答是：恪守道义的人在上位，天下必定治理，上帝、山川、鬼神，也必定有主事的人，万民都受其大利。如何知道呢？墨子说：古时，商汤封于亳地，取长补短，方圆不过百里。他与百姓相亲相爱，相互惠利，财多就分享给百姓。率领百姓，向上敬奉天地鬼神，所以天地鬼神使他富裕，诸侯都亲附他，百姓都敬爱他，贤士都归附他，还没有死去的时候，他就称王天下、匡正诸侯。从前，周文王封于齐奏，取长补短，方圆不过百里，他与百姓相亲相爱、相互惠利，财多就分享被百姓，所以近处的人安于其政治，远方的人思慕其德行。听说文王的人，都起身投奔他。疲惫无力、四肢不便的人，聚在一起盼望说："怎样才能使文王的领地延伸到我们这里，我们也得到好处，岂不就和文王的子民一样了吗？"所以上天鬼神使他富贵，诸侯亲附他，百姓敬爱他，贤士归附他，还没有死去的时候，他就称王天下，匡正诸侯。从前的人说：恪守道义的人居上位，天下必定治理，上帝、山川、鬼神，必定有主事的人，万民都受其大利。我就是由此知道这点的。

因此，古代圣王颁布宪法、法令，制定赏罚标准来鼓励贤人、惩罚残暴的人，故贤者入则孝慈亲戚，出则尊敬乡人，举止有度，出入有节，谨守男女之别。让其治理官府，则不贪赃盗窃，让其守卫城池，则不溃逃叛乱，国君有难则慷慨赴死，国君逃亡则前往护送。这些都是在上者奖赏，而百姓赞誉的。对此，主张有天命的人却说："在上者赏赐他，是命里注定有赏赐，不是因从事贤德之事而得到的赏赐。在上者处罚他，是命里注定有惩罚，不是因为从事凶暴之事而得到的惩罚。"而那些，入不孝慈亲戚，出不尊敬乡人，举止无度，出入无节，不守男女之别的人，让他们治理官府就会贪赃盗窃，让他们守卫城池就会溃逃叛乱，国君有难不会慷慨赴死，国君出逃不会前往护送。这些都是在上者所惩罚，而百姓所责骂的。对此，主张有天命的人却说："在上者惩罚他，是命里注定有惩罚，不是因为从事凶暴之事而得到的惩罚。在上者赏赐他，是命里注定有赏赐，不是因为从事贤德之事而得到的赏赐。"有这种想法，为君主则不仁义，为臣子则不忠贞，为父亲则不慈爱，为儿子则不孝顺，为兄长则不善良，为弟弟则不恭敬，而顽固地坚持这种主张，就是产生不好言论的根源，是恶人之道。

然而如何知道有天命的主张为恶人之道呢？前代的穷困之民，贪图饮食，懒于劳作，所以衣食财用不足，饥寒冻馁的忧患并至，他们不知道反思"我疲怠慵懒，不努力劳作"，一定要说"我命里注定贫贱"。古时前代的暴君，不听从其亲友劝告，以至于丢掉国家，倾覆社稷，他们不知道反思"我疲惫无德，为政不善"，一定要说"我命里注定失去社稷"。在《仲虺之诰》中说："我听说夏人假借天命，向下滥发政令，所以上帝讨伐他们的罪恶，因此覆灭了他们的军队。"这是说商汤反对桀有天命的主张。在《泰誓》中说："纣傲慢不恭，不肯侍奉上帝鬼神，遗弃其先祖和神灵不祭祀，反而说'我有天命'，不努力防备，上天也就抛弃了他而不保佑。"这是说武王反对纣王有天命的主张。如今采纳坚持有天命者的主张，则在上的不听政治事，在下的不努力劳作。在上的不问政治事，则政治混乱；在下的不努力劳作，则财用不足，在上没有祭祀酒食来祭祀上帝、鬼神，在下没有东西可以用来安抚天下的贤人、士子，在外没有财用可以用来接待诸侯宾客，在内没有粮食衣服来避免饥饿寒冷、抚养老弱。所以，有天命的主张，上不利于天，中不利于鬼神，下不利于人民，而顽固地坚持这种主张，就是产生不好言论的根源源，是恶人之道。

所以墨子说：当今天下的士君子，果真要使天下富裕而厌恶其贫穷，要想使天下治理而厌恶其混乱，对于坚持有天命者的主张，就不可不反对，这是天下的大害啊！

经典解读

本节文字先通过商汤、文王施行仁义而从百里之地的诸侯成为天子的往事，来指出有天命主张的荒谬。穷困富贵并非命中注定，而是靠自己的努力，靠行善事、施善政而得来的：小的诸侯，若能爱护民众，尊崇贤者，施行善政，就可以称为天下之主；同样拥有天下的天子，若不爱惜民众，不尊崇贤者，不施行善政，也必将失去这一切。这些都是先王的真实事迹，是世人皆知的，如此有天命的论点也就不攻自破了。

之后，墨子又设想了人们怀着有天命的主张，和无天命的主张，施行起来，都能够得到什么样的结果。怀着无天命主张的人，知道将来治乱兴衰都在自己，所以必然会努力去施行善政，勤劳政事，爱惜民众，敬畏鬼神，所以他们的国家治理，社稷安稳，民众爱戴他们；而那些持着有天命主张的人，则认为一切都是命中注定，于是懈怠荒废政事、不顾民众生死，肆意妄为，所以等待他们的也只有混乱和灭亡了。由此又可知道，有天命于天下国家个人都有大害，这种主张是不值得去坚持、推行的。

最后，墨子又引用先王的典籍，用经典来证明，有天命的主张，上不利于天，中不利于鬼神，下不利于人民，顽固地坚持这种主张，就是凶险言论的根源，是恶人之道。

通过这层层递进的论述，有天命主张的不可行、不可信，也就被墨子解剖的淋漓尽致了。

非命中

原　文

子墨子言曰：凡出言谈、由文学①之为道也，则不可而不先立义法。若言而无义，譬犹立朝夕于员钧之上也，则虽有巧工，必不能得正焉。然今天下之情伪，未可得而识也，故使言有三法。三法者何也？有本之者，有原之者，有用之者。于其本之也，考之天鬼之志、圣王之事；于其原之也，征以先王之书；用之奈何，发而为刑。此言之三法也。

今天下之士君子，或以命为亡，②我所以知命之有与亡者，以众人耳目之情，知有与亡。有闻之，有见之，谓之有；莫之闻，莫之见，谓之亡。然胡不尝考之百姓之情？自古以及今，生民以来者，亦尝见命之物，闻命之声者乎？则未尝有也。若以百姓为愚不肖，耳目之情不足因而为法，然则胡不尝考之诸侯之传言流语乎？自古以及今，生民以来者，亦尝有闻命之声，见命之体者乎？则未尝有也。然胡不尝考之圣王之事？古之圣王，举孝子而劝之事亲，尊贤良而劝之为善，发宪布令以教诲，明赏罚以劝沮③。若此，则乱者可使治，而危者可使安矣。若以为不然，昔者桀之所乱，汤治之；纣之所乱，武王治之。此世不渝而民不改，上变政而民易教，其在汤武则治，其在桀纣则乱，安危治乱，在上之发政也，则岂可谓有命哉！夫曰有命云者，亦不然矣。

今夫有命者言曰：我非作之后世也，自昔三代有若言以传流矣。今故先生对之①？曰：夫有命者，不志昔也三代之圣善人与？意亡昔三代之暴不肖人也？何以知之？初之列士桀⑤大夫，慎言知行，此上有以规谏其君长，下有以教顺其百姓，故上得其君长之赏，下得其百姓之誉。列士桀大夫声闻不废，流传至今，而天下皆曰其力也，必不能曰我见命焉。是故昔者三代之暴王，不缪⑥其耳目之淫，不慎其心志之辟，外之敺⑦骋田猎毕弋，内沉于酒乐，而不顾其国家百姓之政。繁为无用，暴逆百姓，使下不亲其上，是故国为虚厉，身在刑僇之中，不肯曰："我罢不肖，我为刑政不善。"必曰："我命故且亡。"

虽昔也三代之穷民，亦由此也。内之不能善事其亲戚，外不能善事其君长，恶恭俭而好简易⑧，贪饮食而惰从事，衣食之财不足，使身至有饥寒冻馁之忧，必不能曰："我罢不肖，我从事不疾。"必曰："我命固且穷。"虽昔也三代之伪民，亦犹此也。繁饰有命，以教众愚朴人久矣。圣王之患此也，故书之竹帛，琢之金石。于先王之书《仲虺之告》曰："我闻有夏人矫天命，布命于下，帝式是恶，用阙师。"此语夏王桀之执有命也，汤与仲虺共非之。先王之书《太誓》之言然曰："纣夷之居，而不肯事上帝，弃阙其先神而不祀也，曰：我民有命，毋僇其务。天不亦弃纵而不葆。"此言纣之执有命也，武王以《太誓》非也。有于三代不国⑨有之曰："女毋崇天之有命也。"命三不国亦言命之无也。于召公之《执令》于然，曰："敬哉！无天命，惟予二人。而无造言不自降天之哉得之。"在于商、夏之诗书曰："命者，暴王作之。"且今天下之士君子，将欲辩是非利害之故，当天有命者，不可不疾非也。执有命者，此天下之厚害也，是故子墨子非也。

注　释

①由：当为"为"；由文学，即做文章。

②此处应缺失"或以命为有"等字。

③劝沮：劝勉阻止。

④故：当为"胡"；对：通"怼（duì）"，痛恨、厌恶。

⑤桀：杰出。

⑥缪：同"纠"，纠正、改正。

⑦欧：同"驱"。

⑧简易：简慢轻率。

⑨不国：当为"百国"，指百国之书。

译　文

墨子说：凡发表言谈、书写文章的原则，不可不先树立准则。没有准则的言辞，就如将测时间的仪器放置于转动的陶轮之上，即便有灵巧的工匠，也一定不能得到正确的时间。然而当今天下的真假，尚不能得到辨识，所以发表言辞有三种原则。三种原则是什么呢？有作为本源的，有用作推究的，有用于实践的。作为本源的言辞，就是上考天地鬼神的意志，圣王的事迹而得出的；用作推究的言辞，就是用先王的书籍可以验证它；用于实践的言辞，就是将其作为施政的标准。这就是发表言论的三种原则。

如今天下的士君子，有的认为天命是有的，有的认为天命是无的，我之所以知道天命的有无，是根据众人耳目所见实情来知道其有无的。任由听过它，有人见过它，这才称为"有"；没人见过它，没人听过它，这称为"无"。然而为何不尝试着用百姓耳目所见的实情来考察呢？自古及今，人类产生以来，有曾见过天命这件东西，听过天命的声音的吗？则从未有过。若认为百姓是愚蠢无能的，其耳目所见之情不足以作为准则，然而为何不尝试着考察诸侯之间的传言流语呢？自古及今，人类产生以来，有曾见过天命这件东西，听过天命的声音的吗？则从未有过。那么为何不尝试着考察圣王的事迹呢？古代的圣王，举拔孝子来劝勉民众敬事亲人，尊重贤良来劝勉民众力行善事，发布政令来教诲民众，严明赏罚来奖善止恶。如此，则混乱可以得到治理，危险可以转为安宁。若认为不是这样的，从前，桀扰乱天下，商汤治理了；纣扰乱天下，武王治理了。这些时候，天下没有改变，民众也没有变化，在上者改变政令，民众的教化也就随之改变了。汤、武王为政则天下治理，桀、纣为政则天下混乱，安慰之乱，在于居上者所发的政令，岂能认为是有天命存在！那些说有天命的，并不是这样的。

现在坚持有天命主张的人说：并非我在后世创造了这种说法，自从三代以来就有这种言论流传了。为何现在先生如此痛恨它呢？回答：那些认为有天命的，不知道是不是从前三代的圣人善者？抑或都是从前三代的暴王和不贤能的人呢？如何知道的呢？当初的有德之士、杰出大夫，言辞谨慎，行为明智，在上能规劝其君长，在下能教导其百姓，所以上能得到君长的赏赐，下能获得百姓的赞誉。他们的名声不会废止，流传到今天，天下人都会说：这是他们的努力啊，一定不会说：我见到了命运。而从前三代的暴王，不改正其过度的声色淫乐，不谨慎其内心的邪僻之志，在外骑马、打猎、射鸟，在内则沉溺于美酒、音乐之中，不顾其国家百姓的治理。大量从事无用之事，暴虐地对待百姓，使民众不亲附其长上，于是国家空虚，自身也陷入刑戮之中。他们不肯说："我是不贤能的，我治理政务不善。"却一定要说"我命里注定要灭亡的"。

从前三代那些贫贱的人，也都是这样的。在内不能好好敬事其亲人，在外不能好好事奉其君长，厌恶恭顺节俭而好简慢轻率，贪图饮食，惰于劳作，衣食之财不足，导致自身有饥寒冻饿之忧，一定不说"我是不贤能的，我劳作不勤快"，却一定要说："我命里注定要受穷的。"从前三代那些虚伪的人，也都是这样的。他们制造各种有天命的说法，以教唆那些愚蠢笨拙的人。圣王对此感到忧患已经很久了，所以将其书写在竹帛上，镂刻在金石上。在先王之书《仲虺之诰》中说："我听闻夏人假借天命，宣令天下。所以天帝痛恨他们，摧毁了他们的军队。"这就是夏王桀坚持有天命的主张，而商汤和仲虺一起批驳他。先王之书《太誓》中的话也是这样说："殷纣傲慢不恭，不肯事奉上帝，遗弃其先祖和神灵不祭祀，反而说：我有天命。不勤于政务，上天也会放弃他而不保佑。"这就是说纣坚持有天命的主张，武王用《太誓》来批驳他。在三代百国之书中也有这样的话，说："你们不要信奉上天是有命的。"对于天命，三代百国之书也认为它是不存在的。召公的《执令》中也是这样说的，说："恭敬吧！没有天命，命运只在于我们两人没有成就，不可讹言惑众，祸福不自天降，而是我们自己所为的。"在夏代和商代的诗书中也说："天命是暴王所捏造出来的。"

且如今天下的士君子，想要辨明是非利害的原因，对于有天命的主张不可不加以强烈的批驳。坚持有天命的主张是天下的大害，所以墨子反对它。

经典解读

　　本节墨子以发表言辞、写文章的三个原则来批驳有天命的主张。首先，上考天地鬼神的意志，下察前代圣王的主张，并不能发现有天命的有力证据。其次，从古至今的记录，并没有人真正看到过命这个东西，先王的典籍没有明确说明是否存在命，即便那些主张有天命的学者，只怕也说不出命到底是什么。最后，有天命的主张并不能推行于实践，天下国家是需要统治者用心、努力去治理的，个人的贫穷富贵也都是需要自己去努力争取的，相信有天命只会让天下更加混乱，让世人更加堕落。

　　通过这三点，墨子就完全证明了，有天命的主张是经不起推敲的，是不利于施行的，是圣王和君子所应该反对、批驳的。

非命下

原　文

　　子墨子言曰：凡出言谈，则必可而不先立仪而言①。若不先立仪而言，譬之犹运钧之上而立朝夕焉也。我以为虽有朝夕之辨，必将终未可得而从定也。是故言有三法。何谓三法？曰：有考之者，有原之者，有用之者。恶乎考之？考先圣大王之事。恶乎原之？察众之耳目之请？恶乎用之？发而为政乎国，察万民而观之。此谓三法也。

　　故昔者三代圣王禹汤文武方为政乎天下之时，曰：必务举孝子而劝之事亲，尊贤良之人而教之为善。是故出政施教，赏善罚暴。且以为若此，则天下之乱也，将属可得而治也；社稷之危也，将属可得而定也。若以为不然，昔桀之所乱，汤治之；纣之所乱，武王治之。当此之时，世不渝而民不易，上变政而民改俗。存乎桀纣而天下乱，存乎汤武而天下治。天下之治也，汤武之力也；天下之乱也，桀纣之罪也。若以此观之，夫安危治乱存乎上之为政也，则夫岂可谓有命哉！

　　故昔者禹汤文武方为政乎天下之时，曰："必使饥者得食，寒者得衣，劳者得息，乱者得治。"遂得光誉令问②于天下。夫岂可以为命哉？故以为其力也！今贤良之人，尊贤而好功道术，故上得其王公大人之赏，下得其万民之誉，遂得光誉令问于天下。亦岂以为其命哉？又以为力也！然今夫有命者，不识昔也三代之圣善人与，意亡昔三代之暴不肖人与？若以说观之，则必非昔三代圣善人也，必暴不肖人也。然今以命为有者，昔三代暴王桀纣幽厉，贵为天子，富有天下，于此乎不而矫③其耳目之欲，而从其心意之辟，外之驱骋、田猎、毕弋，内湛于酒乐，而不顾其国家百姓之政，繁为无用，暴逆百姓，遂失其宗庙。其言不曰"吾罢不肖，吾听治不强"，必曰"吾命固将失之"。虽昔也三代罢不肖之民，亦犹此也。不能善事亲戚君长，甚恶恭俭而好简易，贪饮食而惰从事，衣食之财不足，是以身有陷乎饥寒冻馁之忧。其言不曰"吾罢不肖，吾从事不强"，又①曰"吾命固将穷"。昔三代伪民亦犹此也。

　　昔者暴王作之，穷人术之，此皆疑众迟朴⑤。先圣王之患之也，固在前矣。是以书之竹帛，镂之金石，琢之盘盂，传遗后世子孙。曰：何书焉存？禹之《总德》有之，曰："允不著⑥，惟天民不而葆。既防凶心，天加之咎。不慎厥德，天命焉葆？"《仲虺之告》曰："我闻有夏人矫天命，于下，帝式是增，用爽厥师。"彼用无为有，故谓矫，若有而谓有，夫岂为矫哉！昔者，桀执有命而行，汤为《仲虺之告》以非之。《太誓》之言也，于去发⑦曰："恶乎君子！天有显德，其行甚章。为鉴不远，在彼殷王。谓人有命，谓敬不可行，谓祭无益，谓暴无伤。上帝不常，九有以亡；上帝不顺，祝降其丧。惟我有周，受之大帝。"昔纣执有命而行，武王为《太誓》去发以非之。曰：子胡不尚考之乎商周虞夏之记，从十简之篇以尚，皆无之，将何若者也？

注　释

①此句当为"不可不先立仪而言"。

②令问：令闻。

③矫：改变、纠正。

④又：当为"必"。

⑤疑众迟朴：疑惑大众，愚弄朴实人。

⑥着：通"著"，显著。

⑦于去发：应为"太子发"，即武王名发。

译　文

墨子说：但凡发表言论，则不可不先确立准则。若不先确立准则就发表言论，譬如在运转的陶轮之上树立测量时间的仪器。我认为虽然有朝、昔的区分，最终也一定得不到一个准确的时间。所以，发表言论必须要有三个原则。什么是三个原则呢？回答是：有考察本源的言论，有推究实情的言论，有用于实践的言论。如何考察本源呢？去考察先圣的大事。如何推究事情呢？察看众人耳目见闻的实情。如何用作实践呢？将其作为治理国家的政令，察看是否符合百姓的利益。这就是所谓发表言论的三个原则。

从前三代圣王禹、汤、文王、武王治理天下之时，说：务必举拔孝子而劝勉民众事奉亲人，尊重贤良而教导民众为善。所以他们颁布政令、施行教化、奖赏善行、惩罚凶暴。认为这样，混乱的天下将可以得到治理，倾危的社稷将转为安定。如果认为不是这样的，那从前桀扰乱天下，而商汤治理了；纣扰乱天下，武王治理了。这些时候，天下没有改变，民众没有变化，居上者变更政令，民众也就改变风俗了。在桀纣的统治之下，天下就混乱；在汤、武王的统治之下，天下就治理。天下的治理，是汤、武王的功劳；天下的混乱，是桀、纣的罪过。由此看来，安危治乱的本源在于居上者为政如何，岂能说是有天命！

从前禹、汤、文王、武王治理天下之时，说"一定使饥饿的人得到食物，使寒冷的人得到衣服，使劳苦的人得到休息，使混乱得到治理"，于是他们的美名、赞誉传遍天下。怎么能认为这是天命呢？这都是他们努力的结果啊！如今的贤良之人，尊重贤者而喜好治国之法，所以在上得到王公大人的赏赐，在下得到民众的称颂，于是美名、赞誉传遍天下。怎么能认为这是天命呢？这都是他们努力的结果啊！然而当今坚持有天命主张的人，不知其说法是源自三代的圣人善者呢？还是源自三代的凶暴不肖之人呢？从其言论上来看，一定是凶暴不肖之人。然而今天坚持有天命主张的人，以及从前三代暴王桀、纣、幽王、厉王，贵为天子，富有天下，却不能纠正对于声色的欲望，而放纵内心的邪僻，在外骑马、打猎、射鸟，在内沉湎于美酒、音乐，而不顾国家百姓的政事。大量从事无用之事，暴虐地对待百姓，于是失去了其宗庙社稷。他们不说"我疲惫无能，我施政不善"，却一定要说"我命里注定将要失去社稷"。那些三代之中疲惫无能的百姓也是如此。他们不能好好事奉亲戚君长，厌恶恭敬节俭而喜好简慢轻率，贪图饮食而懒于劳作，衣食之用不足，于是身陷饥寒冻馁之中。他们不说"我疲惫无能，劳作不努力"，却一定要说"我命中注定贫穷"。从前三代虚伪之人也是如此。

从前暴虐的君王捏造了这些话，贫贱之人传述这些话，这都是在惑乱百姓、愚弄朴实的人。前代圣王对此感到忧虑，在前世就有了。所以他们将告诫书写在竹帛之上，镂刻于金石之上，雕琢在盘盂之上，留传给后嗣子孙。问：哪些书有这样的话呢？禹时的《总德》一书上就有，说："如果不去向上天表明你的诚信恭顺，就不能顺天保民，既然放纵自己的凶恶之心，上天将会降下惩罚。不谨慎保全德行，天命怎么会保佑呢？"《仲虺之诰》说："我听说夏人假借天命，宣令于天下，上帝于是憎恶他们，使他们丧失了军队。"他无中生有，所以称之为假借，若有而说有，怎么是假借天命呢！从前，桀主张有天命行事，汤作《仲虺之诰》来批驳他。《太誓》中，太子发说："呜呼，君子！天有明德，它的所为非常明显。可以借鉴的不愿，就在于殷王。他称人有天命，说不必恭敬，说祭祀无益，说凶暴无害。上帝不保佑他，九州都灭亡了；上帝不顺心，给他降下灭亡的灾祸。于是我周朝，接受了殷商的天下。"从前，纣坚持有天命的主张而行事，武王作《太誓》对其进行批驳。说：你为何不像上考察商、周、虞、夏的典籍，从十简之篇以上都没有对有天命的记载，这是为何呢？

经典解读

本节内容与上、中两篇一致，都是提倡天下的士君子要反对、批驳有天命的主张。在本节中，墨子通过以圣王、暴王、王公大人等的具体行为进行对比，来体现有天命主张的荒谬、不可信。圣王之所以治理好天下，获得民众的爱戴、支持，并不是命中注定他们会得到这个结果的，而是他们能够努力治理政事、切实爱惜百姓，他们的努力才是尊贵、吉祥的来源。同样，那些暴王之所以失去天下，被天下百姓所厌恶，也并不是命中注定他们会如此，而是他们不好好治理政事，残酷地虐待百姓而自取的祸患。他们自己的荒唐、恣肆才是灾祸的根本来源，而非"命"。王公大人、士君子、平民百姓都是如此，尊贵、吉祥、安乐在于自己，卑贱、灾祸、危险也在于自己。

且墨子认为，有天命的主张就是那些暴王、邪僻之人所捏造出来，欺骗百姓、欺骗自己的，他们不肯付出努力，所以才捏造了这样一种说法，来给自己的恣肆、荒唐找理由。既然如此，那么有天命的主张则是完全荒谬、完全反动的，是不合于圣王之道，不合于圣人的教导的，这样的理论天下有志的士君子又怎能不去尽力批驳呢？

原文 2

是故子墨子曰：今天下之君子之为文学出言谈也，非将勤劳其惟①舌，而利其唇呡②也，中实将欲其国家邑里万民刑政者也。今也王公大人之所以蚤朝晏退，听狱治政，终朝均分，而不敢怠倦者，何也？曰：彼以为强必治，不强必乱；强必宁，不强必危，故不敢怠倦。今也卿大夫之所以竭股肱之力，殚其思虑之知，内治官府，外敛关市、山林、泽梁之利，以实官府，而不敢怠倦者，何也？曰：彼以为强必贵，不强必贱；强必荣，不强必辱，故不敢怠倦。今也农夫之所以蚤出暮入，强乎耕稼树艺，多聚叔粟，而不敢怠倦者，何也？曰：彼以为强必富，不强必贫；强必饱，不强必饥，故不敢怠倦。今也妇人之所以夙兴夜寐，强乎纺绩织纴，多治麻统葛绪捆布缘，而不敢怠倦者，何也？曰：彼以为强必富，不强必贫；强必暖，不强必寒，故不敢怠倦。今虽毋在乎王公大人，蕢若信有命而致行之，则必怠乎听狱治政矣，卿大夫必怠乎治官府矣，农夫必怠乎耕稼树艺矣，妇人必怠乎纺绩织纴矣。王公大人怠乎听狱治政，卿大夫怠乎治官府，则我以为天下必乱矣；农夫怠乎耕稼树艺，妇人怠乎纺织绩纴，则我以为天下衣食之财将必不足矣。若以为政乎天下，上以事天鬼，天鬼不使；下以持养百姓，百姓不利，必离散不可得用也。是以入守则不固，出诛则不胜。故虽昔者三代暴王桀纣幽厉之所以共抎③其国家，倾覆其社稷者，此也。

是故子墨子言曰：今天下之士君子，中实将欲求兴天下之利，除天下之害，当若有命者之言，不可不强非也。曰：命者，暴王所作，穷人所术，非仁者之言也。今之为仁义者，将不可不察而强非者，此也。

注　释

①惟：当为"颊"。

②呡：同"吻"，口边。

③共：当为"失"；扰：失去。

译　文

所以墨子说：如今天下的君子做文章、发表言谈，并不是想要使其喉舌勤劳，使其嘴唇利索，内心实在是希望让其国家、乡邑、民众、行政变得更好。如今王公大人之所以早上朝、晚退朝，听狱理政，整日竭尽职分而不敢懈怠，这是为何呢？回答是：他们认为努力必能治理，不努力必然混乱；努力必能安宁，不努力必然危险，所以不敢倦怠。如今的卿大夫之所以竭尽全身力气，用尽思虑智慧，在内治理官府，在外收聚关市、山林、川泽、桥梁的税赋，以充实官府，而不敢懈怠，这是为什么呢？回答是：他们认为努力必能尊贵，不努力必然低贱；努力必然荣耀，不努力必然羞辱，所以不敢倦怠。如今的农夫之所以早出晚归，努力耕稼种植，多收豆谷，而不敢懈怠，这是为什么呢？回答是：他们认为努力就能富裕，不努力必然贫穷；努力必能吃饱，不努力必然挨饿，所以不敢懈怠。如今的妇人之所以夙兴夜寐，努力纺线织布，多料理丝麻布匹之事，而不敢懈怠，这是为什么呢？回答是：他们认为努力必能富贵，不努力必然贫贱，努力必能得到温暖，不努力必然要受冻，所以不敢懈怠。如今的王公大人，若确信有天命而施行它，则一定会懈怠了听狱理政，卿大夫一定会懈怠了治理官府，农夫一定会懈怠了耕稼种植，妇人一定会懈怠了纺线织布。王公大人懈怠了听狱理政，卿大夫懈怠了治理官府，则我认为天下一定大乱了。农夫懈怠了耕稼种植，妇人懈怠了纺线织布，则我认为天下衣食财用将必然不足。若以此来治理天下，在上侍奉天地鬼神，天地鬼神必不佑护；在下养护百姓，百姓则难以获利，必然会离散而不可役使。所以，在内守国则不牢固，在外征伐则不能取胜，从前三代暴王桀、纣、幽王、厉王之所以使其国家灭亡、社稷倾覆的原因就在于此。

所以墨子说：如今天下的士君子，心中若确实想兴起天下之利，除去天下之害，对于坚持有天命主张者的言论，不可不极力地批驳。说：命，是暴王所捏造出来的，是穷人加以传述的，并不是仁义之人的言论。如今天下追求仁义之道的人，不可不仔细察明而努力批驳它，就是这个道理啊！

经典解读

墨子详细论述了有天命主张不可行的原因：王公大人之所以勤政理事、卿大夫之所以尽心治理、农夫之所以早出晚归地劳动、妇女之所以夙兴夜寐地织布，没有敢懈怠放恣，原因就是他们不相信有天命的主张，他们认为努力勤劳就能安宁、富贵，就能摆脱贫困、饥饿。士君子推行一种主张，一定要看它能为社会带来什么，给人民积极还是消极的影响。没有这种主张，人们都努力向上，听从了你的主张，人们就堕落懈怠，那你这种主张为何还要推行呢？推行它岂不是误国误民吗？

可以说，墨子在这一部分中，已经不是一味攻击、批驳了，而是对那些持有有天命主张学者的谆谆教导，期盼他们能够从天下、人民的利益考虑，放弃宣传这种不利于世人的主张。

非儒下

原文1

儒者曰："亲亲有术①，尊贤有等。"言亲疏尊卑之异也。其《礼》曰："丧父母三年，妻、后子三年，伯父叔父弟兄庶子其②，戚族人五月。"若以亲疏为岁月之数，则亲者多而疏者少矣，是妻、后子与父同也。若以尊卑为岁月数，则是尊其妻子与父母同，而亲伯父宗兄而卑子③也，逆孰大焉？

其亲死，列尸弗敛，登屋，窥井，挑鼠穴，探涤器，而求其人焉，以为实在则慧愚甚矣；如④其亡也，必求焉，伪亦大矣！

取⑤妻，身迎，祗褍⑥为仆，秉辔授绥，如仰严亲；昏⑦礼威仪，如承祭祀。颠覆上下，悖逆父母，下则妻子⑧，妻子上侵事亲，若此可谓孝乎？儒者：迎妻，妻之奉祭祀，子将守宗庙，故重之。应之曰：此诬言也。其宗兄守其先宗庙数十年，死丧之其，兄弟之妻奉其先之祭祀弗散，则丧妻、子三年，必非以守奉祭祀也。夫忧妻、子以大负絫，有曰"所以重亲也"，为欲厚所至私，轻所至重，岂非大奸也哉！

有强执有命以说议曰：寿夭贫富，安危治乱，固有天命，不可损益。穷达赏罚幸否有极，人之知力，不能为焉。群吏信之，则怠于分职；庶人信之，则怠于从事。吏不治则乱，农事缓则贫，贫且乱政之本，而儒者以为道教，是贼天下之人者也。

且夫繁饰礼乐以淫人，久丧伪哀以谩⑨亲，立命缓贫而高浩居，倍本弃事而安怠傲，贪于饮食，惰于作务，陷于饥寒，危于冻馁，无以逃之。是若人气⑩，羵鼠藏，而羝羊视，贲彘起。君子笑之，怒曰："散人！焉知良儒。"夫夏乞麦禾，五谷既收，大丧是随，子姓皆从，得厌饮食，毕治数丧，足以至矣。因人之家翠⑪以为，恃人之野以为尊，富人有丧，乃大说，喜曰："此衣食之端也。"

儒者曰：君子必服古言然后仁。应之曰：所谓古之言服者，皆尝新矣，而古人言之，服之，则非君子也。然则必服非君子之服，言非君子之言，而后仁乎？又曰：君子循而不作⑫。应之曰：古者羿作弓，伃作甲，奚仲作车，巧垂作舟，然则今之鲍⑬函、车、匠皆君子也，而羿、伃、奚仲、巧垂皆小人邪？且其所循，人必或作之，然则其所循皆小人道也？

又曰：君子胜不逐奔，掩函⑭弗射，施则助之胥车。应之曰：若皆仁人也，则无说而相与。仁人以其取舍是非之理相告，无故从有故也，弗知从有知也，无辞必服，见善必迁，何故相？若两暴交争，其胜者欲不逐奔，掩函弗射，施则助之胥车，虽尽能犹且不得为君子也。意暴残之国也，圣将为世除害，兴师诛罚，胜将因用儒术令士卒曰："毋逐奔，掩函勿射，施则助之胥车。"暴乱之人也得活，天下害不除，是为群残父母，而深贱世也，不义莫大焉！

又曰：君子若钟，击之则鸣，弗击不鸣。应之曰：夫仁人事上竭忠，事亲得孝，务善则美，有过则谏，此为人臣之道也。今击之则鸣，弗击不鸣，隐知豫力，恬漠待问而后对，虽有君亲之大利，弗问不言，若将有大寇乱，盗贼将作，若机辟将发也，他人不知，己独知之，虽其君亲皆在，不问不言，是夫大乱之贼也！以是为人臣不忠，为子不孝，事兄不弟，交⑮，遇人不贞良。夫执后不言之朝物，见利使己，虽恐后言，君若言而未有利焉，则高拱下视，会噎为深，曰："唯其未之学也。"用谁急⑯，遗行远矣。

注 释

①术：当为"杀"，等差。

②其：同"期"，一年。

③亲，应为"视"，视伯父宗兄如卑子，即将伯父、宗兄当作庶子看待。

④如：当为"知"。

⑤取：同"娶"。

⑥祗裯：当为"玄端"，玄色的礼服。

⑦昏：同"婚"。

⑧当为"父母下则妻子"，即父母之丧与妻子相同。

⑨谩：欺骗。

⑩人气，当为"乞人"。

⑪翠：同"膵"，肥。

⑫循而不作：依循前制而不自己创作。

⑬鲍：当为"鞄"，皮匠。

⑭擟函：捕敌于陷阱之中。

⑮此处文字缺失，当为"交友不信""交友不诚"等。

⑯谁当为"虽"，用虽急，指国君虽然正迫切地需要任用他……

译 文

儒者说："亲近亲人应有区别，尊重贤者应有等差。"认为亲疏、尊卑是有区别的。他们的礼仪《丧服经》说："服丧之期，父母三年，妻子、长子三年，伯父、束缚、兄弟、庶子一年，其他戚族五个月。"如果以亲疏来定服丧的时间，则应亲近的人时间长，而疏远的人时间短，其礼仪中确是妻子、长子和父亲丧期相同。若以尊卑来定服丧的时间，则将其妻子、长子看得和父母一样尊贵，而对视伯父兄弟如同庶子一样，还有比这更有悖常理的事吗？

他们的亲人死了，就陈列起尸体而不装殓。登上屋顶，窥视井中，掏挖鼠穴，探看涤器而为死者招魂，认为逝者还在，真是愚蠢极了。如果明知逝者不在了，却还这样招魂，也太虚伪了！

他们娶妻要亲自迎接，穿着黑色礼服像仆人一样，手握缰绳，为她驾车，就如侍奉尊敬的父母一样。婚礼中的仪式，就如恭敬地祭祀一般，这颠倒上下，悖逆父母，丧父母之礼反而下与娶妻之礼相同，对待妻子也向上僭越事亲的礼节，这样可以称为孝吗？儒者说：迎娶妻子，妻子主持祭祀，儿子将传守宗庙，所以看重嫁娶之事。回答说：这是不实之言！他的宗兄守护其先祖宗庙数十年，死了只服一年丧；兄弟的妻子主持其先祖的祭祀，不为他们服丧，而自己死了妻子、长子却服丧三年，这礼仪一定不是为了守护、主持先祖祭祀的。优待妻子、长子，为之服重丧，有人说这是为了尊重父母，只是想厚待自己偏爱的人，而轻视重要的人，这难道不是太奸诈诈了吗？

儒者又顽固地坚持有天命的主张，辩说道：夭寿、贫富、安危、治乱，本有天命，不可损益。穷达、赏罚、幸运、不幸，都有运数，人的智慧力量，是难有作为的。官吏们听信了这话，就会懈怠于职分；普通百姓相信了这些话，就会懈怠于生产劳作。官吏不治理就会混乱，农事迟缓就会贫穷，贫穷、混乱违背政事的根本，而儒者以此作为教导，是残害天下之人啊！

用繁复的礼乐去惑乱人，长期服丧假装哀伤以欺骗死去的亲人，造出命的伪说、安于贫困以傲世，背弃根本、荒废职务而安于懈怠傲慢，贪图饮食，懒于劳作，陷于饥寒之中，遭受冻饿之险，没法逃避。像乞丐一样贫穷，像田鼠一样偷藏食物，像公羊一样贪婪地看着食物不放，像野猪一样跃起。君子嘲笑他们，他们就愤怒地说："你们这些人怎么了解良儒呢！"夏天乞食麦稻，五谷收完后，无所乞食，便为人治丧以求食，子子孙孙都跟着，饮食无厌，办完几次丧事就足够了。借他人的丧事来养活自己，靠别人的田里的米麦来酿酒，富人家里有了丧事就很高兴，说："这就是衣食来源啊！"

儒者说：君子必须穿古衣、说古话，然后才能算是仁者。回应说：所谓古代的言语、衣服，在当时都曾经是新的，而古人说它、穿它，则他们就不是君子。那么则必须穿不是君子的衣服，说不是君子的话，而后才能称为仁者吗？儒者又说：君子依循前制而不自己创作。回应说：古代后裔制造弓箭，伃制造甲，奚仲制造车，巧垂制造舟，那么今天的鞄工、甲工、车工都是君子，而羿、伃、奚仲、巧垂都为小人了？且他们所依循的，必定有始作之人，然则他们所依循的也都是小人之道吗？

儒者又说：君子战胜了，不追赶逃奔的敌人，敌人落入陷阱不对他们放箭，敌人败走了则帮助他们推重车。回应说：若双方都是仁人，那就没有理由相互战争。仁人以取舍是非的道理相告诉，没有道理的追随有道理的，没有智慧的追随有智慧的，不能讲出道理必定折服，见到好的道理，必定依从，这样又为何会相争呢？若两方暴人相争斗，战胜的不追赶奔逃的，敌人落入陷阱不射他们，敌人败走了则帮助他们推重车，即便这些都做到了也不能做君子。对于残暴的国家，圣人将为天下除去祸害，兴师诛罚他们，若取胜了就用儒术，命令士卒说："不要追逐奔逃的敌人，不射击他们，敌人败走了就帮助他们推重车。"那暴乱的人就得以存活，天下的祸害就不能除去了，这是作为群贼的父母，而轻贱世人啊，没有比这更不义的了！

儒者又说：君子就如钟一样，击打它才会响，不击打就不响。回应说：仁人事上尽忠，事亲尽孝，见善则称赞，见过则劝谏，这就是为人臣之道。现在击打它才响起，不击打就不响起，隐藏智力，保留力气，安静地等待君主询问然后才作出回答，即便对君主、亲人有大利，但他们不问就不说。若有大乱，盗贼将兴，譬如机关将发动，他人不知道，自己独知，虽然君主、亲人都在，不闻也不说。这样的人是大乱之贼啊！这样为人臣则不忠，为人子则不肖，事奉兄长则不恭敬，待人则不贞良。坚持"居后不言"的态度，看到对自己有利之事，唯恐说得比别人迟；君主若说了无益于自己的事，则两手高拱，低头下视，像饭噎到嗓子里一样，说："我未曾学过。"虽然君主迫切地需要任用他，他却已经离开远行了。

经典解读

本节墨子主要对儒家所提倡的"爱有等差""重视婚丧嫁娶""有命""重视音乐""尚古""述而不作""君子若钟"等主张进行了批判、反驳。

在墨子看来，过分强调有等差的爱，反而会使亲疏混淆、尊卑不分，这与儒家本身尊卑有序、亲疏有别的主张就不符合。而在此基础之上形成的那些看重嫁娶、厚葬久丧等规矩也就没有了牢固的基础，也都变成烦冗而虚浮的无用之功了。它们并不会给社会、个人带来什么好处，也不利于梳理、调和亲人之间的关系，只会白白浪费人们的大量精力、钱财。"有天命"的主张也是如此，实施这种主张的结果就是使人们"背弃根本，荒废职务而安于懈怠傲慢，贪图饮食，懒于劳作，陷于饥寒之中，遭受冻饿之险"。其他的各种观点，墨子都一一进行了批判，指出实施他们对个人、社会的危害，以此证明这些儒家主张的迂腐而不可行。

当然，在这些问题上，墨子有墨子的理由，儒者也有儒者的理由，相对而言，儒者更侧重于道德层面的修养，尤其是个人人格的完善，而墨子的主张则更看重对社会现实的功效，所以二者在各种事情上存在分歧也就很正常了。在儒、墨两家的分歧之上，并不能只听一家之言，还需读者深入了解两家的思想，做出自己的判断、取舍。

原文 2

夫一道术学业仁义也，皆大以治人，小以任官，远施周偏，近以修身，不义不处，非理不行，务兴天下之利，曲直周旋，利则止①，此君子之道也。以所闻孔某之行，则本与此相反谬也。

齐景公问晏子曰："孔子为人何如？"晏子不对。公又复问，不对。景公曰："以孔某语寡人者众矣，俱以贤人也。今寡人问之，而子不对，何也？"晏子对曰："婴不肖，不足以知贤人。虽然，婴闻所谓贤人者，入人之国，必务合其君臣之亲，而弭^②其上下之怨。孔某之荆，知白公之谋^③，而奉之以石乞，君身几灭，而白公僇。婴闻贤人得上不虚，得下不危。言听于君必利人，教行下必于上，是以言明而易知也，行明而易从也，行义可明乎民，谋虑可通乎君臣。今孔某深虑同谋以奉贼，劳思尽知以行邪，劝下乱上，教臣杀君，非贤人之行也；入人之国而与人之贼，非义之类也；知人不忠，趣^④之为乱，非仁义之也。逃人而后谋，避人而后言，行义不可明于民，谋虑不可通于君臣，婴不知孔某之有异于白公也，是以不对。"景公曰："呜乎！贶^⑤寡人者众矣，非夫子，则吾终身不知孔某之与白公同也。"

孔某之齐，见景公，景公说，欲封之以尼谿，以告晏子。晏子曰："不可。夫儒浩居而自顺者也，不可以教下；好乐而淫人^⑥，不可使亲治；立命而怠事，不可使守职；宗丧循哀，不可使慈民；机服勉容^⑦，不可使导众。孔某盛容修饰以蛊世，弦歌鼓舞以聚徒，繁登降之礼以示仪，务趋翔之节以观众，博学不可使议世，劳思不可以补民，絫寿不能尽其学，当年不能行其礼，积财不能赡其乐，繁饰邪术以营世君，盛为声乐以淫遇民，其道不可以期世^⑧，其学不可以导众。今君封之，以利齐俗，非所以导国先众。"公曰："善！"于是厚其礼，留其封，敬见而不问其道。孔某乃恚，怒于景公与晏子，乃树鸱夷子皮^⑨于田常之门，告南郭惠子以所欲为，归于鲁。有顷，闲齐将伐鲁，告子贡曰："赐乎！举大事于今之时矣！"乃遣子贡之齐，因南郭惠子以见田常，劝之伐吴，以教高、国、鲍、晏，使毋得害田常之乱，劝越伐吴。三年之内，齐、吴破国之难，伏尸以言术数，孔某之诛也。

孔某为鲁司寇，舍公家而奉季孙。季孙相鲁君而走，季孙与邑人争门关，决植^⑩。孔某穷于蔡、陈之间，藜羹不糁^⑪。十日，子路为享豚，孔某不问肉之所由来而食；号^⑫人衣以酤酒，孔某不问酒之所由来而饮。哀公迎孔某，席不端弗坐，割不正弗食，子路进，请曰："何其与陈、蔡反也？"孔某曰："来！吾语女，曩与女为苟生，今与女为苟义。"夫饥约则不辞妄取以活身，赢饱则伪行以自饰，污邪诈伪，孰大于此！

孔某与其门弟子闲坐，曰："夫舜见瞽叟孰然，此时天下圾^⑬乎！周公旦非其人也邪？何为舍亓^⑭家室而托寓也？"

孔某所行，心术所至也。其徒属弟子皆效孔某：子贡、季路辅孔悝乱乎卫，阳货乱乎齐^⑮，佛肸以中牟叛^⑯，泰雕刑残^⑰，莫大焉^⑱。

夫为弟子后生，其师，必修其言，法其行，力不足、知弗及而后已。今孔某之行如此，儒士则可以疑矣。

注 释

①利则止：应为"无利则止"。

②弭：消除。

③白公之谋：指白公胜作乱之事，具体见《左传·哀公十六年》。

④趣：驱使，促进。

⑤贶：馈赠，这里指教诲。

⑥淫人：迷惑、蛊惑人。

⑦机服勉容：看重服饰、仪容。

⑧期：当为"示"。

⑨鸱夷子皮：即范蠡，据史籍记载范蠡离开越国，号鸱夷子皮事奉齐国田氏。

⑩此处文字有缺失。决，当为"抉"，植，指门户。按上文，此处应是说，孔子举起城门，使季孙得以出城。

⑪藜羹：藜菜做的羹。不糁：里面没有米粒。

⑫号：当为"褫"，剥夺。

⑬圾：通"岌"，岌岌可危。

⑭亓：通"其"。

⑮阳货，鲁国大夫，在《论语》《左传》等典籍中有记载。史籍上并未记载阳货在齐国作乱之事，只是说他被齐景公猜忌，于是又逃往晋国，且阳货并非孔子弟子。

⑯佛肸，晋国赵氏家臣，曾以中牟叛变，邀请孔子前往，但孔子终究未

去。且佛肸也非孔子弟子。

⑰桼雕刑残：孔子有多位弟子姓漆雕，一般认为是漆雕开。

⑱莫大焉：前有字确实，根据文意当为"不义"等。

译　文

道术、学业统一于仁义的，都是大则治人，小则任官，远则博施，近则修身，不义之位不处，非理之事不行，务求兴起天下之利，举止行动无利于天下的就停止，这就是君子之道。从我所听说的孔子的行为，则从根本上与此相悖。

齐景公问晏子说："孔子为人如何？"晏子不回答，景公又问，还是不回答。景公说："向我推荐孔子的人很多，都认为他是贤人。如今寡人问你，你却不回应，这是为何呢？"晏子答道："我是无能的，不能够知道贤能的人。虽如此，我听说所谓的贤人，进入别国必定要和合其君臣之间的感情，以消除其上下之间的怨恨。孔子到了楚国，知道白公胜的阴谋，反而将石乞推荐给他，楚君几乎因此身亡，白公胜也被杀。我听说贤人得到君主信任而不徒有虚名，得到民众的支持而不危害国家，意见被君主采纳一定是有利于人民的，教化施行于下民一定是有利于君主的，所以意见明确而容易被人所知，行为光明而容易被人效仿，行义可以让民众明知，谋虑可以让国君、大臣都知晓。如今孔子深藏谋虑而效力叛贼，劳思尽智以行奸邪，劝诱臣下悖乱主上，教唆臣子弑杀君主，这不是贤者的行为；进入别人的国家而与叛贼结交，不符合道义；知道别人不忠，反而促成他叛乱，不符合仁义。避开人而后谋划，逃开人而后言说，行义不能让民众明知，虑谋不能让君主、大臣知晓，我不知道孔子和白公胜有什么不同，所以不回答。"景公说："哎呀！向我进言的人很多，如果不是先生您，我终身都不知道孔子和白公胜是一样的啊。"

孔子到齐国，拜见齐景公，齐景公很高兴，想将尼溪封给他，将这事告诉了晏子。晏子说："不可以。儒者倨傲自顺，不可以教导下民；喜好音乐而惑乱世人，不可以让他们治理政务；主张有天命而怠慢实事，不可以谨守职责；重视丧事、哀伤不止，不可以让他们管理百姓；看重服饰、仪容，不可以让他们引导民众。孔子盛容修饰以蛊惑世人，弦歌鼓舞以聚拢门徒，用繁复的登降之礼来显示威仪，展示趋走、盘桓的礼节来让众人观看。儒者学问虽博，却不可论及世事；忧思劳苦，却无益于民众；累世不能穷尽他们的学问，壮年人也无法施行他们的礼仪，积累的财产还不够他们在音乐上的花费。又多方巧饰邪说来迷惑当世的国君，大兴音乐之声来惑乱愚笨的民众，他们的道不可在世上推行，他们的学说不可用来引导众人。如今您分封他，以求有利于齐国风俗，这不是用来引导国家民众的办法。"齐景公说："好。"于是厚赠孔子礼物，而不给他封地，恭敬地对待他却不询问他的道术。孔子于是很生气，迁怒于景公和晏子，便将范蠡推荐给田常，告诉南郭惠子自己所想做的事，便回到鲁国去了。过了一段时间，闻知齐国将要攻打鲁国，孔子便告诉子贡说："赐啊！现在是举大事的时候了！"于是派遣子贡到齐国去，通过南郭惠子拜见了田常，劝其攻打吴国，又劝说高、国、鲍、晏等族，不要妨害田常作乱，又劝越国讨伐吴国。三年之内，齐、吴都遭受了破国的灾难，伏尸而死的人不可胜数，这都是孔子的责任啊！

孔子担任鲁国司寇，舍弃公家而侍奉季孙氏。季孙担任鲁君之相而逃亡，与邑人争夺门关，孔子将国门举起，将季孙放走。

孔子困厄于陈国、蔡国之间，吃野菜叶做的羹，里面一点儿米都没有。这样过了十天，子路蒸了一只小猪，孔子不询问肉的来源就吃了；子路又剥下别人的衣服去买酒，孔子不问酒的来源就喝了。后来鲁哀公迎接孔子，座席摆得不端正他便不坐，肉割得不正他便不吃。子路上前，请示说："您为何行事与在陈、蔡之间时相反呢？"孔子说："来！我告诉你，从前我和你们急于求生，如今我和你们急于求义。"在饥饿困穷之时，就不惜妄取以求生，在饱食有余之时，就用虚伪的行为来粉饰自己，卑污奸邪、狡诈虚伪的行为，还有比这更明显的吗？

孔子与其门人弟子闲坐，说："舜看到父亲便局促不安，这时候天下真是危险啊！周公旦不是仁义之人吗？为何舍弃家室而寄居在外呢？"

孔子的行为，都出于其心术，他的弟子们也都效法孔子。所以，子贡、子路辅佐孔悝在卫国作乱，阳货在齐国作乱，佛肸以中牟反叛，漆雕开刑杀残暴，没有比这些更大的不义了。

作为弟子，对于老师，一定要学习其言辞，效法其行为，直到力量不足、智力不及然后才作罢。现在孔子自己的行为都如此，那么儒士们的行为就值得怀疑了。

经典解读

墨子在批判完儒家的一些基本观点以后，又对儒家的代表孔子进行"揭露"与批判，通过晏子的评论与孔子行事的传闻，证明孔子并没有践行自己提出的那些原则，而是一个表里不一、急功近利、心胸狭隘、心术不正的人。且孔子的弟子都将孔子视为榜样，效法孔子的行为，却也都做着造反、叛乱的不仁之事。墨子的这段文章写得非常犀利，在一些人看来真的是将孔子的"真面目"揭露得一清二楚，将儒家批判得淋漓尽致……

但其实，墨子对孔子的这些批判都带着强烈的个人感情色彩，更像是和儒者争辩时的气愤之言，甚至可以说是对孔子的污蔑。墨子列举的孔子心术不正、助纣为虐的事迹，要么是出于自己的猜测，要么近乎道听途说；认为孔子虚伪、不仁，也都是以世俗之人的眼光去臆测、揣度孔子；且阳货、佛肸本不是孔子弟子，子路、子贡辅佐孔悝作乱的说法也是明显错误的。以墨子的水平很难想象能写出这样一篇没水准的文字，此文更有可能为墨家弟子所作，是对儒者批判墨家的反击。

大取

原文 1

天之爱人心，薄①于圣人之爱人也；其利人也，厚于圣人之利人也。大人之爱小人也，薄于小人之爱大人也；其利小人也，厚于小人之利大人也。以臧②为其亲也，而爱之，非爱其亲也；以臧为其亲也，而利之，非利其亲也。以乐为爱其子，而为其子欲之，爱其子也；以乐为利其子，而为其子求之，非利其子也。

于所体之中，而权轻重之谓权。权，非为是也，非非为非也③。权，正也。断指以存腕，利之中取大，害之中取小也。害之中取小也，非取害也，取利也。其所取者，人之所执也。遇盗人，而断指以免身，利也；其遇盗人，害也。断指与断腕，利于天下相若，无择也。死生利若，一无择也。杀一人以存天下，非杀一人以利天下也；杀己以存天下，是杀己以利天下。

于事为之中而权轻重之谓求。求为之，非也④。害之中取小，求为义，非为义也。为暴人语天之为是也而性，为暴人歌天之为非也。诸陈执既有所为，而我为之陈执；执之所为，因吾所为也；若陈执未有所为，而我为之陈执，陈执因吾所为也。暴人为我为天之，以人非为是也而性，不可正而正之。利之中取大，非不得已也；害之中取小，不得已也。所未有而取焉，是利之中取大也；于所既有而弃焉，是害之中取小也。

231

义可厚，厚之；义可薄，薄之。谓伦列。德行、君上、老长、亲戚，此皆所厚也。为长厚，不为幼薄。亲厚，厚；亲薄，薄。亲至，薄不至。义，厚亲不称行而顾行⑤。为天下厚禹，为禹也。为天下厚爱禹，乃为禹之人爱也。厚禹之⑥加于天下，而厚禹不加于天下。若恶盗之为加于天下，而恶盗不加于天下。

爱人不外己，己在所爱之中。己在所爱，爱加于己。伦列之爱己，爱人也。

圣人恶疾病，不恶危难。正体不动，欲人之利也，非恶人之害也。圣人不为其室臧⑦之，故在于臧。圣人不得为子之事。圣人之法：死亡亲，为天下也。厚亲，分也；以死亡之，体渴兴利。有厚薄而毋，伦列之兴利为己。

注 释

①薄：通"博"，广博。

②臧：家臣、奴仆。

③非非为非也：衍出一个"非"字，当为"非为非也"。

④非也：当为"非为之也"。

⑤不称行而顾行：第一个"行"，当为行次之意，指与人关系亲疏、地位尊卑；第二个"行"当为德行之意。

⑥当为"厚禹之爱人"。

⑦臧：当为储藏之意。

译 文

上天对人的爱，比圣人爱人要更为广博；上天施利于人，比圣人施利于人要更为厚重。君子爱小人，比小人爱君子要更为广博；君子惠利小人，比小人惠利君子要更为厚重。将奴仆当作自己的亲人而爱他，不是爱自己的亲人；将奴仆当作自己的亲人而惠利他，不是惠利自己的亲人。认为音乐对孩子有利，而希望孩子学习音乐，其实并不能算是真爱子女的行为；认为音乐对孩子有利，而强迫孩子学习音乐，并非有利于自己的孩子。

在所处置的事情中，权衡其轻重叫作"权"。权衡之后，选择它，并非因为它是对的；否定它，并非因为它是错的。权，只是考察出一种最为有利的情况。断指存腕，就是在利中取大，在害中取小。在害中取小，并非是选择害，而是选择了利。其所能选取的选项，掌握在别人的手中，不由自己主宰。遇到了强盗，断指以全身，这就是取利了；遇上强盗，本身就是一件大害事。若断指与断腕，对于天下的利都是相同的，也就无须权衡选择了（人人都会选择断指）！若死与生对天下的利都是相同的，也就无须权衡选择了（人人都会选择生）！杀一个人以保全天下，并非是杀死一个人就一定有利于天下（而是权衡之后，觉得杀死他能保全天下，才不得不杀死他）；杀身以保全天下，同样也是权衡后，觉得杀死自己能有利于天下（才不得不这么做的）。

在与人共同行事之中，而自己随意权衡轻重叫做"求"。要求别人按照自己的意愿取舍、行事，是不对的。在害中选取小的，要求别人遵从自己所认为的"义"，这不是真正的"义"。向暴戾的人述说天道，这是正确的，这是君子的天性；强迫暴戾的人顺从自己所谓的天道这是错误的。各种学说已经有了明确的主张，若我再为它们陈说阐释，那么，这些学说则因我而发扬光大。若各学说没有明确的主张，若我再为它们陈述阐释，那么，这些学说则可能会因我而改变、扭曲。暴戾的人认为自己就是天下公理，而别人都是错误的，这就是他们的本性。对此不可不加以纠正。在利之中选取大的，不是不得已；而在害之中选取小的，则是不得已。获取所未有的东西，就是在利之中取大；而舍弃已经拥有的东西，就是在害之中取小。

依据道义可以厚爱的，就厚爱；依据道义可以薄爱的就薄爱。这就是所谓的伦常序列。有德者、君上、长者、亲戚，这都是应当厚爱的。厚爱年长的，却不薄爱年幼的；亲厚的，厚爱；亲薄的，薄爱。有至亲的，没有至薄的。厚爱亲人，不可仅仅以亲疏关系去厚爱或薄爱，还要考察他的行为决定当厚爱还是薄爱。为天下厚爱禹，不是因为禹是亲人；为天下厚爱禹，是因为禹能惠爱天下人。厚爱禹的爱人作为，是有利于天下的；而厚爱禹本身，并不会有利于天下。这就如厌恶盗贼的盗窃行为，有利于天下；而因厌恶盗贼本人，并不会有利于天下。

爱人并不排除自己，自己也在所爱之中。自己既然在所爱之中，爱也应加于自己。儒家强调的有伦理序列差别的爱，却要强行划分爱自己和爱别人的区别。

圣人厌恶疾病，不厌恶危难。之所以四体不动，也是为了使人们能得到利益，并不是因为害怕灾祸。

圣人不为了自己的家室，储藏货物，也是为天下人的利益而储藏。

圣人不能一味侍奉在父母身边尽孝。圣人丧葬的法则是：他们认为亲人已经去世了，心已无知，就节葬短丧，为天下尽心。厚爱父母，是人子的职分，认为他们死了就无知，是想竭尽力量为天下谋利。若只有厚薄而不顾伦列，那兴利就是为了自己的私利。

经典解读

《大取》以及后面的《小取》两篇文章，文辞晦涩，不易理解，其中所叙述讨论了很多逻辑方面的问题，从中可以看出墨者理解问题的方式、进行论辩所遵守的逻辑。从某种意义上，可以说它们是理解《墨子》中其他文章的工具、钥匙，是墨家学说的基础。

以上各段主要分析墨子的"兼爱"之道，是如何得出、应该怎样施行的：

上天是爱人、利人的，它的爱利是最为广博、最为厚重的，君子爱人、利人就是效仿天道，而追求更为广博、厚重的兼爱，则更是效法天道的体现。"将奴仆当作自己的亲人而爱他，不是爱自己的亲人"，这说明爱人不仅仅要看自己的内心，也要看爱这种行为的结果，只有爱人之心，想爱的人得不到惠利，这是称不上爱人的。"认为音乐对孩子有利，而强迫孩子学习音乐，并非有利于自己的孩子"，这说明爱要兼顾对方的意愿，不能自以为是地去爱人，你心中为别人好，但别人却感到负担、将这种爱视为痛苦，这就算不上爱人。

爱人、行义之时要懂得权衡；评价别人是否爱人、是否道义，也应该考虑到这一点。很多时候人们需要在两难之中做出选择，他所选择的结果陡然看去可能并非是有利的，但考虑到他所能够择取的选项，他已经尽力减少灾害了，这也未尝不能称为利，称为义。这点即告诉人们应该懂得权衡厉害，也告诉人们应该经常设身处地地为他人考虑，不要因为武断的主观判断而否定别人。

人不可自以为是，不要觉得别人都应遵从自己的道义，要多问、多看、多思，很多时候，自己所相信的"义"，其实并非正确，甚至在他人眼中是极大的不义。

墨子的兼爱也不是对任何人的爱都完全一样，毫无差别，所谓"爱无等差"，是不仅仅根据"亲疏远近"这种等差去爱人，而是要遵守"伦列"。即将人的道德、行为考虑在内，道德高尚的人、行为守义的人，即便关系疏远也应该多爱，而道德低劣、行为不地道的人，即便关系亲近，也应该少爱。由此可知，舜爱象，那种儒家极力称赞的行爱方式，墨子是不提倡的。兼爱，也不是牺牲自己而成就别人。兼爱所有人，自己也在所有人当中，爱己与爱人同样重要。

兼爱是广博的，圣人行事不会只想着这事对自己的好处、对父母的好处，而是常常思量自己所做的事会对天下、百姓造成什么影响。他们能够时刻将天下的利益放在首位，这样的爱才是无私的、广博的，才是墨子所提倡的兼爱。

原文2

语经，语经也。非白马焉，执驹焉说求之①，舞说非也，渔大之舞大②，非也。三物③必具，然后足以生。

臧之爱己，非为爱己之人也。厚不外己，爱无厚薄。举己，非贤也。义，利；不义，害。志功为辩。

有有于秦马，有有于马也，也智来者之马也。爱众众世与爱寡世相若④。兼爱之，有相若。爱尚世⑤与爱后世，一若今之世人也。鬼，非人也，兄之鬼，兄也。

天下之利驩。"圣人有爱而无利"，俔日之言⑥也，乃客之言也。天下无人，子墨子之言也犹在。

不得已而欲之，非欲之也。非杀臧也⑦。专杀盗，非杀盗也。凡学爱人。

小圜之圜，与大圜之圜同。方⑧至尺之不至也，与不至钟之至，不异。其不至同者，远近之谓也。

是璜也，是玉也。意楹，非意木也，意是楹之木也。意指之人也，非意人也。意获⑨也，乃意禽也。志功，不可以相从也。

利人也，为其人也；富人，非为其人也。有为也以富人。富人也，治人有为鬼焉。为赏誉利一人，非为赏誉利人也。亦不至无贵于人。智亲之一利，未为孝也，亦不至于智不为己之利于亲也。

智是之世之有盗也，尽爱是世。智是室之有盗也，不尽是室也。智其一人之盗也，不尽是二人。虽其一人之盗，苟不智其所在，尽恶其弱也。

诸圣人所先为，人欲⑩名实。名实不必名⑪。苟是石也白，败⑫是石也，尽与白同。是石也唯大，不与大同，是有便谓焉也。以形貌命者，必智是之某也，焉智某也。不可以形貌命者，唯不智是之某也，智某可也。诸以居运⑬命者，苟入于其中者，皆是也，去之因非也。诸以居运命者，若乡里、齐、荆者，皆是。诸以形貌命者，若山丘室庙者，皆是也。

智与意异。重同，具同，连同，同类之同，同名之同，丘同，鲋同，是之同，然之同，同根之同。有非之异，有不然之异。有其异也，为其同也，为其同也异。一曰乃是而然，二曰乃是而不然，三曰迁⑭，四曰强⑮。

子深其深，浅其浅，益其益，尊其尊。察次山、比、因至，优指复；次察声端、名、因请复⑯。正夫⑰辞恶者，人右⑱以其请得焉。诸所遭执而欲恶生者，人不必以其请得焉。

注释

①非白马：指"白马非马"的说法；执驹焉说求之，当为"执驹马说求之无母"，即"孤驹没有母亲"的诡辩之论。

②渔大之舞大：疑原文谬误，当为"杀犬之无犬"。

③三物：指缘故、道理、类推。

④世：当为"也"；一"众"字衍出。此句当为"爱众也，与爱寡也相若"。

⑤尚世：上世；尚，通"上"。

⑥伣日之言：当为"儒者之言"。

⑦当为"专杀臧，非杀臧也"。

⑧方：当为"不"。

⑨获：收获、猎物。

⑩欲：当为"效"，遵从。

⑪名实不必名：当为"实不必名"。

⑫败：击碎，敲碎。

⑬居运：居住或迁徙。

⑭迁：昔日是，今日不是。

⑮强：似是而非。

⑯这两句脱误严重，难以推测原文，只能根据上下文对其进行翻译，见译文。

⑰正夫：当为"匹夫"。

⑱右：当为"有"。

译 文

《语经》说："白马不是马""孤驹没有母亲"，这是舞弄口舌，是错误的。说杀狗不是杀犬，这也是不对的。缘故、道理、类推三者俱备，才足以论证。

奴仆爱自己，并不是爱自己这个人。厚爱别人并不排除自己，爱人与爱己，并无薄厚之分。但过分推举自己，就非贤者所为了。义，就是利己利人；不义，就是害人害己。义与不义，应该根据行事之人的意愿和功绩来判断。

有人说是秦马，有人说是马，都知道来的是马。爱众多的人与爱稀少的人相同。兼爱任何人，要相等地对待他们。爱上古之人与后世之人，也要和爱当世之人一样。鬼不是人，但兄长的鬼，就应该像对待兄长一样对待。

天下人都追求利益和欢乐。"圣人有爱而无利"，这是道听途说之言，是儒者的说法，即便天下没人支持墨子的说法，但墨子的言论也将依然存在于世上。

不得已而想要它，并不是真的想要它。不得已而杀死家臣，并非想真的杀死家臣。以杀死强盗为职业，并非是真的想杀人。但凡贤者做出这些事，都是出于爱人的目的。

小圆的圆和大圆的圆是一样的。"不到一尺"的不到和"不到千里"的不到是没有差别的，不到是一样的，只不过远近不同罢了。

是璜，也就说明了是玉。考虑柱子，并非考虑所有木头，而是考虑做成了柱子的木头。考虑某个人，也并非考虑整个人类。而考虑猎物，却是考虑所有的禽鸟。动机和效果，是不可以相等同的。

施利于某人，就是真的为那人好；使某人富起来，不一定真的为他好，也可能怀着某种目的使他富有。使他富有，是为了让他能治理人事、祭祀鬼神。为了自己获得赏誉而有利于一人，并非真的是要用赏誉去惠利他人，但这种做法也不致于对他人没有任何好处。知道自己通过孝亲而获利，还称不上真正的孝顺，但也不致于为了避嫌，明知可以利亲而不去做。

知道这个世界上有强盗，仍然爱这个世上所有人；知道这个屋中有强盗，不能认为里面的所有人都是强盗。知道其中一人是强盗，不能讨厌其中所有人。虽然明知其中一个人是强盗，若不知他在何处，就讨厌所有人的人，那就是自己的爱心太弱了。

圣人首先要做的，就是考察名实。实不一定都在名上体现出来。若一块石头是白的，那么将其打碎，每一小块都是同样的白。这块石头是大的，那么将其打碎，每一小块就不能同样称为大了，这就是各依其便而称名。以形貌而命名的，一定要知道作为名的那个东西是什么样的，然后才能知晓这件东西是什么样的。不能以形貌来命名的，虽然不知道它的名反映的对象如何，只要知道它本身什么样就可以了。那些以居住和迁徙来命名的，若进入其中居住的，就都是，离开了，就不是了。那些以居住、迁徙命名的，比如乡里、齐、楚等；那些以形貌命名的，比如山、丘、室、庙等。

认知与本意会有差异。有重同、具同、连同、同类之同、同名之同、丘同、鲋同、是之同、然之同、同根之同。有根本不同的异，有是非各执的异。有的异，恰恰是因为同，所以才显出了异。是不是的关系有四种：一是"是而然"；二是"是而不然"；三是"迁"，即从前是，现在不是，从前然，现在不然；四是"强"，即表面是，内心不是，表面然，内心不然。

对于墨子的学说，你应该深奥的就深入探求，浅近的就浅近了解，增益其对世人有益的，尊重其值得尊重的。明察其所以成立的根由，以及学说中的比附，及其设立主张的原因。再进一步考察其所说的内容——包括其论点产生的端绪、借鉴名学的方法，这样对于其实情就能完全了解。不善言辞的匹夫，人们都能从其言语中察得实情；可那些因自己遭遇而固执某种成见，存有好恶偏执的人，则人们一定难以从其主张中了解实情。

经典解读

在以上各段中，墨子首先谈论了很多重要的"关系"，如名与实之间的关系，局部与整体之间的关系，个体与整个类别之间的关系；接着，又分析了命名的规则，不同的"异同"，以及如何探求某种学说等。

研究某种学说，一定要深入了解其所依循的逻辑关系，知道它立说的根本，否则就会产生误解，会歪曲这个学说。比如，对于墨子的兼爱，很多人攻击它不分尊卑亲疏，是无君无父。其实，在墨子看来，无论亲人，还是疏远的人，无论尊贵的人，还是卑贱的人，他们都是人；墨子兼爱是爱所有的人，不是只爱某一种人。比如，墨子的节用、节丧，并非仅仅是针对其文中所提到的那些器物、礼仪，而是要节约用一切奢侈浪费、不利于民生的东西。读者若不知道比附，就会弄错墨子立论的本意，将墨子的主张看得狭隘了。这就是错将整体当成个体了。同样，也有错将个体当成整体而误解墨子观点的，比如墨子的非乐观点，很多人认为墨子反对先王的礼乐教化，这是不对的。墨子所要非的乐只是那种淫靡享乐的音乐，而不是先王有教化意义的音乐。若不明白这点，就难免会对墨子产生误解。

原文 3

圣人之附濆①也，仁而无利爱。利爱生于虑。昔者之虑也，非今日之虑也。昔者之爱人也，非今之爱人也。爱获之爱人也，生于虑获之利。虑获之利，非虑臧之利也；而爱臧之爱人也，乃爱获之爱人也。去其爱而天下利，弗能去也。昔之知墙②，非今日之知墙也。贵为天子，其利人不厚于正夫。二子事亲，或遇孰，或遇凶，其亲也相若。非彼其行益也，非加也。外执无能厚吾利者。借臧也死而天下害，吾持养臧也万倍，吾爱臧也不加厚。

长人之异，短人之同，其貌同者也，故同。指之人也与首之人也异，人之体非一貌者也，故异。将剑与挺剑异。剑，以形貌命者也，其形不一，故异。杨木之木与桃木之木也同。诸非以举量数命者，败之尽是也。故一人指，非一人也；是一人之指，乃是一人也。方之一面，非方也，方木之面，方木也。

以故生，以理长，以类行也者。立辞而不明于其所生，忘也。今人非道无所行，唯有强股肱而不明于道，其困也，可立而待也。夫辞以类行者也，立辞而不明于其类，则必困矣。故浸淫之辞，其类在鼓栗③。圣人也，为天下也，其类在于追迷④。或寿或卒，其利天下也指若，其类在誉石⑤。一日而百万生，爱不加厚，其类在恶害。爱二世有厚薄，而爱二世相若，其类在蛇文⑥。爱之相若，择而杀其一人，其类在阮下之鼠。小仁与大仁，行厚相若，其类在申。凡兴利除害也，其类在漏雍⑦。厚亲不称行而类行，其类在江上井。不为己之可学也，其类在猎走。爱人非为誉也，其类在逆旅。爱人之亲若爱其亲，其类在官苟。兼爱相若，一爱相若。一爱相若，其类在死也。

注释

①附潰：附，通"拊"；潰，疑为"循"。

②墙：当为"啬"，节俭。

③鼓栗：鼓起人的警戒。

④追迷：匡正世人的迷惑。

⑤誉石：药石，指以药石攻除天下病害。

⑥蛇文：文字有脱误，原文不可考，按上下文翻译见译文。

⑦漏雍：弥补漏洞、疏通壅塞。

译文

圣人附循天下，以仁为本而没有固定的爱人、利人手段，如何爱人、利人都产生于思虑。从前的思虑，不是今日的思虑；从前爱人的方法，也不是今日的爱人方法。爱婢妾的爱人，产生于考虑婢妾的利益，考虑婢妾的利益，而不是考虑奴仆的利益；但爱奴仆的爱，和爱婢妾的爱，在根本上是相同的。若去掉其所爱而能有利于天下，那就不能不去掉了。从前懂得节俭，不一定今日也懂得节俭。贵为天子，其厚爱人之心，不一定多于普通人。两个儿子侍奉父母，一个遇到丰年，一个遇到荒年，侍奉父母的资用不同，但他们的孝心是相同的。并非他们的孝行有所增益，内心指孝的厚薄并未改变。外物不能使我的利人之心有所改变，假如奴仆死了会对天下有害，我养护奴仆一定谨慎万倍，但我对奴仆本人的爱心并未有所增加。

高的人与矮的人相同，是因为他们的外表相同，所以说相同。指着的人与面向的人不同，人并非只有一种相貌，所以说不同。扶剑和拔剑是不相同的，这是剑以形貌来命名的，形状不一，所以不同。杨木的木与桃木的木相同。那些不是以数量命名的，将其拆开还是那些东西。所以，一个人指向的人，并非一个人；被人所指的一个人，确实是一个人。一面是方的东西，未必是一个方体；而方木的任何一面，都是方木。

论说因其"缘故"而产生，又顺道理而发展，借助同类事物相互推行。立论却不明白其缘故，所论一定是荒谬的。如今人不遵从道理，就无法行事，只有强壮的身体，而不明白做事的道理，他陷入困窘，是立等可待的。论说要依其同类而推行，立论而不明白其所依循的类，就一定会遭遇困境。所以渐入的言辞，目的在鼓起人的警戒。圣人，就是为天下谋利的人，其目的就在于匡正世人的迷惑。无论长寿与夭折，圣人利天下的目的都是相同的，他们都会如药石那样攻除天下的病害。一日之中有成百上万的生灵诞生，但我的爱不会有厚薄的变化，都是要为之除去祸害。爱上世、今世有薄有厚，但爱其实类同，类同之处就在于都按照伦列而施爱。爱两个人，而杀死其中的一个人，正如杀死坑中的老鼠，是为天下除害。小仁与大仁，德行的厚薄是相同的，相同之处是都在于尽力伸展自己的仁心。但凡兴利除害，都如堵漏洞、除壅塞一样，要随实情而变通。厚爱亲人，没有固定的行为标准，而是要努力效仿孝子的孝心，就如江中的井一样（用不着随着别人的流动而流动）。"不为己"是可以学的，就如打猎时追逐猎物一样。爱人并非为了沽名钓誉，正像旅店一样，是方便他人。爱别人的亲人，如同爱自己的亲人，自己的亲人也在爱、敬之中。大家相互兼爱，就相当于每个人都爱自己；若每

241

个人都做到了兼爱如一，就会像蛇当性命受到危害时首尾相救一样，彼此互相救助。

经典解读

墨子的爱也不是死板的，爱人并没有什么固定的标准、手段，每个人竭尽自己的爱人之心就够了。丰年、富贵之时就厚爱些；荒年、贫困之时就薄爱些。也就是说，无论什么人、无论他的身份地位如何，都可以践行兼爱之道，天子、诸侯可以，匹夫、奴婢也可以。那些找种种理由，说自己不能施行兼爱之道的人，并非不能施行，而是他们的爱心不够，不愿意施行。

第二段墨子反复探讨同与异之间的关系，好像和上下文没什么联系，其实这也是在探讨如何去兼爱，如何面对不同人的问题。只要换一种类似的说法，就可以很容易地理解了：善人与恶人是相同的，是因为他们都有善良的本性，都能为善，所以说是相同的；君子与小人不同，是因为他们有的发扬了自己善良的本质，有的使善良的本质被蒙蔽，表现出不同的品性，所以不同。一个恶人是人，但人并非都是由恶人组成，即便整个群体之中存在某些恶人，也不能将恶视为所有人的属性，不能因为某些个体而不爱所有人。所以说，墨子反复谈论同和异，个体和整体的关系，还是在倡导自己的"兼爱"主张。

在第三段中墨子则全面地论述了自己树立"兼爱"主张，乃至所有墨家学说的缘由、原则。他之所以树立自己的学说，学说中的一切言论，都是为了让世人明白大道，鼓起世人对奸邪过错的警戒，匡正他们的迷惑，去除世间的祸害。兼爱，就是为了尽力伸展自己的仁心，努力去爱天下所有人，去惠利整个天下。兼爱别人，就是爱护自己。可以说，本文堪称一篇传播墨家兼爱天下、尽利苍生精神的宣言书。

小取

　　夫辩者，将以明是非之分，审治乱之纪，明同异之处，察名实之理，处利害，决嫌疑。焉摹略万物之然，论求群言之比。以名举实，以辞抒意，以说出故。以类取，以类予。有诸己不非诸人，无诸己不求诸人。

　　或也者，不尽也。假者，今不然也。效者，为之法也；所效者，所以为之法也。故中效，则是也；不中效，则非也，此效也。辟①也者，举也物而以明之也。侔也者，比辞而俱行也。援也者，曰："子然，我奚独不可以然也？"推也者，以其所不取之，同于其所取者，予之也。

　　"是犹谓"也者，同也。"吾岂谓"也者，异也。夫物有以同而不②率遂同。辞之侔也，有所至而正③。其然也，有所以然也；其然也同，其所以然不必同。其取之也，有所以取之；其取之也同，其所以取之不必同。是故辟、侔、援、推之辞，行而异，转而危④，远而失，流而离本，则不可不审也，不可常用也。故言多方，殊类异故，则不可偏观也。

　　夫物或乃是而然，或是而不然。或一周而一不周，或一是而一不是也。不可常用也。故言多方殊类异故，则不可偏观也，非也。

　　白马，马也；乘白马，乘马也。骊马，马也；乘骊马，乘马也。获，人也；爱获，爱人也。臧，人也；爱臧，爱人也。此乃是而然者也。

　　获之亲，人也；获事其亲，非事人也。其弟，美人也；爱弟，非爱美人也。车，木也；乘车，非乘木也。船，木也；入船，非入木也。盗人，人也；多盗，非多人也；无盗，非无人也。奚以明之？恶多盗，非恶多人也；欲无盗，非欲无人也。世相与共是之。若若是，则虽盗人人⑤也，爱盗非爱人也，不爱盗非不爱人也，杀盗人非杀人也，无难盗无难矣。此与彼同类，世有彼而不自非也，墨者有此而非之，无也故焉，所谓内胶外闭与心毋空乎？内胶而不解也，此乃是而不然者也。

且夫读书，非好书也。且斗鸡，非鸡也；好斗鸡，好鸡也。且入井，非入井也；止且入井，止入井也。且出门，非出门也；止且出门，止出门也。若若是，且夭，非夭也；寿夭也。有命，非命也；非执有命，非命也。无难矣。此与彼同类，世有彼而不自非也，墨者有此而罪非之，无也故焉，所谓内胶外闭与心毋空乎？内胶而不解也，此乃是而不然者也。

爱人，待周爱人而后为爱人。不爱人，不待周不爱人；不周爱，因为不爱人矣。乘马，不待周乘马然后为乘马也；有乘于马，因为乘马矣。逮至不乘马，待周不乘马而后为不乘马。此一周而一不周者也。

居于国，则为居国；有一宅于国，而不为有国。桃之实，桃也；棘之实，非棘也。问人之病，问人也；恶人之病，非恶人也。人之鬼，非人也；兄之鬼，兄也。祭人之鬼，非祭人也；祭兄之鬼，乃祭兄也。之马之目盼则为之"马盼"；之马之目大，而不谓之"马大"。之牛之毛黄，则谓之"牛黄"；之牛之毛众，而不谓之"牛众"。一马，马也；二马，马也。马四足者，一马而四足也，非两马而四足也。马或白者，二马而或白也，非一马而或白。此乃一是而一非者也。

注 释

①辟：同"譬"。

②不：同"否"。

③正：当为"止"。

④危：同"诡"，诡辩。

⑤此处多一"人"字，为衍出。

译 文

辩论，就是为了分清是非的区别，审察治乱的规律，明白相同或差异的地方，考察名实之间的道理，断决利害关系，解决疑难疑惑。于是就要广泛地探求万事万物的本来面目，论证、分析各种不同的言辞、主张。用名称反映事物，用言辞表达思想，以推论解释其原因。按类别归纳，按类别演绎。能论证自己的观点，而不反对别人有道理的观点，不能论证自己的观点，也不能去胡乱刁难别人的观点。

或，"表示并非都如此"。假如，"表示如今并非这样"。效法，是为事物立了个标准。效法的那个对象就是评判的标准，所以符合标准就是对的；不符合标准就是错的。这就是"效法"的运用。譬如，是举物来说明这个道理。相侔，是同类的命题相互类推。援引，是说"你可以这样，我为何不可以这样呢?"推，是用对方所不赞同的命题，推出其与对方所赞同的命题相同，以此来反驳对方。

"是犹谓"，意思是所说的东西相同。"吾岂谓"意思是所说的东西不同。事物有相同的地方而不相从属，那就是相同的。推论中的"相侔"，所说的范畴一定要有限度。事物如此，有所以如此的原因。表现形式相同，但之所以如此的原因未必相同。赞同一种观点，一定有赞同它的原因；在赞同它这点上相同，但之所以赞同它的原因未必相同。所以辟、侔、援、推之辞这些论式，运用起来就会发生各种变化，转而就可能称为诡辩，走远了就会迷失方向，就会失去论辩的本意，则不可不谨慎审察，不可以经常乱用。所以，言辩有很多方法，不同种类的事物论断的根据、理由也就不同，在论述中不可偏执某一种方法。

事物有"是而正确"的，有"是而不正确"的；有时事物"在某方面具有普遍性，在另一方面却不具备普遍性"；有时事物在某方面"是"，而另一方面则"不是"。不能总按常理来推论事物。所以，言辩有很多方法，很多类别，很多差异和缘故，在推论之中不能偏执某一观点，有所偏执是不正确的。

白马是马，乘白马是乘马。深黑色的马是马；乘深黑色的马是乘马。婢妾是人；爱婢妾，是爱人。奴仆是人；爱奴仆是爱人。这就是"是而正确"的情况。

婢妾的双亲是人；婢妾侍奉其双亲，不能说是侍奉别人。一个人的弟弟是美人；他爱他的弟弟，不能说是他爱所有美人。车是木头做的；乘车不能说是乘木头。船是木头做的，上船不能说是上木头。强盗是人，强盗的数量多了，并不是人的总数多了；强盗没了，也并非是没有人了。以什么说明呢?厌恶盗贼多，并不是厌恶人多；希望没有盗贼，并非希望没有人。这是世人都认可的。如果这样，那么即便是盗贼也是人，但爱盗贼却不是爱人，不爱盗贼也并非不爱人，杀盗贼，也并非残杀人，这没有什么疑难的。彼此都是同类，世人都持有这个主张而不以之为错，墨者持有这个主张就非议他们，没有其他的缘故，这就是所谓的内心固执，耳目闭塞与内心空虚难道不是相互促进的吗？内心固执就得不到解脱。这就是"是而不正确"的情况。

将要读书，不能说明喜欢书。将要斗鸡，指的不是鸡；喜欢斗鸡，喜欢的才是鸡。将要跳井，还不是跳井；阻止将要跳井，则是阻止跳井。将要出门，还不是出门；阻止将要出门，则是阻止出门。如果这样，那么将要夭折；还不是夭折，寿终才是夭折。持有天命论，不是说天有生命；不持有命论，也并非说天帝无知，这里没有什么疑难。彼此都是同类的，世人都持有这个主张而不以之为错，按着持有这个主张就非议他们，没有别的缘故，这就是所谓的内心固执，耳目闭塞与内心空虚难道不是相互促进的吗？内心固执就得不到解脱。这就是"是而不正确"者的情况。

爱人，要普遍爱所有人，然后才能称为爱人。不爱人，则不必普遍不爱所有人；不普遍爱所有人，就可以称为不爱人了。乘马，不必等到乘了所有马才称为乘马；只要乘坐了马，就可以为乘马。至于不乘马，则要不乘所有的吗，然后才能说其不乘马。这就是"一方面具有普遍性而另一方面不具普遍性的情况。"的情况。

居住某国，就是居住在某国之内；在某国拥有一所住宅，并不是拥有某国。桃的果实，是桃；棘的果实，并非是棘。慰问他人的病情，是慰问那人；厌恶他人的疾病，并非是厌恶那人。人的鬼魂，不是人；兄长的鬼，却是兄长。祭某人的鬼魂，不是祭某人；而祭兄长的鬼，确是祭兄长。某匹马，眼睛一边小，就称其为眼睛一边小的马；某匹马的眼睛大，却不能称这匹马大。某头牛的毛黄，就称其为黄毛的牛；某头牛的毛多，却不能说是牛多。一匹马是马；两匹马也是马。马有四个蹄子，一匹马四个蹄子，并不能说两匹马四个蹄子。马有的是白色的，两匹马中有白色的，并不能说每一匹马都是白色的。这就是"一方面正确而另一方面错误的情况。"的情况。

经典解读

本篇文字主要讨论的就是墨家的辩论之学。在百家并起、诸子纷争的年代，要想弘扬自己的学说，反驳不同的观点，就必须有一定的辩论才能；没有辩论才能，就不能使自己的主张被世人所接受，就不能批驳异端、不能反驳攻击自己的言论。尤其是墨家这种努力推广自己主张的学派，辩才就显得更加重要了。墨子之所以做这篇文章，大概就是教弟子们如何进行辩论，如何宣传、维护自己的学说，应对其他各家的非议。

要想辩论有力，自己头脑中的逻辑关系必须清晰，用词必须准确，"或""假""效""譬"，这些用法都不可混淆，辟、侔、援、推，这些方法都必须能够灵活运用。事物之间的关系也都不是一成不变的，有"是而正确"的，有"是而不正确"的；有"一方面具有普遍性而另一方面不具普遍性的情况"的，有"一方面正确而另一方面错误的情况。"的。辩论者必须将这些关系弄清楚，知道不同的事物之间，属于那种关系，如此才能得出正确的结论，成功找出支持自己论点的论据，从而使学说、主张被他人认可。

耕柱

原文1

　　子墨子怒耕柱子①，耕柱子曰："我毋俞于人乎？"子墨子曰："我将上太行，驾骥与羊，子将谁驱？"耕柱子曰："将驱骥也。"子墨子曰："何故驱骥也？"耕柱子曰："骥足以责②。"子墨子曰："我亦以子为足以责。"

　　巫马子③谓子墨子曰："鬼神孰与圣人明智？"子墨子曰："鬼神之明智于圣人，犹聪耳明目之与聋瞽也。昔者夏后开使蜚廉折金于山川，而陶铸之于昆吾，是使翁难雉乙④卜于白若之龟，曰：'鼎成三足而方，不炊而自烹，不举而自臧⑤，不迁而自行，以祭于昆吾之虚，上乡⑥！'乙又言兆之由曰：'飨矣！逢逢⑦白云，一南一北，一西一东，九鼎既成，迁于三国。'夏后氏失之，殷人受之；殷人失之，周人受之。夏后、殷、周之相受也。数百岁矣。使圣人聚其良臣与其桀相而谋，岂能智数百岁之后哉！而鬼神智之。是故曰：鬼神之明智于圣人也，犹聪耳明目之与聋瞽也。"

　　治徒娱、县子硕问于子墨子曰："为义孰为大务？"子墨子曰："譬若筑墙然，能筑者筑，能实壤者实壤，能欣者欣⑧，然后墙成也。为义犹是也。能谈辩者谈辩，能说书者说书，能从事者从事，然后义事成也。"

　　巫马子谓子墨子曰："子兼爱天下，未云利也；我不爱天下，未云贼也。功皆未至，子何独自是而非我哉？"子墨子曰："今有燎者于此，一人奉水将灌之，一人掺火将益之，功皆未至，子何贵于二人？"巫马子曰："我是彼奉水者之意，而非夫掺火者之意。"子墨子曰："吾亦是吾意，而非子之意也。"

　　子墨子游荆耕柱子于楚，二三子过之，金食之三升，客之不厚。二三子复于子墨子曰："耕柱子处楚无益矣。二三子过之，食之三升，客之不厚。"子墨子曰："未可智也。"毋几何，而遗十金于子墨子，曰："后生不敢死，有十金于此，愿夫子之用也。"子墨子曰："果未可智也。"

　　巫马子谓子墨子曰："子之为义也，人不见而耶，鬼而不见而富，而子为之，有狂疾！"子墨子曰："今使子有二臣于此，其一人者见子从事，不见子则不从事；其一人者见子亦从事，不见子亦从事，子谁贵于此二人？"巫马子曰："我贵其见我亦从事，不见我亦从事者。"子墨子曰："然则，是子亦贵有狂疾也。"

　　子夏子徒问于子墨子曰："君子有斗乎？"子墨子曰："君子无斗。"子夏之徒曰："狗豨⑩犹有斗，恶有士而无斗矣？"子墨子曰："伤矣哉！言则称于汤文，行则譬于狗豨，伤矣哉！"

　　巫马子谓子墨子曰："舍今之人而誉先王，是誉槁骨也。譬若匠人然，智槁木也，而不智生木。"子墨子曰："天下之所以生者，以先王之道教也。今誉先王，是誉天下之所以生也。可誉而不誉，非仁也。"子墨子曰："和氏之璧，隋侯之珠，三棘六异⑪，此诸侯之所谓良宝也。可以富国家，众人民，治刑政，安社稷乎？曰：不可。所谓贵良宝者，为其可以利也。而和氏之璧、隋侯之珠、三棘六异不可以利人，是非天下之良宝也。今用义为政于国家，人民必众，刑政必治，社稷必安。所为贵良宝者，可以利民也，而义可以利人，故曰：义，天下之良宝也。"

　　叶公子高问政于仲尼曰："善为政者若之何？"仲尼对曰："善为政者，远者近之，而旧者新之。"子墨子闻之曰："叶公子高未得其问也，仲尼亦未得其所以对也。叶公子高岂不知善为政者之远者近也，而旧者新是哉？问所以为之若之何也。不以人之所不智告人，以所智告之，故叶公子高未得其问也，仲尼亦未得其所以对也。"

注 释

①耕柱子：墨子的弟子。

②责：驱策。

③巫马子：儒家学者，或说为孔子弟子巫马期。

④当为"翁难乙"，夏代卜官。

⑤臧：通"藏"，不举而自臧，当为不爨自沸之意。

⑥上飨：即尚飨，古人祭辞中的用语。

⑦逢逢：通"蓬蓬"，白云茂盛状。

⑧欣：通"掀"，举出，指挖土。

⑨豨：大野猪。

⑩三棘六异：三翮六翼，指九鼎。

译 文

　　墨子对耕柱子很生气。耕柱子问："我难道不强过别人吗？"墨子说："我将上太行山，可以用骏马驾车，也可以用牛驾车，你将要哪一种驱车啊？"耕柱子说："将用马驱车。"墨子问："为何用马驱车？"耕柱子说："骏马可以担当重任。"墨子说："我也以为你能担当重任。"

　　巫马子问墨子："鬼神和圣人谁更明智？"墨子回答："鬼神比圣人更明智，就如耳聪目明的人和聋子、瞎子一样。从前夏王启派遣蜚廉到山川中开采金矿，在昆吾铸鼎，于是让翁难乙用百灵的龟甲占卜，卜辞说：'鼎铸成以后，方形三足，不用生火能自己烹煮，不填火能自己沸腾，不迁移能自己行走。用它在昆吾之墟祭祀，清诸神享用祭品吧！'翁难乙又解释卦兆说：'鬼神已经享用了。那蓬蓬白云，一会儿向南，一会儿向北，一会儿向东，一会儿向西，九鼎已经铸成了，将要三代相传。'后来夏后氏失去了它，殷人得到了；殷人又失去了它，周人得到了。夏后、殷、周相互传受，已经几百年了。假若让圣人聚集他的贤臣和杰出国相相互思谋，怎么能知道数百年之后的事情呢！而鬼神却知道。所以说：鬼神比圣人要更为明智，就如耳聪目明的人比于聋子、瞎子一样。"

　　治徒娱、县子硕向墨子请教："做仁义的事，什么才是要务？"墨子回答："譬如筑墙一样，能筑的筑，能填土的填土，能挖土的挖土，然后墙才可筑成。

做仁义的事也是这样，能辩谈的辩谈，能解经的解经，能做事的做事，这样才能做成义事。"

巫马子对墨子说："您兼爱天下，没有什么利益；我不兼爱天下，也没有什么害处。功效都未达到，你为何独独自以为正确而认为我不正确呢？"墨子说："如今这里发生火灾，一个人捧着水将要浇灭它，一个人拿着火将要助长它，功效都尚未达到，您认可哪一个人呢？"巫马子说："我认可捧水之人的意愿，而不认可持火之人的意愿。"墨子说："我也认可我兼爱天下的意愿，而不认可你不兼爱天下的意愿。"

墨子推荐耕柱子到楚国为官，有几个墨子的弟子去探望他，耕柱子款待他们，每顿饭仅供三升食物，招待得很不周到。弟子们返回后告诉墨子说："耕柱子在楚国没有什么益处。我们探望他，他供给我们每顿食物不过三升，款待得很不周到。"墨子回答："还不能判断。"没有多久，耕柱子送给墨子十镒黄金，说："弟子冒死进献给老师黄金十镒，请您使用。"墨子说："果然还是不能判断啊！"

巫马子对墨子说："您奉行道义，人们见到了不会帮助你，鬼神见到了也不会让您富贵，而您却依然这样做，这是有疯病啊！"墨子说："如今假使您有两个臣下在此，其中一个人看见您就做事，看不到您就不做事；另一个看到您也做事，看不到您也做事，这两个人之中，您看重哪一个呢？"巫马子说："我看重看见我也做事，看不见我也做事的那个。"墨子说："既然这样，您也是有疯病的人了。"

子夏的弟子问墨子道："君子之间有争斗吗？"墨子回答："君子之间没有争斗。"子夏的弟子问："猪狗之间尚且有争斗，哪有士人之间没有争斗的？"墨子说："痛心啊！你们言谈则称举商汤、文王，行为却同猪狗相类比，痛心啊！"

巫马子对墨子说："舍弃今日的人而去称誉先王，这就如木匠只知道枯木，却不知道活着的树木一样。"墨子说："天下之所以存在，都是因为先王的政教。如今赞誉先王，政事赞誉使天下存在的主张。该赞誉的却不去赞誉，这不能称为仁。"

墨子说："和氏的璧玉、隋侯的珠宝、三翮六翼的九鼎，这就是诸侯们所认为的良宝。它们能够富强国家、增加民众、治理刑政、安定社稷吗？说：

不能。之所以贵重良宝的原因，是因为其能让人民得到利益。而和氏璧、隋珠、九鼎却不可以惠利人民，所以它们都不是国家的良宝。现在以义施政于国家，人口一定增加，刑政一定治理，社稷一定安定。之所以称为良宝的原因，是因为其能让人民得到利益，而义可以惠利人民。所以说：道义，才是天下的良宝。"

叶公子高向孔子请教为政之道，说："善于为政的人应如何做呢？"孔子回答："善于为政的人，对于远方的人要亲近他们，而对于故旧要像新朋友那样，不厌弃他们。"墨子听闻以后，说："叶公子高没有得到需要的回答，孔子也未能恰当作答。叶公子高难道不知道善于为政者当亲近远方的人，而不言弃故旧？问题之所以提出的原因是什么呢？不以人家所不懂的告诉人家，而以人家已经知道的告诉人家，所以说，叶公子高没有得到需要的回答，孔子也未能恰当作答。"

经典解读

每段文字都记载了墨子的一些言辞，从这些文字之中能够更加清晰地看到墨子的主张在现实之中的应用。墨子对耕柱子的批评，是告诉人们立志行道永无止境，永远不可懈怠自满；与巫马子谈论鬼神的明智，也就是"明鬼"的道理，告诉人们鬼神之明无所不知，人当敬畏天地鬼神，以求善除祸；与治徒娱、县子硕的对话，是告诉人们要因材而行义，任何人都可以凭借自己的资质、才能而行义；耕柱子送黄金之事，说明墨子主张信任他人，不急着臆测他人；与巫马子论行义的回报，说明墨子主张行义不求回报，单纯将行义作为人生追求……

通过这些文字，人们可以清晰地看到墨子是一个仁爱、无私、努力、宽容、志向远大的人；这些美好的品质也是所有追求圣人之道者所应该具有的。

原文2

子墨子谓鲁阳文君①曰："大国之攻小国，譬犹童子之为马也。童子之为马，足用而劳。今大国之攻小国也，攻者农夫不得耕，妇人不得织，以守为事；攻人者，亦农夫不得耕，妇人不得织，以攻为事。故大国之攻小国也，譬犹童子之为马也。"

子墨子曰："言足以复行者，常之；不足以举行者，勿常。不足以举行而常之，是荡口也。"

子墨子使管黔滶游高石子于卫，卫君致禄甚厚，设之于卿。高石子三朝必尽言，而言无行者。去而之齐，见子墨子曰："卫君以夫子之故，致禄甚厚，设我于卿。石三朝必尽言，而言无行，是以去之也。卫君无乃以石为狂乎？"子墨子曰："去之苟道，受狂何伤！古者周公旦非关叔，辞三公，东处于商盖，人皆谓之狂。后世称其德，扬其名，至今不息。且翟闻之'为义非避毁就誉'，去之苟道，受狂何伤！"高石子曰："石去之，焉敢不道也。昔者夫子有言曰：'天下无道，仁士不处厚焉。'今卫君无道，而贪其禄爵，则是我为苟陷人长②也。"子墨子说，而召子禽子曰："姑听此乎！夫倍义而乡禄者，我常闻之矣。倍禄而乡义者，于高石子焉见之也。"

子墨子曰："世俗之君子，贫而谓之富，则怒；无义而谓之有义，则喜。岂不悖哉！"

公孟子曰："先人有则三③而已矣。"子墨子曰："孰先人而曰有则三而已矣？子未智人之先有。"

后生有反子墨子而反④者："我岂有罪哉？吾反后。"子墨子曰："是犹三军北，失后之人求赏也。"

公孟子曰："君子不作，术⑤而已。"子墨子曰："不然，人之其不君子者，古之善者不诛⑥，今也善者不作。其次不君子者，古之善者不遂，己有善则作之，欲善之自己出也。今诛而不作，是无所异于不好遂⑦而作者矣。吾以为古之善者则诛之，今之善者则作之，欲善之益多也。"

巫马子谓子墨子曰："我与子异，我不能兼爱。我爱邹人于越人，爱鲁人于邹人，爱我乡人于鲁人，爱我家人于乡人，爱我亲于我家人，爱我身于吾亲，以为近我也。击我则疾，击彼则不疾于我，我何故疾者之不拂，而不疾者之拂？故有我有杀彼以我，无杀我以利。"子墨子曰："子之义将匿邪，意将以告人乎？"巫马子曰："我何故匿我义？吾将以告人。"子墨子曰："然则，一人说子，一人欲杀子以利己；十人说子，十人欲杀子以利己；天下说子，天下欲杀子以利己。一人不说子，一人欲杀子，以子为施不不祥言者也；十人不说子，十人欲杀子，以子为施不祥言者也；天下不说子，天下欲杀子，以子为施不祥言者也。说子亦欲杀子，不说子亦欲杀子，是所谓经者口也，杀常之身者也。"子墨子曰："子之言，恶利也？若无所利而不言，是荡口也。"

子墨子谓鲁阳文君曰："今有一人于此，羊牛犓豢，维人但割而和之，食之不可胜食也。见人之作饼，则还然窃之，曰：'舍余食。'不知日月安不足乎，其有窃疾乎？"鲁阳文君曰："有窃疾也。"子墨子曰："楚四竟之田，旷芜而不可胜辟，评灵⑧数千，不可胜，见宋、郑之间邑，则还然窃之，此与彼异乎？"鲁阳文君曰："是犹彼也，实有窃疾也。"

子墨子曰："季孙绍与孟伯常治鲁国之政，不能相信，而祝于丛社，曰：'苟使我和。'是犹弇其目，而祝于丛社也，'苟使我皆视。'岂不缪哉！"

子墨子谓骆滑氂曰："吾闻子好勇。"骆滑氂曰："然，我闻其乡有勇士焉，吾必从而杀之。"子墨子曰："天下莫不欲与其所好，度其所恶。今子闻其乡有勇士焉，必从而杀之，是非好勇也，是恶勇也。"

注 释

①鲁阳文君：即鲁阳文子，楚平王之孙，司马子期之子，封地在鲁阳。

②苟陷人长：当为"苟处人厚"，指贪图别人的俸禄、爵位。

③三：当为"之"。

④反：同"返"。

⑤术：同"述"，复述。

⑥诛：当为"述"。

⑦遂：当为"述"。

⑧评灵：当为"墟虚"，空闲虚旷之地。

译 文

墨子对鲁阳文君说："大国攻打小国，就像小孩子两手着地学马行。小孩子学马行，足以自致劳累。如今大国攻打小国，被攻者农夫不能耕种，妇人不能纺织，都以防守为事；进攻的国家，同样农夫不能耕种，妇人不能纺织，都以进攻为事。所以说，大国攻打小国，就如小孩子学马行一样。"

墨子说："言辞可以付诸行动的，应常常提及，不足以付诸行动的，不要常提及；不足以为行而常提及，是信口胡言。"

墨子让管黔到卫国替高石子游说，卫君于是给高石子优厚的俸禄，让他担任卿。高石子三次朝见，都竭尽其言，而主张并没有被施行。于是他辞去卫国的卿位，来到齐国，见到墨子说："卫君因为您的缘故，给我优厚的俸禄，让我做卿。我三次朝见，都竭智尽言，而主张没有施行，于是辞去了卿位。卫君恐怕会认为我发狂了吧?"墨子说："离开卫国，假若合乎道义，承受发狂的指责又有什么呢！古时周公旦驳斥管叔，辞去三公之位，而东居商奄，当时的人都认为他发狂了。然后，后世称颂他的德行，赞扬他的美名，至今不止。且我听说践行道义不应该回避诋毁而追求称誉。假若离开卫国而合乎道义，承受发狂的指责又有什么呢！"高石子说："我离开卫国，怎敢不遵守道义呢。从前您说过：'天下无道，仁者不应处于高位之上。'如今卫君无道，而贪图他的俸禄、爵位，那么我就是苟且吃人家的米粮了。"墨子很高兴，召来禽滑厘说："姑且听听高石子的这些话吧！违背义而向往俸禄的，我常常闻见。抛弃俸禄而追求道义的，我从高石子这里见到了。"

墨子说："世俗君子，若其贫穷而说他富贵，他就会发怒；可他没有义而说他有义，他就欢喜。这岂不是荒谬吗！"

公孟子说："先人已有的原则，只要效法就可以了。"墨子说："谁说先人已有的原则，只要效法就可以了？你难道不知道人要比原则先产生吗？"

有门人背叛墨子而后又返回的，说："我难道有罪吗？我是在他人背叛之后背叛的。"墨子说："这就像军队打了败仗，因迷路而回来落后还要求奖赏一样。"

公孟子说："君子不创作，只是复述经典而已。"墨子说："不是这样的。最没有君子品行的人，对于古代的善不叙述，对于今日的善不创作。其次没有君子品行的人，对古代的善不叙述，自己有善则创作，希望善的东西出于自己。现在只叙述而不创作，与不喜欢叙述古代的而喜欢自己创作的人是一样。我认为对于古代的善则要叙述，对于今日的善则要创作，这才是希望世间善越来越多的做法。"

巫马子对墨子说:"我和您不同,我不能兼爱。我爱邹人胜于越人,爱鲁人胜于邹人,爱我的乡人胜于其他鲁人,爱我的家人胜于乡人,爱我的父母胜于其他家人,爱我自身胜于我的父母,这是因为近切我的缘故。击打我,我会疼痛,击打别人则我不会疼痛,我为何不去解除自己感到急迫的疼痛,而要去解除对自己来说不急迫的疼痛呢?所以,我只会杀他人以利于我,而不会杀死自身以利于他人。"墨子问:"你的这种义是要隐藏起来呢,还是要告诉别人呢?"巫马子回答:"我为何要将我的义隐藏起来,我将告诉别人。"墨子说:"既然这样,那么有一个人喜欢你的主张,这一个人就将杀死你而有利于自己;有十个人喜欢你的主张,这十个人就要杀死你而有利于自己;天下的人若都喜欢你的主张,这天下的人则都要杀死你而有利于自己。假若,有一个人不喜欢你的主张,这一个人就要杀死你,认为你是散布不祥之言的人;有十个人不喜欢你的主张,就有十个人要杀死你,认为你是散布不祥之言的人;天下人都不喜欢你的主张,则天下人都想杀死你,认为你是散布不祥之言的人。喜欢你的主张也要杀死你,不喜欢你的主张也要杀死你,这就是人民所常说的,动摇口舌,常遭杀身之祸的道理。"墨子又说:"你的言论有什么益处呢?假若没有益处还要说,就是信口胡言。"

墨子对鲁阳文君说:"如今有这样一个人,他的牛羊牲畜,任由厨师宰割、烹饪,怎么吃都吃不完。但看到了别人做饼,他还要去偷窃,说:'可以充足我的食物。'不知道这是他的食物不足呢,还是有偷盗的毛病呢?"鲁阳文君说:"是有偷盗的毛病。"墨子说:"楚国四境之内的天地,空旷荒芜,开垦不完的不可胜数,掌管山林川泽的官吏就有数千,不可胜计。如今见到了宋国、郑国的空城,还要去窃取,这与偷饼子的人有区别吗?"鲁阳文君说:"彼此是一样的,确实是患有偷盗的毛病啊。"

墨子说:"季孙绍和孟伯常治理鲁国政事,不能相互信任,就到庙中祈祷说:'希望我们和睦相处。'这就如遮盖了自己的眼睛,而在庙中祈祷说'希望使我们都能看见',岂不荒谬吗?"

墨子对骆滑氂说:"我听说你喜好勇武。"骆滑氂说:"是的。我听说哪个乡有勇士就一定要去杀死他。"墨子说:"天下莫不希望得到其所爱好的,毁废其所厌恶的。如今你听说哪个乡有勇士，就一定要去杀死他，这不是喜好勇武，而是厌恶勇武啊！"

经典解读

本篇每段文字都在独自讨论一件事情，但主要还是在探讨什么是道义、如何行义的问题：义不是挂在嘴上说的，而是要切实实践出来；义是最宝贵的东西，君子就应该像高石子那样，宁可为坚持道义而放弃俸禄、爵位，也绝不为了贪图富贵、爵位而丢掉道义；义是灵活的，它就是要追求世间越来越好，而不是一味复述古人的言行；义是要能够行之于世的，是能为社会带来积极影响的，而不是只能在理论上空谈；义不能有半点虚假，有义就是有义，没有就是没有，本身不去追求义，而贪图义的虚名不是君子所为；义要舍己为人，要"己所不欲，勿施于人"，不可为了自己的利益而损害、抢掠他人的财物，否则就是不义……

总之，在这些文字中，可以看出墨子的义是无私的，是兼爱的，是廉洁的，是现实的，是真诚的。学者学习墨子的主张，追求墨子的道义，不可不深察墨子的本意。

卷十一

贵义

原文 1

子墨子曰："万事莫贵于义。今谓人曰：'予子冠履，而断子之手足，子为之乎？'必不为，何故？则冠履不若手足之贵也。又曰：'予子天下而杀子之身，子为之乎？'必不为，何故？则天下不若身之贵也。争一言以相杀，是贵义于其身也。故曰：万事莫贵于义也。"

子墨子自鲁即齐，过故人，谓子墨子曰："今天下莫为义，子独自苦而为义，子不若已。"子墨子曰："今有人于此，有子十人，一人耕而九人处，则耕者不可以不益急矣。何故？则食者众而耕者寡也。今天下莫为义，则子如劝我者也，何故止我？"

子墨子南游于楚，见楚献惠王[①]，献惠王以老辞，使穆贺见子墨子。子墨子说穆贺，穆贺大说，谓子墨子曰："子之言则成善矣！而君王天下之大王也，毋乃曰'贱人之所为'，而不用乎？"子墨子曰："唯其可行。譬若药然，草之本，天子食之以顺其疾，岂曰'一草之本'而不食哉？今农夫入其税于大人，大人为酒醴粢盛，以祭上帝鬼神，岂曰'贱人之所为'而不享哉？故虽贱人也，上比之农，下比之药，曾不若一草之本乎？且主君亦尝闻汤之说乎？昔者，汤将往见伊尹，令彭氏之子御。彭氏之子半道而问曰：'君将

257

何之？'汤曰：'将往见伊尹。'彭氏之子曰：'伊尹，天下之贱人也。若君欲见之，亦令召问焉，彼受赐矣。'汤曰：'非女所知也。今有药此，食之则耳加聪，目加明，则吾必说而强食之。今夫伊尹之于我国也，譬之良医善药也。而子不欲我见伊尹，是子不欲吾善也。'因下彭氏之子，不使御。彼苟然，然后可也。"

子墨子曰："凡言凡动，利于天鬼百姓者为之；凡言凡动，害于天鬼百姓者舍之；凡言凡动，合于三代圣王尧舜禹汤文武者为之；凡言凡动，合于三代暴王桀纣幽厉者舍之。"

子墨子曰："言足以迁行②者，常之；不足以迁行者，勿常。不足以迁行而常之，是荡口也。"

子墨子曰："必去六辟③。嘿则思，言则诲，动则事，使三者代御，必为圣人。必去喜，去怒，去乐，去悲，去爱，而用仁义，手足口鼻耳从事于义，必为圣人。"

子墨子谓二三子曰："为义而不能，必无排其道。譬若匠人之斲④而不能，无排其绳。"

子墨子曰："世之君子，使之为一犬一彘之宰，不能则辞之；使为一国之相，不能而为之。岂不悖哉！"

子墨子曰："今瞽曰：'钜者白也，黔者黑也。'虽明目者无以易之。兼白黑，使瞽取焉，不能知也。故我曰瞽不知白黑者，非以其名也，以其取也。今天下之君子之名仁也，虽禹汤无以易之。兼仁与不仁，而使天下之君子取焉，不能知也。故我曰：天下之君子不知仁者，非以其名也，亦以其取也。"

子墨子曰："今士之用身，不若商人之用一布之慎也。商人用一布布，不敢继苟而讐焉，必择良者。今士之用身则不然，意之所欲则为之，厚者入刑罚，薄者被毁丑，则士之用身不若商人之用一布之慎也。"

子墨子曰："世之君子欲其义之成，而助之修其身则愠，是犹欲其墙之成，而人助之筑则愠也，岂不悖哉！"

注 释

①楚献惠王：即楚惠王。

②言足以迁行：指言语能够付诸行动。

③六辟：墨子将"喜、怒、乐、悲、爱、恶"称为六辟。

④斲：把木头砍削成哭喊物。

译 文

墨子说："万事之中没有比道义更珍贵的。如今对人说：'送给你帽子、鞋子，而斩断你的手足，你接受吗？'一定不会接受，为何呢？因为帽子、鞋子不如手足珍贵。又说：'给你天下而杀死你的性命，你接受吗？'一定不会接受，为何呢？因为天下不如性命珍贵。而志士往往为了争一言以杀身，则是将道义看得比性命还要珍贵。所以说：万事之中没有比道义更为珍贵的了。"

墨子从鲁国来到齐国，探望了老朋友。老朋友对墨子说："如今天下没人推行道义，你何必独自苦苦推行道义呢，不如就此停止。"墨子说："如今有这样的人，他有十个儿子，一个人耕作而九个人都闲着，则耕种的人不能不更加紧迫啊。这是何故呢？吃饭的人多，而耕作的人少。如今天下都不推行道义，那么你应该鼓励我啊，为何还要制止我呢？"

墨子南游到楚国，拜见楚惠王，楚惠王借口年老推辞了，令穆贺代自己接见墨子。墨子游说穆贺，穆贺非常高兴，对墨子说："您的主张确实是好！但是君王是天下显贵的大王，恐怕会说'这是下等之人所做的事'，而不采用吧？"墨子说："只要它可行就够了。譬如药，本来只是一种草，天子吃了它有利于自己的疾病，难道会说'这只是一把草'而不吃吗？如今农夫向贵族缴纳税赋，贵族准备供奉酒食来祭祀上帝鬼神，鬼神难道会说'这是下等之人所生产的'而不享用吗？所以虽然是下等之人，向上将其比为农品，向下将其比为草药，功效难道还赶不上一把草吗？况且君主也曾听说过商汤的旧事吧？从前，商汤将要去拜见伊尹，令彭氏之子驾车。彭氏之子半路上问商汤说：'君上将要到哪里去？'商汤说：'将要去拜见伊尹。'彭氏之子说：'伊尹是天下的低贱之人，若君上想见他，只要下令召见而询问他，这他就已经蒙受恩荣了。'商汤说：'这不是你所能知道的。如今有良药在此，吃了耳朵就更加聪敏，眼睛就更加明亮，则我必定十分高兴而努力吃下它。如今伊尹对于我国来说，就如良医良药一般。而你不愿我见伊尹，是你不愿我好啊。'于是叫彭氏之子下去，不让他驾车。若君主能像商汤这样，这就可以采纳我这低贱之人的主张了。"

墨子说："但凡言语、行动，有利于百姓的就去做；但凡言语、行动，有害于百姓的就放弃；但凡言语行动，合乎三代圣王尧、舜、禹、汤、文王、武王之道的就去做；但凡言语行动，合于三代暴王桀、纣、幽王、厉王的就放弃。"

墨子说："言辞可以付诸行动的，就常常去说；不适宜付诸行动的，就不要常常去说。不适宜辅助行动而常说，这就是信口胡言。"

墨子说："必须要去掉六种邪僻行为。沉默时能思索，发言时能教诲人，行动能取得功绩，以这三种原则行事，必为圣人。"

墨子说："一定要去掉喜，去掉怒，去掉乐，去掉悲，去掉爱，而坚持仁义。手、足、口、鼻、耳，都用来从事义，则必为圣人。"

墨子对几个弟子说："行义自己不能胜任，一定不要归罪于学说。这就如木匠不能斫好木材，而不可归罪于墨线一样。"

墨子说："世上的君子，让他作为宰杀一条狗、一头猪的屠夫，不能干好就推辞；让他担任一国之相，不能干好却继续去做。岂不荒谬吗！"

墨子说："如今有盲人说：'皑是指白色，黔是指黑色。'即便眼睛明亮的人也不能更改它。但若将黑白的东西放在一块，让盲人分辨，他就不能知道了。所以，我说盲人不知黑白，并不是因为他不能说出黑白之名，而是他不能辨别黑白。如今天下的君子谈说仁义之名，即便禹、汤也无法更改。但若将仁和不仁混在一起，让天下的君子们分辨，他们就做不到了。所以，我说天下的君子不知道仁义，并不是他们不能谈说仁义之名，而是他们无法分辨什么是仁义。"

墨子说："现在的士人使用自己的身体，不如商人使用一钱慎重。商人使用一钱，不敢随意马虎地购买，一定要选择好的。如今士人使用自己的身体则不这样，随心所欲地乱用。严重的遭受刑罚，轻些的也要蒙受非议、羞耻。

所以说士人使用自身，不如商人使用一钱慎重。”

墨子说："世上的君子都想实现他们的道义，而别人帮他们修养身心却怨恨。这就如要将墙筑成，而别人帮助他筑就怨恨一样，岂不荒谬！"

经典解读

义是天下最为宝贵的东西，世人在谈论义时都说它的好，可现实中却很少有人愿意践行它，这种人是愚蠢吗？是没有远见吗？大概是不分轻重贵贱吧！人们能够重视自己的一手、一足，却不重视关乎自己性命的道义；人们看重杀猪、杀狗之事，却轻视践行道义的事；人们懂得黑白之辨，却不懂得义与不义之辨；人们知道慎重地使用一钱，却不知慎重地使用自己的身体来行义；人们筑墙时知道他人帮助的可贵，在修身行义之时却怨恨他人的督促、帮助……这些正是君子所不理解而感慨叹息的，世人若不改变这些错误的观点，不好好衡量轻重贵贱，就永远不能安心行义。为政者不能安心行义，则天下国家不得治理；在下者不能安心行义，则个人得不到安宁、富贵；士君子不能安心行义，则永远不能求得圣人之大道，永远不能实现自己的远大理想。

认识"义"的贵重、弄清该怎样行义是如此的重要，所以墨子在此列举人们忽略"义"的错误行为，对"义"的重要性进行了深入解析。

原文2

子墨子曰："古之圣王，欲传其道于后世，是故书之竹帛，镂之金石，传遗后世子孙，欲后世子孙法之也。今闻先王之遗而不为，是废先王之传也。"

子墨子南游使卫，关中载书甚多，弦唐子见而怪之，曰："吾夫子教公尚过曰'揣曲直而已'，今夫子载书甚多，何有也？"子墨子曰："昔者周公旦朝读书百篇，夕见漆①十士。故周公旦佐相天子，其修至于今。翟上无君上之事，下无耕农之难，吾安敢废此？翟闻之：'同归之物，信有误者。'然而民听不钧，是以书多也。今若过之心者，数逆于精微，同归之物，既已知其要矣，是以不教以书也。而子何怪焉？"

子墨子谓公良桓子曰："卫，小国也，处于齐、晋之闲，犹贫家之处于富家之间也。贫家而学富家之衣食多用，则速亡必矣。今简②子之家，饰车数百乘，马食菽粟者数百匹，妇人衣文绣者数百人，吾取饰车、食马之费，与绣衣之财以畜士，必千人有余。若有患难，则使百人处于前，数百于后，与妇人数百人处前后，孰安？吾以为不若畜士之安也。"

子墨子仕人于卫，所仕者至而反。子墨子曰："何故反？"对曰："与我言而不当。曰'待女以千盆'。授我五百盆，故去之也。"子墨子曰："授子过千盆，则子去之乎？"对曰："不去。"子墨子曰："然则非为其不审也，为其寡也。"

子墨子曰："世俗之君子，视义士不若负粟者。今有人于此，负粟息于路侧，欲起而不能，君子见之，无长少贵贱，必起之。何故也？曰：义也。今为义之君子，奉承先王之道以语之，纵不说而行，又从而非毁之。则是世俗之君子之视义士也，不若视负粟者也。"

子墨子曰："商人之四方，市贾信徙，虽有关梁之难，盗贼之危，必为之。今士坐而言义，无关梁之难，盗贼之危，此为信徙，不可胜计，然而不为。则士之计利，不若商人之察也。"

子墨子北之齐，遇日者。日者曰："帝以今日杀黑龙于北方，而先生之色黑，不可以北。"子墨子不听，遂北，至淄水，不遂而反焉。日者曰："我谓先生不可以北。"子墨子曰："南之人不得北，北之人不得南，其色有黑者，有白者，何故皆不遂也？且帝以甲乙杀青龙于东方，以丙丁杀赤龙于南方，以庚辛杀白龙于西方，以壬癸杀黑龙于北方，若用子之言，则是禁天下之行者也。是围心而虚天下也，子之言不可用也。"

子墨子曰："吾言足用矣，舍言革思者，是犹舍获而攈粟③也。以其言非吾言者，是犹以卵投石也，尽天下之卵，其石犹是也，不可毁也。"

注　释

①漆：同"七"。

②简：察，审视。

③攗粟：拾取别人遗漏的谷穗。

译　文

墨子说："古代圣王，想将自己的道传给后世，因此将其书写在竹帛之上，镂刻在金石之上，留传给后世子孙，希望后世子孙效法它。如今听到了先王之道却不施行，是废弃先王之道啊。"

墨子南游到卫国，车中载了很多书。弦唐子见了很奇怪，问："您曾教导公尚过说：'书不过用来衡量是非曲直罢了。'如今您装载这么多的书，有什么用处呢？"墨子说："从前周公旦早晨读书百篇，晚上接见贤士七十。所以能辅佐天子，他的美名传至今日。我上无须承担君主授予的职责，下没有农夫耕种的劳苦，我怎么敢荒废读书呢？我曾听说：'天下万物殊途同归，流传的时候会出现差误。'由于人们听到的不一致，所以书很多。现在像公尚过那样的人，其心对事理的洞察已经达到精微，对于殊途同归之物，已经能懂得要点，所以不用以书教育他了。你有什么可奇怪的呢？"

墨子对公良桓子说："卫国，是个小国，夹在齐国、晋国之间，如同贫家处于富家之间。贫家若效仿富家衣食奢靡，则必然会很快灭亡。如今看看您的家，文采装饰的车子有数百乘，吃菽、粟的马数百匹，穿绣花衣服的妇人数百人。若将装饰车马、绣花衣服的费用都用来养士，一定可以养千人有余。若遇到患难，则令数百人在前，数百人在后，这与几百个妇人在前面和后面相比，哪一个更安全呢？我认为不如养士更安全。"

墨子推荐人到卫国为官，去做官的人到了那里就返回来。墨子询问："为何回来呢？"回答："卫国国君和我说话没有信用。他们说：'给你千盆的俸禄。'结果却只给我五百盆，所以我离开了卫国。"墨子说："若他们给你千盆，你还离开吗？"回答："不离开。"墨子说："既然这样，你离开并不是因为卫国国君和我说话没有信用，而是俸禄太少了。"

墨子说："世俗的君子看待义士还不如看待背粟米的人。如今有人背着粟米在路旁休息，想要起来而不能，君子见到了，不管长幼贵贱，一定会助他起来。这是为何呢？说：这是出于道义。如今行义的君子，奉守先王之道来告诉他们，世俗君子即便不喜欢而不施行也就罢了，却又加以非议、诋毁君子。则世俗之君子看待义士还不如看待背粟米的人。"

墨子说："商人到四方去做买卖，若能获得数倍的利润，即便有经过关卡、桥梁的困难，有遭受盗贼的危险，他们也一定会去。如今士人坐着谈论义，没有经过关卡、桥梁的困难，没有遭受盗贼的危险，而所获利益却不可胜计，但他们却不去做。那么士人计算利益，就不如商人明察了。"

墨子向北到齐国去，遇到了一个占卜的人。占卜的人说："历史上，黄帝曾在这一天于北方杀死了黑龙，先生脸色黧黑，不可以向北行。"墨子不听，继续北行，到了淄水，不能渡河就返了回来。占卜的人说："我曾对先生说不可以向北行。"墨子说："淄水南的人不能渡到北面，淄水北的人不能渡到南门，他们的面色有黑有白，为何都不能成行呢？且黄帝在甲乙日于东方杀死青龙，在丙丁日于南方杀死赤龙，在庚辛日于西方杀死白龙，在壬癸日于北方杀死黑龙，若听取您的主张，则是禁止天下人出行往来了。这就如使天下虚无人迹一样。您的主张不足以听信啊。"

墨子说："我的言论足够用了，舍弃我的主张而另外思虑，这就如放弃收获而去拾取别人掉下的谷穗一样。用别人的言论来否定我的言论，这就如以鸡蛋扔石头一样。用尽天下的鸡蛋，石头还是这个样子，并不能摧毁它。"

经典解读

行义是古代圣王之道，是圣王书写在竹帛之上，铭刻在钟鼎之上，而流传给子孙后代的；如今后人无不称慕自己的先祖、无不敬仰前代的圣王，却不效法先王而践行道义，这是墨子所万分感慨的。在墨子看来，这种行为就是废弃先王之道，是对前代圣王的不敬。其实，现实之中也是如此，很多人提到自己的祖先、提到自己所敬仰的先贤都夸夸其谈，赞不绝口，但考察他们自己的行为，却与先贤相差甚远，考察他们的德行，却会令先祖蒙羞。这样的人是真的崇敬先贤吗？只不过是叶公好龙、沽名钓誉罢了。这不会给自身带来任何好处，反而会让自己距离道义越来越远，让自己被真正的君子所不耻。

同样是做官返回，墨子对高石子大加赞赏，而对本节中提到的弟子却明显带有失望的情绪，这是为何呢？高石子辞官返回，是因为卫国君臣不施行道义，他为了保全自己的道义而放弃官爵、俸禄；而本节之中所提到的弟子，却是因为卫人给自己的俸禄少而辞官返回。君子不应为了俸禄、地位而做官，而是要努力推行道义，为了实现自己的政治理想而为政；若为了俸禄、地位而为官，那和求取利润的商人又有什么区别呢？岂不也是将道义拿来当商品出卖？同样的行为，因为出发点不同，而墨子有的赞赏，有的失望，可见墨子对于不同的行为也是很注重个人的心志的。这也告诉人们，无论做什么事都要树立正确的目的，端正内心，然后才能做出正确的取舍。

其他各段，所谈之事和前面大致相同，都是墨子对义，对如何行义的看法。

公孟

原文1

公孟子①谓子墨子曰："君子共己以待，问焉则言，不问焉则止。譬若钟然，扣则鸣，不扣则不鸣。"子墨子曰："是言有三物焉，子乃今知其一身也，又未知其所谓也。若大人行淫暴于国家，进而谏，则谓之不逊；因左右而献谏，则谓之言议。此君子之所疑惑也。若大人为政，将因于国家之难，譬若机之将发也然，君子之必以谏，然而大人之利，若此者，虽不扣必鸣者也。若大人举不义之异行，虽得大巧之经，可行于军旅之事，欲攻伐无罪之国，有之也，君得之，则必用之矣。以广辟土地，著税伪材②，出必见辱，所攻者不利，而攻者亦不利，是两不利也。若此者，虽不扣必鸣者也。且子曰：'君子共己待，问焉则言，不问焉则止，譬若钟然，扣则鸣，不扣则不鸣。'今未有扣，子而言，是子之谓不扣而鸣邪？是子之所谓非君子邪？"

公孟子谓子墨子曰："实为善人，孰不知？譬若良玉，处而不出有余糈③。譬若美女，处而不出，人争求之。行而自炫，人莫之取也。今子遍从人而说之，何其劳也！"子墨子曰："今夫世乱，求美女者众，美女虽不出，人多求之；今求善者寡，不强说人，人莫之知也。且有二生于此，善筮。一行为人筮者，一处而不出者。行为人筮者与处而不出者，其糈孰多？"公孟子曰："行为人筮者其糈多。"子墨子曰："仁义钧，行说人者，其功善亦多，何故不行说人也！"

公孟子戴章甫，搢忽④，儒服，而以见子墨子，曰："君子服然后行乎？其行然后服乎？"子墨子曰："行不在服。"公孟子曰："何以知其然也？"子墨子曰："昔者齐桓公高冠博带，金剑木盾，以治其国，其国治。昔者晋文公大布之衣，牂羊之裘，韦以带剑，以治其国，其国治。昔者楚庄王鲜冠组缨，绛衣博袍，以治其国，其国治。昔者越王勾践剪发文身，以治其国，其国治。此四君者，其服不同，其行犹一也。翟以是知行之不在服也。"公孟子曰："善！吾闻之曰：'宿善者不祥。'请舍忽，易章甫，复见夫子可乎？"子墨子曰："请因以相见也。若必将舍忽、易章甫而后相见，然则行果在服也。"

公孟子曰："君子必古言服，然后仁。"子墨子曰："昔者，商王纣卿士费仲为天下之暴人，箕子、微子为天下之圣人，此同言而或仁不仁也。周公旦为天下之圣人，关叔⑤为天下之暴人，此同服或仁或不仁。然则不在古服与古言矣。且子法周而未法夏也，子之古非古也。"

公孟子谓子墨子曰："昔者圣王之列也，上圣立为天子，其次立为卿大夫。今孔子博于《诗》《书》，察于礼乐，详于万物，若使孔子当圣王，则岂不以孔子为天子哉？"子墨子曰："夫知者，必尊天事鬼，爱人节用，合焉为知矣。今子曰：'孔子博于《诗》《书》，察于礼乐，详于万物。'而曰可以为天子，是数人之齿⑥，而以为富。"

公孟子曰："贫富寿夭，齰然⑦在天，不可损益。"又曰："君子必学。"子墨子曰："教人学而执有命，是犹命人葆而去亓冠也。"

公孟子谓子墨子曰："有义不义，无祥不祥。"子墨子曰："古圣王皆以鬼神为神明，而为祸福，执有祥不祥，是以政治而国安也。自桀纣以下，皆以鬼神为不神明，不能为祸福，执无祥不祥，是以政乱而国危也。故先王之书《子亦》有之曰：'亓傲也，出于子，不祥。'此言为不善之有罚，为善之有赏。"

注 释

①公孟子：即公明高，为曾子的弟子。

②著税伪材：当为"籍税贻材"，即征收税赋、聚敛钱财。

③余糈：指祀神所用过的米。

④撸忽：忽，当为"笏"；腰间别着笏板。

⑤关叔：即管叔，武王之弟，周公之兄，成王时作乱而被周公诛杀。

⑥齿：契约之上的印记。

⑦嘈然：确实。

译 文

公孟子对墨子说："君子当垂拱而待，问了就说，不问就不说。就如钟一样，敲击了就响，不敲击就不响。"墨子说："这话有三种情况，你只知其一，又不明白这一种情况说的是什么。若王公大人在国中施行淫暴之政，君子前去劝谏，就会被称为不逊，借助左右近臣而劝谏，又会被指为私下议论。这是君子所疑惑而不知当如何去做的。若王公大人为政，将会让国家陷入危难，情势就如弩机将要发射那样迫切，则君子一定要劝谏。这也是王公大人的利益所在，对于这种情况，君子即使不被'敲击'，也要'响起'。若王公大人采取邪僻不义的行为，虽然得到巧妙的方法，可以用于战争之中，于是要想攻伐无罪的国家。这样的方法是存在的，国君得到了一定会采用，来开辟土地、聚敛钱财，但出师则一定会遭受耻辱，被攻打的国家不利，而进攻的国家同样不利，对双方来说都是不利的。面对这样的情况，君子即便不被'敲击'也要'响起'。且您说：'君子应垂拱而待，问了就说，不闻就不说，譬如钟一样，敲击就鸣，不敲击就不鸣。'如今没有人敲击您，您却说话了，这就是您所谓的'不敲而鸣'吧？就是您所谓的'非君子的行为'吧？"

公孟子对墨子说："真正行善的人，谁不知道呢？就如灵验的巫师，隐藏不出仍然有很多人前来求卜。就如美女，隐藏不出，人们也会争相追求。但若自我炫耀，就没人娶她了。如今您到处跟随别人而游说他们，何其劳苦啊！"墨子说："如今世间混乱。追求美女的多，美女虽然隐藏不出，也有很多人追求她；如今追求善的人少，不努力游说他人，他人都不知为善。假若有这样两个人，都善于占卜，一个出门给别人占卜，另一个隐藏不出。出门给人占卜的和隐藏不出的，哪一个得到的报酬多呢？"公孟子说："出门给人占卜的得到的报酬多。"墨子说："仁义也是一样的。向别人游说，得到的功劳益处很多，为什么不出来劝说人们呢？"

公孟子带着高礼帽，腰间插着记事板，穿着儒服前来拜见墨子，说："君子有一定的服饰，然后才有一定的行动，还是有一定的行动，然后才有一定的服饰呢？"墨子回答："行动不在于服饰。"公孟子问："如何知道这点呢？"墨子说："从前，齐桓公头戴高帽，腰系宽带，佩着金剑木盾，来治理他的国家，国家得到了治理；从前，晋文公穿着大布衣服，披着羊皮大义，腰别佩剑，来治理他的国家，国家得到了治理；从前楚庄王，佩戴华丽的帽子，系着系帽子的丝带，穿着大红长袍，来治理他的国家，国家得到了治理。从前，越王勾践断发文身，来治理他的国家，国家得到了治理。这四位君主，其服饰不同，作为却是一样的。我因此知道作为如何并不在于服饰。"公孟子说："说得好啊！我听说'听闻好道理而迟迟不实施的人，是不吉利的'，让我放下笏板，换掉礼服，再来见您，可以吗？"墨子说："请您就像现在这样相见好了。若一定要丢弃笏，换掉礼服，而后再见面，那么就是作为果真在于服饰了。"

公孟子说："君子一定要说古话，穿古服，然后才能称为仁。"墨子说："从前，商王纣、卿士费仲，为天下有名的凶暴之人，箕子、微子为天下有名的圣人，这是说同样的话而有的仁义、有的不仁义的例子。周公旦为天下有名的圣人，管叔为天下有名的恶人，这是穿同样的衣服，而有的仁义、有的不仁义的例子。则仁德与否不在于古代的衣服和言论、古话。且您言行效法周代而不效法夏代，你说的古代不是真正的古代。"

公孟子对墨子说："从前圣王排列位次，最上等的圣人立为天子，其次立为卿、大夫，如今孔子博通《诗》《书》，明察礼乐，详知天下万物，若使孔子适逢圣王之时，圣王岂不会将天下授予孔子，使之为天子?"墨子说："所谓的智者，一定要尊崇上天，敬奉鬼神，爱护人民，节约财用，合于这些要求才可以称为智者。如今您说'孔子博通《诗》《书》，明察礼乐，详知天下万物'，而称可以为天子，这不过是数着别人契据上的刻数，而自以为富裕罢了。"

公孟子说："贫穷、富有，长寿、夭折，确实是由上天注定的，不能够增减损益。"又说："君子必须要学习。"墨子说："教人学习却宣扬有天命的主张，就如让人包裹头发，却拿走了他的帽子一样。"

公孟子对墨子说："有人义，有人不义，但不会因人的义与不义而得祸得福。"墨子说："古代圣王都认为鬼神是神明的，能够主宰人的祸福，坚持'义则得福，不义则受祸'的主张，因此刑政治理而国家安定。桀、纣以下的君主，则认为鬼神不神明，不能主宰人的祸福，不坚持'义则得福，不义则受祸'的主张，因此刑政混乱而国家危险。所以先王之书《箕子》，您也是有的，上面说：'言行傲慢，都出自于你自己，这不吉祥。'这就是在说做不善之事有惩罚，而做善事则有赏赐。"

经典解读

本节文字通过墨子与公孟子的一些对话，鲜明地展现出了儒家、墨家在一些具体问题之上看法的分歧。

在为官之上，儒家既提倡尽忠，也看重全身，主张可进则进，不可进则止，君主询问就应答，不提问就保持沉默；孔子就对宁武子的"邦有道则知，邦无道则愚"大加赞赏，而对不顾自身安危，直谏而死的泄治表示不认同。但墨子却有与此不同的观点，他主张无论君主提问不提问都应该主动进谏，只要是有利于国家、君主的，就可以不顾个人安危而直谏。

在对自己主张的宣传上，儒家更加含蓄，不愿主动炫耀、彰显自己；而墨者则能更加主动地到处宣传自己的学说。

儒家提倡说古话，穿古服，而墨者则没有这些要求，墨子认为这些都是烦冗而无用的礼仪，是不值得提倡的。

儒家主张"有天命"，而墨子则反对这种主张；墨子认为鬼神神明，而儒者则提倡"敬鬼神而远之"。其实，儒者也是提倡"顺天命，尽人事"的，也是敬畏天地、鬼神、良心的，并不会因为相信有命而放弃自己的努力，也不会因为不言鬼神而无所敬畏。墨子的批评只能是针对那些不真正了解孔子的"伪儒"而发，这些并不是孔子学说的缺点。

原文 2

子墨子谓公孟子曰："丧礼，君与父母、妻、后子死，三年丧服，伯父、叔父、兄弟期；族人五月，姑、姊、舅、甥皆有数月之丧。或以不丧之闲，诵《诗三百》，弦《诗三百》，歌《诗三百》，舞《诗三百》。若用子之言，则君子何日以听治？庶人何日以从事？"公孟子曰："国乱则治之，国治则为礼乐。国治则从事，国富则为礼乐。"子墨子曰："国之治①，治之废，则国之治亦废。国之富也，从事，故富也。从事废，则国之富亦废。故虽治国，劝之无餍，然后可也。今子曰：'国治则为礼乐，乱则治之。'是譬犹噎而穿井也，死而求医也。古者三代暴王桀纣幽厉，茶为声乐，不顾其民，是以身为刑僇，国为戾虚②者，皆从此道也。"

公孟子曰："无鬼神。"又曰："君子必学祭祀。"子墨子曰："执无鬼而学祭礼，是犹无客而学客礼也，是犹无鱼而为鱼罟也。"

公孟子谓子墨子曰："子以三年之丧为非，子之三日之丧亦非也。"子墨子曰："子以三年之丧非三日之丧，是犹保谓撅者不恭也③。"

公孟子谓子墨子曰："知有贤于人，则可谓知乎？"子墨子曰："愚之知有以贤于人，而愚岂可谓知矣哉？"

公孟子曰："三年之丧，学吾之慕父母。"子墨子曰："夫婴儿子之知，独慕父母而已。父母不可得也，然号而不止，此亓故何也？即愚之至也。然则儒者之知，岂有以贤于婴儿子哉？"

子墨子曰："问于儒者：'何故为乐？'"曰："'乐以为乐也。'"子墨子曰："子未我应也。今我问曰：'何故为室？'曰：'冬避寒焉，夏避暑焉，室以为男女之别也。'则子告我为室之故矣。今我问曰：'何故为乐？'曰：'乐以为乐也。'是犹曰：'何故为室？'曰'室以为室也。'"

子墨子谓程子①曰："儒之道足以丧天下者，四政焉。儒以天为不明，以鬼为不神，天鬼不说，此足以丧天下。又厚葬久丧，重为棺椁，多为衣衾，送死若徙，三年哭泣，扶后起，杖后行，耳无闻，目无见，此足以丧天下。又弦歌鼓舞，习为声乐，此足以丧天下。又以命为有，贫富寿夭，治乱安危有极矣，不可损益也，为上者行之，必不听治矣；为下者行之，必不从事矣，此足以丧天下。"程子曰："甚矣！先生之毁儒也。"子墨子曰："儒固无此若四政者，而我言之，则是毁也。今儒固有此四政者，而我言之，则非毁也，告闻也。"程子无辞而出。子墨子曰："迷之⑤！"反，后坐，进复曰："乡者先生之言有可闻者焉，若先生之言，则是不誉禹，不毁桀纣也。"子墨子曰："不然。夫应孰辞，称议而为之，敏也。厚攻则厚吾，薄攻则薄吾。应孰辞而称议，是犹荷辕而击蛾也。"

子墨子与程子辩，称于孔子。程子曰："非儒，何故称于孔子也？"子墨子曰："是亦当而不可易者也。今鸟闻热旱之忧则高，鱼闻热旱之忧则下，当此虽禹汤为之谋，必不能易矣。鸟鱼可谓愚矣，禹汤犹云因焉。今翟曾无称于孔子乎？"

注 释

①此处应有"治之故治也"。

②戾虚：当为"虚戾"，即国家破灭。

③倮：指赤身裸体；撅，指掀衣露体。

④程子：即程繁，跟随墨子学习，兼习儒术。

⑤迷：当为"返"。

译 文

墨子对公孟子说："按照儒家的丧礼，君主和父母、妻子、长子去世，要

271

服丧三年；伯父、叔父、兄弟去世，要服丧一年；族人服丧五个月；姑姑、姊妹、舅舅、外甥都有数月的丧期。又在没有丧事的间隙，诵读《诗》三百首，又要歌唱《诗》，又要伴着诵《诗》弹琴、起舞。若采用您的言论，那么君子哪一天可以听政治事呢？平民哪一天用来从事生产呢？"公孟子说："国家混乱就要治理，国家治理则从事礼乐教化。国家贫困则从事生产事务，国家富裕则从事礼乐教化。"墨子说："国家治理，是因为为政者努力治理的缘故；若为政者的政事荒废了，则国家的治理也就没有了。国家富裕，就是因为从事生产事务，国家才会富裕。生产事务荒废了，则国家的富裕也就没有了。所以治国的事，必须勤勉不止，然后才能得到治理。如今您说：'国家治理，则从事礼乐教化，国家混乱，则进行治理。'这就如吃饭噎住了才开始挖井，生病死了才去找医生。古时三代暴王桀、纣、幽王、厉王，大兴声乐之事，不顾念其民众，所以身遭刑戮，国家破灭，都是这种主张造成的。"

公孟子说："没有鬼神。"又说："君子一定要学习祭祀之礼。"墨子说："坚持没有鬼神的主张，而学习祭祀之礼，就如没有宾客却学习接待宾客的礼仪一样，就如没有鱼却编造渔网一样。"

公孟子对墨子说："您认为三年之丧不对，您所坚持的三日之丧恐怕也不对。"墨子说："您因为坚持三年之丧而非议我坚持的三日之丧，就如自己赤身裸体，却指责掀衣露体的人不恭敬一样。"

公孟子对墨子说："某人的知识见闻胜过别人，则可以称为'智'了吗？"墨子说："愚者的知识见闻也有胜过别人的地方，然则愚者难道可以称为'智'吗？"

公孟子说："三年之丧，就是效仿小孩子思慕自己的父母的。"墨子说："婴儿孩子的知识，只知道爱慕自己的父母罢了。父母那得不到就大哭不止，这是什么缘故呢？就是愚笨到了极点。然则儒者的智慧，难道有胜于小孩子的地方吗？"

墨子向儒者请教："为何要作音乐呢？"回答："音乐就是让人欢乐的。"墨子说："您并未回答我的问题，如今我问：'什么是房屋？'回答说："冬天避严寒，夏季避酷暑，分隔屋室义区分男女之别。则才是你告诉我建造房屋的原因。如今我请教：'为何要作音乐？'您告诉我：'音乐就是让人欢乐的。'这就如问'为何要建造房子'而回答建造房屋就是为了建造房屋一样。"

墨子对程子说："儒者之道足以丧亡天下的有四点。儒者认为天不明察，认为鬼不神明。上天、鬼神不悦，这就足以丧亡天下了。儒者又推崇厚葬久丧，做多重的棺椁，准备很多陪葬衣物，送葬死者就如搬家一样，而后还要哭泣三年，悲伤消损的要人扶着才能起身，拄着拐杖才能行走，耳朵听不见，眼睛看不清，这也足以丧亡天下。儒者又崇尚弦歌鼓舞，好为声乐之事，这也足以丧亡天下了。儒者又持有天命的主张，认为贫富寿夭，治乱安危都是注定的，人不能够更改损益。居上位者听从这种主张，一定不听政治事；在下者听信这种主张，一定不致力于生产，这也足以丧亡天下。"程子说："先生对儒家的非议，实在是过分了！"墨子说："儒家若本来没有这四种行为，而我去说，则是我非毁它。如今儒家的确存在这四种行为，我说了，则不是非毁，而是告之罢了。"程子不告辞就出去了。墨子说："回来！"程子返回，坐了下去，又说："从前先生的话还有值得听闻的，像今日先生的言语，则是不赞誉禹，不非毁桀纣啊。"墨子说："不是这样的。回应平常的言辞，合乎事理逻辑就可以了，这就是机敏。对方严词相辩，我也严词应对；对方言辞缓和，我也缓言应对。若回应平常言辞，一定要按部就班地叙述大道义，就如举着车辕击打飞蛾一样。"

墨子与程子辩论，称赞孔子。程子说："您不是儒者，为何要称赞孔子呢？"墨子说："孔子之言也有合理而不可改变的地方。如今鸟有热旱的忧患，就会飞向高处，鱼有热旱的忧患，则会游往深处，这些情况，即使禹、汤来进行谋划，也不可能改变。鸟、鱼可以说是无知的了，禹、汤与有时还要因循效仿他们。如今我为何不能有称赞孔子的地方呢？"

经典解读

本节依然是通过墨子与公孟子及程繁的对话，来展现墨家思想与儒家思想的不同。

儒家提倡厚葬久丧，墨子认为这种行为无益于天下国家的治理，只会荒废治理、生产事物，导致国家的混乱。公孟子认为没有鬼神，却又看重祭祀礼节，墨子认为这是相互矛盾的。公孟子提倡三年之丧，认为这种行为是孝顺父母的表现，就如幼儿思慕父母一样，墨子却认为幼儿之所以如此，并非是心灵单纯，而是至为无知……墨子又列出了儒家学说的"四大过错"：认为鬼神不神明，推崇厚葬久丧，崇尚弦歌鼓舞，主张"有天命"。在墨子看来这四点就是儒家学说最大的过错，是能够导致天下灭亡的。

墨子对儒家的这些批评，都是紧密联系当时社会现状而提出的，可以说是对儒家学说的一种纠正、补充。从最后一段也可以看出，墨子反对儒学，并非是反对孔子的一切主张，而是力图纠正儒家学说中那些已经不适合社会现实的东西。

原文3

有游于子墨子之门者，身体强良①，思虑徇通②，欲使随而学。子墨子曰："姑学乎，吾将仕子。"劝于善言而学。其年，而责仕于子墨子。子墨子曰："不仕子，子亦闻夫鲁语乎？鲁有昆弟五人者，亓父死，亓长子嗜酒而不葬，亓四弟曰：'子与我葬，当为子沽酒。'劝于善言而葬。已葬，而责酒于其四弟。四弟曰：'吾末予子酒矣，子葬子父，我葬吾父，岂独吾父哉？子不葬，则人将笑子，故劝子葬也。'今子为义，我亦为义，岂独我义也哉？子不学，则人将笑子，故劝子于学。"

有游于子墨子之门者，子墨子曰："盍学乎？"对曰："吾族人无学者。"子墨子曰："不然。夫好美者，岂曰吾族人莫之好，故不好哉？夫欲富贵者，岂曰我族人莫之欲，故不欲哉？好美、欲富贵者，不视人犹强为之。夫义，天下之大器也，何以视人必③强为之。"

有游于子墨子之门者，谓子墨子曰："先生以鬼神为明知，能为祸人哉福，为善者富之，为暴者祸之。今吾事先生久矣，而福不至，意者先生之言有不善乎？鬼神不明乎？我何故不得福也？"子墨子曰："虽子不得福，吾言何遽不善？而鬼神何遽不明？子亦闻乎匿徒之刑④之有刑乎？"对曰："未之得闻也。"子墨子曰："今有人于此，什子，子能什誉之，而一自誉乎？"对曰："不能。""有人于此，百子，子能终身誉亓善，而子无一乎？"对曰："不能。"子墨子曰："匿一人者犹有罪，今子所匿者若此亓多，将有厚罪者也，何福之求？"

子墨子有疾，跌鼻进而问曰："先生以鬼神为明，能为祸福，为善者赏之，为不善者罚之。今先生圣人也，何故有疾？意者先生之言有不善乎？鬼神不明知乎？"子墨子曰："虽使我有病，何遽不明？人之所得于病者多方，有得之寒暑，有得之劳苦，百门而闭一门焉，则盗何遽无从入？"

二三子有复于子墨子学射者，子墨子曰："不可，夫知者必量亓力所能至而从事焉，国士战且扶人，犹不可及也。今子非国士也，岂能成学又成射哉？"

二三子复于子墨子曰："告子曰：'言义而行甚恶。'请弃之。"子墨子曰："不可。称我言以毁我行，愈于亡。有人于此，翟甚不仁，尊天、事鬼、爱人，甚不仁。犹愈于亡也。今告子言谈甚辩，言仁义而不吾毁，告子毁，犹愈亡也。"

二三子复于子墨子曰："告子胜为仁⑤。"子墨子曰："未必然也！告子为仁，譬犹跂⑥以为长，隐⑦以为广，不可久也。"

告子谓子墨子曰："我治国为政。"子墨子曰："政者，口言之，身必行之。今子口言之，而身不行，是子之身乱也。子不能治子之身，恶能治国政？子姑亡子之身乱之矣！"

注 释

①强良：强壮、敏捷。

②徇通：聪慧。敏捷。

③必：当为"不"。

④匿徒之刑：当为"匿刑徒"，即隐匿逃犯。

⑤胜为仁：胜任仁者之事。

⑥跂：翘起脚。

⑦隐：当作"偃"，即仰身。

译 文

有人来到墨子门下，其身体强壮，思虑敏捷，墨子想让他跟随自己学习。于是对他说："暂且跟着我学习吧，我将让你做官。"用好言劝勉他学习。过了一年，那人向墨子请求去做官。墨子说："我不能让你做官，你听过鲁国的故事吗？鲁国有兄弟五人，其父亲去世了，长子嗜酒而不安葬父亲，四个弟弟对他说：'你和我们安葬父亲，我们将给你买酒。'用好言劝他安葬了父亲。葬完以后，长子向弟弟们要酒。四个弟弟说：'我们不给你酒了，你葬你的父亲，我们葬我们的父亲，难道只是我们的父亲吗？你不安葬父亲，别人将要笑话你，所以劝你一起安葬父亲。'现在你为了道义，我也为了道义，难道只是我一个人的道义吗？你不学，别人将要笑话你，所以我才用那些话劝你学习。"

有来到墨子门下的人，墨子问："为何不去学习呢？"回答："我家族中没有学习的人。"墨子说："不是这样的。那些喜欢美的人，难道会说我家族中没有人喜爱美，所以自己不喜爱美吗？想要富贵的人，难道会说我家族中没有想要富贵的人，所以自己不想要富贵吗？喜好美，想要富贵，不用看他人行事，犹且努力去做。道义，是天下最贵重的东西，又怎么能看别人呢？一定要努力去追求。"

有在墨子门下学习的人，对墨子说："先生认为鬼神是明智的，能主宰人的祸福，为善者鬼神就会使他富贵，为恶者鬼神就会让他受祸害。如今我追随先生很久了，而福却未到来，难道是先生的话不够好？难道是鬼神不明智？我为何得不到福呢？"墨子说："即使你没有得到福，我的话有什么不够好的地方呢？鬼神有什么不明智的呢？你可曾听说过隐藏犯人有罪的道理吗？"回答说："没有听说过。"墨子说："如今有这样的人，其贤能十倍于你，你能十倍地称誉他，而只称誉自己一次吗？"回答："不能。"墨子问："如今有这样的人，其贤能百倍于你，你能终身称誉他，而从不自誉吗？"回答："不能。"墨子说："隐匿一个人的罪过犹且有罪，如今你所隐匿的善如此之多，是将会承受大罪的，哪还有福可求呢？"

墨子生病，跌鼻进来问道："先生认为鬼神是明智的，能主宰人的祸福，为善者会得到鬼神的赏赐，为不善者会得到鬼神的处罚。如今先生作为圣人，为何会生病呢？难道是先生的主张不准确吗？难道是鬼神本非明智的吗？"墨子说："即便我有病，为何就说鬼神不明智呢？人生病的原因有很多，有因为寒暑变化生病的，有因为过于劳苦生病的，有上百扇门，只关闭一扇，那么强盗就没法进入了吗?"

有几个弟子,告诉墨子说想要学习射箭,墨子说:"不可以。有智慧的人一定要衡量自己力量所能达到之处而行事,国士一边作战一边去扶人尚且做不到。如今你们并不是才能出众的人,怎么能既学好学业,又学成射箭呢?"

几个弟子对墨子说:"告子说:'墨子口中说着仁义而行事很不好。'请抛弃他。"墨子说:"不可以。称赞我的言论而非议我的行为,总比没有毁誉好。即使有这样的人,说我很不仁义,口中尊重上天、敬事鬼神、仁爱世人,行事却很不仁。这都胜过什么都不说。如今告子言谈虽然强词巧辩,但未诋毁我行仁义,告子虽然毁谤我,却胜过什么都不说。"

几个弟子对墨子说:"告子能胜任行仁义之事。"墨子说:"未必是这样!告子行仁,就如同踮起脚而使身子增长、仰面向天而使身形显得宽广,这是不能持久的。"

告子对墨子说:"我可以治理国家,处理政务。"墨子说:"为政者,口中说了,必须躬身践行。如今你口中虽说,却不践行,这是你自身混乱啊。你连自身都不能治理好,又怎么能治国理政呢?你还是不要想着治国,先防备自身的矛盾吧!"

经典解读

虽然并未直接与儒家学者进行辩论,但本节文字还是在将墨子的观点和儒家的观点进行对比。

墨子为了劝勉弟子学习,不惜用推荐做官的话来诱惑、"欺骗"弟子,虽然归根到底是为了弟子好,但这和儒者的行为方式就大大不同。儒者提倡自身正,而后正人,枉己而正人的事是一定不能做的,比如"曾子杀猪"的故事,就说明了这点,即便为了他人好,儒者也不会去诓骗别人。而且对于学习教人这个问题,孔子提倡"不愤不启,不悱不发",孟子说"中道而立,能者从之",别人向自己学习还要考察其是否值得去教,做老师的是不会降低身份主动去求得别人向自己学习的。当然,这并不是说墨子没有孔孟庄重,反而体现出了墨子对推广自己的"道"、对期望世人了解"义"的迫切心情,使墨子显得更令人敬仰。

鬼神明智，可善人为何还要陷入贫困，为何还要遭受疾病？墨子认为善人也一定有做得不足的地方，遭受贫困、疾病的原因是很多的，敬奉鬼神只能关上其中的一扇门，而不能使百扇门全部关闭。也就是说要通过努力行善来取悦鬼神，但遭受挫折、困苦之时，也不要产生怀疑，而要反思自己做得不够的地方。这和儒家所强调的戒慎恐惧、不断自省、不以贫困改节、"不怨天，不尤人"等观点，其实都是类似的。其目的都是让人不在困境中放弃信仰，努力竭尽人事，继续修德为善。

墨子对于弟子学射箭，所表达的观点，其实就是《论语》中所说的："虽小道必有可观者焉，致远恐泥，是以君子不为也。"墨子宽容面对告子的非议，就如孔子所说的"人不知而不愠""丘也幸，苟也过，人必知之"。墨子认为告子不能行仁义，就是孟子所反对的"揠苗助长"，即"勿助"的主张。最后一段则是说明修身为治国之本。

卷十二

鲁问

　　鲁君谓子墨子曰："吾恐齐之攻我也，可救乎?"子墨子曰："可。昔者三代之圣王禹汤文武，百里之诸侯也，说①忠行义，取天下。三代之暴王桀纣幽厉，仇怨②行暴，失天下。吾愿主君之上者尊天事鬼，下者爱利百姓，厚为皮币，卑辞令，亟遍礼四邻诸侯，驱国而以事齐，患可救也。非此，顾无可为者。"

　　齐将伐鲁，子墨子谓项子牛③曰："伐鲁，齐之大过也。昔者吴王东伐越，栖诸会稽；西伐楚，葆昭王于随；北伐齐，取国子④以归于吴。诸侯报其雠，百姓苦其劳而弗为用，是以国为虚戾⑤，身为刑戮也。昔者智伯伐范氏与中行氏，兼三晋之地，诸侯报其仇，百姓苦其劳而弗为用，是以国为虚戾，身为刑戮用也。故大国之攻小国也，是交相贼也，过必反于国。"

　　子墨子见齐大王⑥曰："今有刀于此，试之人头，倅然断之，可谓利乎?"大王曰："利。"子墨子曰："多试之人头，倅然断之，可谓利乎?"大王曰："利。"子墨子曰："刀则利矣，孰将受其不祥?"大王曰："刀受其利，试者受其不祥。"子墨子曰："并国覆军，贼杀百姓，孰将受其不祥?"大王俯仰而思之，曰："我受其不祥。"

鲁阳文君将攻郑，子墨子闻而止之，谓阳文君曰："今使鲁四境之内，大都攻其小都，大家伐其小家，杀其人民，取其牛马狗豕布帛米粟货财，则何若？"鲁阳文君曰："鲁四境之内，皆寡人之臣也。今大都攻其小都，大家伐其小家，夺之货财，则寡人必将厚罚之。"子墨子曰："夫天之兼有天下也，亦犹君之有四境之内也。今举兵将以攻郑，天诛亓不至乎？"鲁阳文君曰："先生何止我攻郑也？我攻郑，顺于天之志。郑人三世杀其父⑦，天加诛焉，使三年不全。我将助天诛也。"子墨子曰："郑人三世杀其父而天加诛焉，使三年不全⑧。天诛足矣，今又举兵，将以攻郑，曰'吾攻郑也，顺于天之志'。譬有人于此，其子强梁不材，故其父笞之，其邻家之父举木而击之，曰：'吾击之也，顺于其父之志。'则岂不悖哉？"

子墨子谓鲁阳文君曰："攻其邻国，杀其民人，取其牛马、粟米、货财，则书之于竹帛，镂之于金石，以为铭于钟鼎，传遗后世子孙，曰：'莫若我多。'今贱人也，亦攻其邻家，杀其人民，取其狗豕食粮衣裘，亦书之竹帛，以为铭于席豆，以遗后世子孙，曰：'莫若我多。'亓可乎？"鲁阳文君曰："然，吾以子之言观之，则天下之所谓可者，未必然也。"

子墨子为鲁阳文君曰："世俗之君子皆知小物而不知大物。今有人于此，窃一犬一彘则谓之不仁，窃一国一都则以为义。譬犹小视白谓之白，大视白则谓之黑。是故世俗之君子，知小物而不知大物者，此若言之谓也。"

鲁阳文君语子墨子曰："楚之南有啖人之国者桥，其国之长子生，则鲜而食之，谓之宜弟。美，则以遗其君，君喜则赏其父。岂不恶俗哉？"子墨子曰："虽中国之俗，亦犹是也。杀其父而赏其子，何以异食其子而赏其父者哉？苟不用仁义，何以非夷人食其子也？"

注 释

①说：喜欢。

②怨：当为"忠"。

③项子牛：齐国将领。

④取国子：指吴王夫差伐齐，在艾陵之战中俘虏齐卿国书。

⑤虚戾：破灭。

⑥齐大王：齐太公田和。

⑦三世杀其父：父，当为"君"，指当时郑国哀公、幽公、繻公连续被弑杀之事。

⑧不全：指收成不好。

译　文

鲁君对墨子说："我担心齐国攻打我国，可以解救吗?"墨子说："可以。从前三代的圣王禹、汤、文王、武王，最初都不过是百里之地的诸侯，他们喜欢忠信，施行仁义，从而取得了天下。三代的暴王桀、纣、幽王、厉王，仇视忠臣，施行暴政，从而失去了天下。我希望您，在上尊重上天、敬事鬼神，在下爱护、惠利百姓，准备丰厚的财货，用谦卑的辞令，赶快以礼结交四邻诸侯，以全国之力来应对齐国，祸患就可以解救了。除此之外，就想不到其他的办法了。"

齐国将要攻打鲁国，墨子对项子牛说："攻打鲁国，是齐国的大错。从前吴王夫差向东攻打越国，将越王围困在会稽山；向西攻打楚国，使楚昭王出奔随；向北攻打齐国，俘虏齐卿国书而归。诸侯纷纷向其复仇，国中百姓不堪劳苦而不肯为吴王效力，于是夫差国家灭亡，身受刑戮。从前，智伯攻打范氏、中行氏，又侵夺韩、赵、魏三家的土地，诸侯纷纷向其复仇，百姓不堪劳苦，不肯为智伯所用，于是国家灭亡，智伯也身遭刑戮。所以，大国攻打小国，是相互残害的，灾祸必定会反过来殃及自己国家。"

墨子拜见齐太公田和说："如今有一把刀在此，试着用它来砍人头，一下子就砍断，可以说是锋利了吧?"齐太王说："锋利。"墨子说："多试几颗人头，都一下子就砍断，可以说是锋利了吧?"齐太王说："锋利。"墨子说："刀是锋利了，但砍人头，谁要承受不祥呢?"齐太王说："刀得到锋利之名，试刀的人将承受不祥。"墨子说："兼并国家，覆灭军队，贼杀百姓，谁将承受不祥呢?"齐太王俯仰深思，说道："我将承受不祥啊!"

鲁阳文君将要攻打郑国，墨子听闻之后就制止他，对鲁阳文君说："假如让鲁四境之内，大城攻打小城，大家族侵夺小家族，残杀其人民，抢掠其牛马猪狗布帛米粟货物钱财，则怎么样呢？"鲁阳文君说："鲁四境之内，都是我的臣子。如今大城攻打小城，大家族侵夺小家族，抢夺其财货，则我一定会厚厚诛罚他们。"墨子说："上天兼有天下，也和您兼有四境之内一样。如今举兵攻打郑国，上天的诛罚难道不会到来吗？"鲁阳文君说："先生为何阻止我攻打郑国呢？我攻打郑国，是顺应上天的意志。郑人连续三世杀死其君父，上天给他们降下灾祸，使他们三年收成不好。我去攻打是帮助上天进行诛罚。"墨子说："郑人三世杀死其君父，而上天已经给他们降下诛罚了，使他们收成三年不好。上天的诛罚已经够了，如今你却又举兵攻郑，说'我攻打郑国，是顺从上天的意志'。这就好比有这样的人，他的儿子强横不材，所以做父亲的笞打他，他的邻居也举起木棒击打他，说'我击打他，是顺从其父亲的意志'。这岂不荒谬吗？"

墨子对鲁阳文君说："攻打他的邻国，残杀他的人民，夺取他的牛马、粟米、财货，则书写在竹帛之上，镂刻在金石之上，并做铭铸在钟鼎上，传给子孙后代说'没有人有像我这么多的战果'。如今的贫贱之人，也侵犯其邻居，杀死邻居的人口，夺走猪狗、粮食、衣裘，也书写在竹帛，铭刻在席子、食器之上，传给子孙后代说'没有人有像我这么多的战果'，这可以吗？"鲁阳文君说："这样，我用您的话来观察，则天下那些称为可以的事，就未必正确了。"

墨子对鲁阳文君说："世俗的君子，都知道小道理而不知道大道理。如今有这样的人，偷盗了一猪一狗，则知道称之为不仁，窃取了一国一城，反而认为是义仁。这就如看到少量白的称之为白，看到很多白的就称之为黑一样。所以世俗的君子，知道小道理而不知道大道理，说的就是这种情况。"

鲁阳文君对墨子说："楚国的南方有一个吃人的国家叫作桥国，在其国中长子生下了，就被杀掉吃了，称这样是有利于他的弟弟的。若味道美好，就将其献给国君，国君高兴了就奖赏其父亲。这难道不是恶俗吗？"墨子说："即便是中原的风俗，也是这样的。杀死其父亲而赏赐其儿子，和吃掉其儿子而赏赐其父亲又有什么区别呢？若不施行仁义，有什么资格去非议夷人吃掉自己的儿子呢？"

经典解读

以上各段记载了墨子同鲁君、项子牛、齐太公、鲁阳文君等的一些对话，主要体现的还是墨子"非攻"的观点。

墨子认为，凭恃武力去攻打别的国家是不仁、不义、不智的，发动战争就会导致无数无辜的百姓被杀戮，这是不仁；为了满足自己的贪欲而侵夺他国的土地、财富，并给自己的百姓也带来战争、死亡，这是不义；攻打别国的时候，自己的国家也会耽误农时，自己也会失去民心，难免落得夫差、智伯的下场，这是不智。世间的君主不努力追求仁义，不实施符合自己利益的仁政，却私意发动战争做出不仁、不义、不智之事，岂不是可悲！墨子在反对战争上对统治者们可以说是谆谆教导、循循善诱了！

原文 2

鲁君之嬖人①死，鲁人为之诔，鲁君因说而用之。子墨子闻之曰："诔者，道死人之志也。今因说而用之，是犹以来首从服也。"

鲁阳文君谓子墨子曰："有语我以忠臣者：令之俯则俯，令之仰则仰；处则静，呼则应。可谓忠臣乎？"子墨子曰："令之俯则俯，令之仰则仰，是似景②也。处则静，呼则应，是似响③也。君将何得于景与响哉？若以翟之所谓忠臣者，上有过则微之以谏；己有善则访之上，而无敢以告。外匡其邪而入其善，尚同而无下比，是以美善在上而怨仇在下，安乐在上而忧戚在臣，此翟之所谓忠臣者也。"

鲁君谓子墨子曰："我有二子，一人者好学，一人者好分人财，孰以为太子而可？"子墨子曰："未可知也。或所为赏与为是也。钓者之恭，非为鱼赐也；饵鼠以虫，非爱之也。吾愿主君之合其志功而观焉。"

鲁人有因子墨子而学其子者，其子战而死，其父让子墨子。子墨子曰："子欲学子之子，今学成矣，战而死，而子愠，而犹欲粜，粜雠，则愠也。岂不费哉？"

鲁之南鄙人有吴虑者，冬陶夏耕，自比于舜。子墨子闻而见之。吴虑谓子墨子："义耳义耳，焉用言之哉?"子墨子曰："子之所谓义者，亦有力以劳人，有财以分人乎?"吴虑曰："有。"子墨子曰："翟尝计之矣。翟虑耕而食天下之人矣，盛，然后当一农之耕，分诸天下，不能人得一升粟。籍而以为得一升粟，其不能饱天下之饥者，既可睹矣。翟虑织而衣天下之人矣，盛，然后当一妇人之织，分诸天下，不能人得尺布。籍而以为得尺布，其不能暖天下之寒者，既可睹矣。翟虑被坚执锐救诸侯之患，盛，然后当一夫之战，一夫之战，其不御三军，既可睹矣。翟以为不若诵先王之道而求其说，通圣人之言而察其辞，上说王公大人，次匹夫徒步之士。王公大人用吾言，国必治；匹夫徒步之士用吾言，行必修。故翟以为虽不耕而食饥，不织而衣寒，功贤于耕而食之、织而衣之者也。故翟以为虽不耕织乎，而功贤于耕织也。"

吴虑谓子墨子曰："义耳义耳，焉用言之哉?"子墨子曰："籍设而天下不知耕，教人耕，与不教人耕而独耕者，其功孰多?"吴虑曰："教人耕者其功多。"子墨子曰："籍设而攻不义之国，鼓而使众进战，与不鼓而使众进战，而独进战者，其功孰多?"吴虑曰："鼓而进众者其功多。"子墨子曰："天下匹夫徒步之士，少知义而教天下以义者，功亦多，何故弗言也?若得鼓而进于义，则吾义岂不益进哉?"

子墨子游公尚过于越。公尚过说越王，越王大说，谓公尚过曰："先生苟能使子墨子于越而教寡人，请裂故吴之地，方五百里，以封子墨子。"公尚过许诺。遂为公尚过束车五十乘，以迎子墨子于鲁，曰："吾以夫子之道说越王，越王大说，谓过曰：'苟能使子墨子至于越，而教寡人，请裂故吴之地，方五百里，以封子。'"子墨子谓公尚过曰："子观越王之志何若?意越王将听吾言，用我道，则翟将往，量腹而食，度身而衣，自比于群臣，奚能以封为哉?抑越不听吾言，不用吾道，而吾往焉，则是我以义粜也。钧之粜，亦于中国耳，何必于越哉?"

子墨子游，魏越④曰："既得见四方之君子，子则将先语？"子墨子曰："凡入国，必择务而从事焉。国家昏乱，则语之尚贤、尚同；国家贫，则语之节用、节葬；国家憙音湛湎，则语之非乐、非命；国家淫僻无礼，则语之尊天、事鬼；国家务夺侵凌，即语之兼爱、非攻，故曰择务而从事焉。"

注 释

①嬖人：受宠幸、身份低微的妃子。

②景：同"影"，影子。

③响：回声。

④魏越：墨子的弟子。

译 文

鲁君宠幸的妃子死了，有鲁国人为其做了一篇祭文，鲁君看了很高兴，准备采用。墨子听闻以后，说："祭文是，用来说明死者的心志。现在因为高兴而采用它，就如因为喜欢而用狸来驾车一样。"

鲁阳文君对墨子说："有人告诉我'忠臣'的样子：令其俯身则俯身，令其起身则起身；平常居处十分安静，呼叫他就会回应。如此可以称为忠臣吗？"墨子回答："令其俯身则俯身，令其起身则起身，就好像影子一样。平常居处安静，呼叫就会回应，就如回声一样。您能够在影子和回声那里得到些什么呢？我所认为的忠臣是这样的：君主有过则伺机进行劝谏，自己有好的主张，就上报给君主，不敢告诉别人。匡正君主的偏邪，使其归于善道，崇尚统一而不在下结党营私。因此，美善存在于君主，而仇怨自己承担，安乐君主享有，而忧戚自己承受。这才是我所认为的忠臣。"

鲁君对墨子说："我有两个儿子，一个爱好学习，一个喜欢将财物分给人家，你认为哪个可以作为太子呢？"墨子说："尚未可知。他们或许是为了得到奖赏、赞誉而这样做的。就像钓鱼的人躬着身子，并不是对鱼表示敬重；拿虫子作为诱饵吸引老鼠，并非是因为喜爱老鼠。我希望您将他们的志向和功效结合起来考察。"

鲁国有人借助和墨子的交情而让他的儿子向墨子学习，后来他的儿子战死了，他的父亲就来责备墨子。墨子说："你让我教你的儿子，现在学成了，他因为战争而死，你却来怨恨我；这就像别人教你卖出粮食，结果却买进了粮食，自己犯错却怨恨教你的人。岂不荒谬吗？"

鲁国南部有个居住在郊野叫吴虑的人，冬天制陶，夏季耕作，自比为舜。墨子听说了就去拜见他。吴虑问墨子："义啊义啊，只须切行，何必空谈呢？"墨子说："你所谓的义，也有以力量帮助别人，将钱财分享给人的吗？"吴虑说："是。"墨子说："我曾思考过。我想自己耕作而供养天下之人，即便很努力，也不过一个农夫耕作的守城，将其分给天下人，每个人得不到一升粟。假若一个人得到一升粟，这不足以喂饱天下的饥饿者，是显而易见的。我想自己织布而为天下人提供衣服，即便很努力，也不过一个妇人的纺织，将其分给天下人，每个人得不到一尺布。假若每个人得到一尺布，这不足以暖和天下遭受寒冷的人，是显而易见的。我想亲自披坚执锐去解救诸侯的患难，即便很努力，也不过一个战士的作战能力，一个战士作战不能抵御三军，也是显而易见的。我认为不如诵读、研究先王的学说，通晓、考察圣人的言辞，上以游说王公大人，下以劝导平民百姓。王公大人采用我的主张，国家必定治理；平民百姓采用我的主张，行为必定修整。所以我虽然不耕种以救济饥者、不纺织以救济寒者，而功劳却超过那些亲自耕种救济饥者、亲自纺织救济寒者的人。所以我认为不耕种、纺织，功效要比耕种、纺织者更大。"

吴虑对墨子说："义啊义啊，切行而已，何必空谈？"墨子说："假设天下人都不知道如何耕作，教人怎么耕作与不教人而自己独自耕作，哪个功劳更大？"吴虑说："教人如何耕作的功劳更大。"墨子说："假设你进攻不义之国，击鼓而使众人向前战斗与不击鼓而自己向前战斗，哪个功劳更多？"吴虑说："击鼓而使众人向前战斗的功劳更多。"墨子说："天下的平民百姓知道义的人很少，能以义教天下人的功劳也多，怎么能闭口不言呢？我若能鼓动大家趋向义，那我的义岂不更加光大了吗？"

墨子使公尚过到越国为官。公尚过劝说越王，越王大悦，对公尚过说："先生若能让墨子来到越国教导我，我愿意分出从前吴国方圆五百里的土地封给墨子。"公尚过答应了。于是越王为公尚过套了五十辆车，前往鲁国迎接墨子。公尚过对墨子说："我以老师的学说劝说越王，越王大悦，对我说：'若能使墨子来到越国教导我，将分出从前吴国方圆五百里的土地封给墨子。'"墨子对公尚过说："你看越王的志向如何？若越王将听从我的言论，采纳我的主张，那么我将前往，依饭量而求饮食，依身体而求衣服，俸禄比于群臣就足够了，岂能贪求封地？若越王不听从我的言论，不采纳我的主张，而我前往，则是我将'义'出卖了。同样是出卖'义'，在中原诸侯就好了，何必要跑到越国去呢!"

墨子外出游历，魏越问："若见到了各地的君子，您将要先说些什么呢？"墨子说："但凡进入一个国家，一定要选择当务之急进行劝导。国家混乱，则向他们说尚贤、尚同的道理；国家贫穷，则向他们说节用、节葬的道理；国家喜好声色、沉湎于酒，则向他们说非乐、非天命的道理；国家邪僻无礼，则劝说他们尊天、事鬼；国家务力侵夺凌辱他国，则劝说他们兼爱、非攻。所以说一定要选择当务之急进行劝导。"

经典解读

臣子忠于君主，当匡正君主的过失，以道义引导君主，而不是阿附君主。君主说什么就回应什么，君主命令什么就做什么，这是奴仆忠于主人的行为，而非臣子侍奉君主之道。即便儒家也不提倡这样的忠心。

观察人不能简单地看他一时行为，而要深入考察其行事的缘由、目的，鉴别他的行为是出自内心，还是在沽名钓誉。孔子说："视其所以，观其所由，察其所安。人焉廋哉，人焉廋哉!"这也是墨子所认可的察人之法。

亲自耕作、衣食自给，这是许行、田仲子等人的主张，他们称为廉洁尚可，却不识大道，墨子对这种主张是不认可的。这和儒家观点类似，在《孟子·滕文公》中孟子有更为详细的论述，读者可对比阅读。

墨子没有到越国做官，是因为他知道越王不会真正采纳自己的主张，他聘迎自己只不过是沽名钓誉罢了。道可行则出仕，道不可行即便赐予再多的财富，君子也是不屑去追求的。真正的贤者对于出仕为官都是怀着这种态度的。如孔子离开齐国、卫国，孟子离开齐国都是如此。而那些眼中只有地位、俸禄的人，他们为了权力、富贵而做官，也一定会为了权力、富贵而抛弃自己的学说。为了权力、富贵而丢掉自己的原则，这种人不可能做好官，不可能造福国家、人民。

孟子说："知者无不知也，当务之为急。"孔子在向不同人谈论为政之道的时候，也都是因其缺点而提出不同的为政主张。在这点上墨子也同他们的做法一致，即治理国家、辅佐君主一定要从事当务之急。

原文 3

子墨子出①曹公子而于宋三年而反，睹子墨子曰："始吾游于子之门，短褐之衣，藜藿之羹，朝得之则夕弗得，祭祀鬼神②。今而以夫子之教，家厚于始也。有家厚，谨祭祀鬼神。然而人徒多死，六畜不蕃，身湛于病，吾未知夫子之道之可用也。"子墨子曰："不然！夫鬼神之所欲于人者多，欲人之处高爵禄则以让贤也，多财则以分贫也。夫鬼神岂唯擢季拊肺③之为欲哉？今子处高爵禄而不以让贤，一不祥也；多财而不以分贫，二不祥也。今子事鬼神唯祭而已矣，而曰：'病何自至哉？'是犹百门而闭一门焉，曰：'盗何从入？'若是而求福于有怪之鬼，岂可哉？"

鲁祝以一豚祭，而求百福于鬼神。子墨子闻之曰："是不可，今施人薄而望人厚，则人唯恐其有赐于己也。今以一豚祭，而求百福于鬼神，唯恐其以牛羊祀也。古者圣王事鬼神，祭而已矣。今以豚祭而求百福，则其富不如其贫也。"

彭轻生子④曰："往者可知，来者不可知。"子墨子曰："籍设而亲在百里之外，则遇难焉，期以一日也，及之则生，不及则死。今有固车良马于此，又有奴马四隅之轮于此，使子择焉，子将何乘？"对曰："乘良马固车，可以速至。"子墨子曰："焉在矣来！"

孟山⑤誉王子闾⑥曰："昔白公之祸，执王子闾，斧钺钩要，直兵当心，谓之曰：'为王则生，不为王则死。'王子闾曰：'何其侮我也！杀我亲而喜我以楚国，我得天下而不义，不为也，又况于楚国乎？'遂而不为。王子闾岂不仁哉？"子墨子曰："难则难矣，然而未仁也。若以王为无道，则何故不受而治也？若以白公为不义，何故不受王，诛白公然而反王？故曰难则难矣，然而未仁也。"

子墨子使胜绰⑦事项子牛，项子牛三侵鲁地，而胜绰三从。子墨子闻之，使高孙子⑧请而退之曰："我使绰也，将以济骄而正嬖也。今绰也禄厚而谲夫子，夫子三侵鲁，而绰三从，是鼓鞭于马靳也。翟闻之：'言义而弗行，是犯明也。'绰非弗之知也，禄胜义也。"

昔者楚人与越人舟战于江，楚人顺流而进，迎流而退，见利而进，见不利则其退难。越人迎流而进，顺流而退，见利而进，见不利则其退速。越人因此若埶，亟败楚人。公输子⑨自鲁南游楚，焉始为舟战之器，作为钩强之备，退者钩之，进者强之，量其钩强之长，而制为之兵，楚之兵节，越之兵不节，楚人因此若埶，亟败越人。公输子善其巧，以语子墨子曰："我舟战有钩强，不知子之义亦有钩强乎？"子墨子曰："我义之钩强，贤于子舟战之钩强。我钩强，我钩之以爱，揣之以恭。弗钩以爱则不亲，弗揣以恭则速狎，狎而不亲则速离。故交相爱，交相恭，犹若相利也。今子钩而止人，人亦钩而止子；子强而距人，人亦强而距子。交相钩，交相强，犹若相害也。故我义之钩强，贤子舟战之钩强。"

公输子削竹木以为鹊，成而飞之，三日不下，公输子自以为至巧。子墨子谓公输子曰："子之为鹊也，不如匠之为车辖⑩。须臾刘三寸之木，而任五十石之重。故所为功，利于人谓之巧，不利于人谓之拙。"

公输子谓子墨子曰："吾未得见之时，我欲得宋。自我得见之后，予我宋而不义，我不为。"子墨子曰："翟之未得见之时也，子欲得宋，自翟得见子之后，予子宋而不义，子弗为，是我予子宋也。子务为义，翟又将予子天下。"

注 释

①出当为"士"，即"仕"。

②祭祀鬼神：当为"弗得祭祀鬼神"。

③擢季拑肺：季，疑当作"肝"，指鬼神非徒贪嗜饮食。

④彭轻生子：应为墨子弟子。

⑤孟山：应为墨子弟子。

⑥王子闾：楚平王子，白公之乱时被白公胜劫持，要立他为王，王子闾

不肯。

⑦胜绰：墨子弟子。

⑧高孙子：墨子弟子。

⑨公输子：即公输盘，又称公输般，鲁国工匠，后入楚。

⑩车辖：插在轴端孔内的键，使车轮不脱落。

译　文

墨子让曹公子到宋国做官，三年后曹公子返回来，见了墨子说："开始我在您门下学习的时候，穿着粗布短衣，吃着粗劣的食物，早晨吃了，晚上就可能吃不上，连鬼神也不能祭祀。如今因为您的教育，家里比当初富有了。家里富有了，便能谨慎地祭祀鬼神。然而家人多死亡，六畜不繁盛，自身苦于病患，我都不知道老师的学说还是否可以施用了。"墨子说："不是这样的！鬼神希望人的东西很多：希望人处高爵、享厚禄时能够让于贤者，希望人在钱财多的时候能够分与贫者。鬼神难道仅仅是想取食祭品吗？现在你处于高爵厚禄的位置上，却不能让贤，这是一不祥；你家中钱财丰盛，却不能分与贫穷者，这是二不祥。如今你侍奉鬼神，只有祭祀罢了，却问：'病从哪里来的？'这就如有百扇门而只关闭了一扇，却问：'强盗从何处进来的？'一样，像这样去祉福于有神灵的鬼神，难道可以吗？"

鲁国的巫祝用一头小猪祭祀，向鬼神祈求百福。墨子听到了说："这是不可的，如今施舍给人的少而希望从别人那里得到的很多，那么别人就会只怕你有东西献给他们了。如今以一头小猪祭祀，而向鬼神祈求百福，鬼神就只怕你用牛羊祭祀了。古代圣王事奉鬼神，只是祭祀罢了，从不祈求什么。如今以小猪祭祀而祈求百福，（对于鬼神来说）让你富贵还不如让你贫穷。"

彭轻生子说："过去的事可以知晓，未来的事难以得知。"墨子说："假设亲人在百里之外，即将遇到灾难，以一日的期限，到达那里他们就能活下来，到不了那里他们就要死去。现在有坚固的车子和骏马在这里，又有劣马和方形轮子的车，让你做选择，你将乘驾哪一种呢？"回答："乘驾坚车骏马，这样可以迅速到达。"墨子说："那么又怎能说未来不可知呢？"

孟山赞誉王子闾说："从前白公作乱，抓住王子闾用斧钺钩着他的腰，用刀剑顶着他的心窝，对他说：'做楚王就让你活，不做楚王就死。'王子闾说：

'怎么这样羞辱我呢！杀害我的亲人而以楚国来作弄我，若是不义即便让我得到天下我也不接受，更何况是一个楚国呢？'最终没有答应做楚王。王子间难道不仁义吗？"墨子说："他的气节难得倒是很难得，然而尚未达到仁义。若认为楚惠王无道，则何不接受楚国而进行治理呢？若认为白公不义，何不接受王位，然后诛杀白公再把王位交还给楚惠王呢？所以说他的气节难得倒是很难得，然而未能达到仁义。"

墨子派遣胜绰去辅佐项子牛。项子牛三次侵伐鲁国，而胜绰三次都跟随着。墨子知道以后，派高孙子请求项子牛辞掉胜绰，说："我让胜绰辅佐您，是想让他阻止您的骄气而匡正您的错误。如今胜绰俸禄丰厚却欺骗您，您三次侵伐鲁国，胜绰都跟随着，这就如继续在狂奔战马的当胸鼓鞭一样。我听说：'说的是道义但却不施行，是明知故犯。'胜绰并非不知道仁义，而是将俸禄看得比仁义还重要。"

从前楚国人和越国人在江上进行水战，楚国人顺流而进，逆流而退，见到利就进攻，见到不利想要撤退很难。越人逆流而进，顺流而退，见到利就进攻，见到不利撤退也很迅速。越人凭借这种水势，屡屡打败楚人。公输子从鲁国南游到了楚国，看是制造船战的武器，制造了钩、拒之类的设备，撤退的敌船，就用钩钩住；攻来的敌船，就用拒推开。又计算钩、拒的长度，而制造相应的兵器。于是楚人的兵器适用而越人的兵器不适用，楚人因此掌握有利形势，屡屡击败越人。公输子夸耀自己的巧能，对墨子说："我水战时则有钩、拒，不知道您是否也有钩、拒呢？"墨子回答："我有'义'的钩、拒，胜过你水战的钩、拒。我的钩、拒，以爱为钩，以恭推拒。不以爱钩人，人则不亲近自己；不以恭推拒，别人则轻慢自己；轻慢而不亲近则人心离散。所以相互兼爱、交相恭敬，就是交相惠利。如今你以钩来阻止别人，别人也会用钩来阻止你；你用拒来推拒别人，别人也会用拒来推拒你。交相钩，交相强迫，就是交相伤害。所以说我'义'的钩拒，要胜过你水战的钩拒。"

公输子用竹子和木头削喜鹊，制成以后让它飞起来，三天不从天上落下。公输子自认为精巧至极。墨子对公输子说："你做的喜鹊，还赶不上车匠做的车辖子。做车辖子，一会儿便削成三寸的木块，就可以担当五十石的重量。所以，平常所做的事，有利于人的才可以称为精巧；不利于人的就叫作拙劣。"

公输子对墨子说："我还未见到您的时候，我想得到宋国，自从无见到了您，给我宋国，假若不合道义，我也不会接受。"墨子说："我没有见到您的时候，您想得到宋国，自从我见了您，给您宋国，若不合道义，您也不会接受，这是我将宋国送给了您。您若务力践行道义，则我又会将天下送给你。"

经典解读

前三段体现的还是墨子对鬼神、命运的看法：鬼神可以给人带来吉祥、灾祸，但人不能一味通过祭祀鬼神来求得吉祥，免除灾祸，还要在其他的事情上努力，比如尊重贤者，孝顺父母，忠于君主……这些都是可以给人带来吉祥的；反之，轻视贤者、不孝父母、被迫君主等等，都是会给人带来灾祸的。一个人如果只知道祭祀鬼神时恭敬，却不在其他方面行善，鬼神不会只被祭祀时的恭敬欺骗而赐予吉祥，也没有能力免除你所有的灾祸。命运的问题也是类似的道理，好的命运需要自己努力去争取，而并非命中注定，一个人不努力为善，却想获得好的命运是不可能的。

后面几段都是墨子对仁义的看法。仁义不仅仅是不怕死、不畏强暴，更要考虑到国家、人民的利益，在对国家、人民有利的情况下，应该懂得随时变通。墨子认为，当处于王子间那种境遇之时，与其坚持气节而去死，不如暂时答应白公的要求，然后再选择如何使国家恢复安定。对于公输子夸耀自己的技艺，墨子指出：君子要用仁义来使别人归服自己，而不是用智巧、武力去战胜、压服别人。这就如孟子所说的："以力服人者，非心服也，力不赡也；以德服人者，中心悦而诚服也。"

公输

原 文

公输盘为楚造云梯[①]之械，成，将以攻宋。子墨子闻之，起于齐，行十日十夜而至于郢，见公输盘。公输盘曰："夫子何命焉为？"子墨子曰："北方有侮臣，愿借子杀之。"公输盘不说。子墨子曰："请献十金。"公输盘曰："吾义固不杀人。"子墨子起，再拜曰："请说之。吾从北方闻子为梯，将以攻宋。宋何罪之有？荆国有余于地，而不足于民，杀所不足，而争所有余，不可谓智。宋无罪而攻之，不可谓仁。知而不争，不可谓忠。争而不得，不可谓强。义不杀少而杀众，不可谓知类②。"公输盘服。子墨子曰："然，乎③不已乎？"公轮盘曰："不可。吾既已言之王矣。"子墨子曰："胡不见我于王？"公输盘曰："诺。"

子墨子见王，曰："今有人于此，舍其文轩④，邻有敝舆，而欲窃之；舍其锦绣，邻有短褐，而欲窃之；舍其粱肉，邻有糠糟，而欲窃之。此为何若人？"王曰："必为窃疾矣。"子墨子曰："荆之地，方五千里，宋之地，方五百里，此犹文轩之与敝舆也；荆有云梦，犀兕麋鹿满之，江汉之鱼鳖鼋鼍为天下富，宋所为无雉兔狐狸者也，此犹粱肉之与糠糟也；荆有长松、文梓、楩楠、豫章，宋无长木，此犹锦绣之与短褐也。臣以三事之攻宋也，为与此同类。臣见大王之必伤义而不得。"王曰："善哉！虽然，公输盘为我为云梯，必取宋。"

于是见公输盘，子墨子解带为城，以牒为械，公输盘九设攻城之机变，子墨子九距之，公输盘之攻械尽，子墨子之守围有余。公输盘诎，而曰："吾知所以距子矣，吾不言。"子墨子亦曰："吾知子之所以距我，吾不言。"楚王问其故，子墨子曰："公输子之意，不过欲杀臣。杀臣，宋莫能守，可攻也。然臣之弟子禽滑厘等三百人，已持臣守围之器，在宋城上而待楚寇矣。虽杀臣，不能绝也。"楚王曰："善哉！吾请无攻宋矣。"

子墨子归，过宋，天雨，庇其闾中，守闾者不内也。故曰："治于神者，众人不知其功；争于明者，众人知之。"

注 释

①云梯：用于攀越城墙的攻城器械。

②知类：懂得事物之间的类比关系。

③乎：当为"胡"，何，为什么。

④文轩：装饰华美的马车。

译　文

　　公输盘为楚国制造云梯之类的器械，造成以后，将用来攻打宋国。墨子听说以后，从齐国起身，行走了十日十夜才到达楚国郢都，见到公输盘。公输盘说："先生对我有何见教呢？"墨子说："北方有人侮辱了我，希望借助您将其杀死。"公输盘面露不悦。墨子说："我愿献给您黄金十镒。"公输盘说："我行仁义，决不杀人。"墨子起身，再拜，说道："请让我和您谈谈这义。我在北方，听说您建造云梯，将要攻打宋国。宋国有什么罪过呢？楚国土地有余，而民众不足，杀死所不足的民众却争夺有余的土地，算不上明智。宋国无罪而攻打它，算不上仁德。知道这个道理，却不向楚王诤谏，算不上忠诚。诤谏却不成功，算不得坚强有才。行仁义，不杀一个人，却要杀死众多人，算不上懂得类推的道理。"公输盘对墨子的话很信服。墨子说："既然这样，为何不终止攻打宋国之事呢？"公输盘说："不可以。我已经把攻宋之事对楚王说了。"墨子说："何不将我引荐给楚王呢？"公输盘说："好的。"

　　墨子见到楚王，说："如今有这样一个人，舍弃自己带文饰的车子，看到邻居有辆破车，就想偷来；舍弃自己锦绣的衣服，看到邻居有粗布短衣，就想偷来；舍弃自己的美味佳肴，看到邻居有粗食糟糠就想偷来。这是怎样一个人呢？"楚王说："这人一定患有偷盗病。"墨子说："楚国之地，方圆五千里，宋国之地，不过方圆五百里，这就如带文饰的好车与破车一样。楚国有云梦湖，犀、兕、麋鹿充满其中，长江、汉水之中的鱼、鳖、鼋、鼍富甲天下；宋国却连野鸡、兔子、狐狸都没有，这就如美味佳肴与粗食糟糠一样。楚国有巨松、文梓、楠树、樟树等优质木材，宋国连普通的大树都没有，这就如锦绣与粗布短衣一样。从这三方面来看，我认为您攻打宋国和那患偷盗病的人行事相同。我以为您这样做，只会伤害道义而不能得到宋国。"楚王说："说得好啊！然而，公输盘为我建造了云梯，一定要攻取宋国。"

　　于是墨子又请来公输盘，墨子解下腰带，围作城池的样子，用小木片作为守城器械，公输盘九次陈设攻城所用的机巧多变的器械，墨子九次抵挡了他的进攻，直到公输盘的攻城器械已经用完了，而墨子守城的方法还绰绰有余。公输盘无能为力，便说："我知道如何对付您，但我不说。"墨子也说：

"我知道您想用什么方法对付我，我也不说。"楚王询问原因。墨子回答："公输子的意思，不过是要杀死臣。杀死臣则宋国不能守卫，可以攻取了。然而臣的弟子禽滑厘等三百人，已经拿着臣的守城器械在宋国城墙上等待楚国入侵呢。即便杀死了臣，也不能消除宋国守城的方法。"楚王说："好吧！我同意不攻打宋国了。"

墨子返回鲁国，路过宋国，天突然下了雨，他想要在一个大门下避雨，守闾门的人不接纳他进去。所以说："事情还未明显，就运用神机将其治理的人，众人不知道他的功劳；在事情已经明显，才去争抢着解决立功的人，众人都知道他的功劳。"

经典解读

本篇文字通过叙述墨子奔赴楚国，制止公输子帮助楚国攻打宋国一事，生动地刻画了一个无私、仁爱的义士形象，体现了墨子"兼爱""非攻"等主张。

墨子不是宋国人，身在远离楚、宋的齐国，楚国攻打宋国不会伤害墨子本人的利益，然而他却为了制止这种无义的战争，亲自奔赴楚国，一连走了十天十夜。这正是墨子兼爱天下人、以天下为己任体现。而墨子与公输子、楚王的辩论，则是他"非攻"思想的集中展现。在辩论之中，墨子展现出的机智、善辩也是非常值得欣赏的。他用盗窃之事来类比楚王攻宋，使楚王自己不得不承认发动战争的不义，使其侵略战争失去合理性；然后，再用守城的技巧，迫使公输子屈服，使楚王看到攻宋不会获得利益而放弃攻打宋国的想法。

可以说，墨子用道义加智慧，阻止了一场即将发动的战争，这在战乱纷争的春秋末期，几乎是难以想象的；这也给当时反对战争、爱好和平的士君子立下了一个很好的榜样。让他们相信，不义的战争是可以通过道义、才智制止的，使他们知道要想制止世间的战争，不仅需要向君主宣明道义，更要凭恃抵御侵略者的技巧、实力。这在后世也是一样的，面对大国的不义战争，一方面要用道义去劝止那些侵略者；另一方面也要做好防御上的准备，迫使他们知难而退。如此，才能禁止侵略，才能推行"非攻"的主张。